KB091601

배포 자동화와 지속적 인도

도커와 젠킨스, 쿠버네티스로 만드는

배포 자동화와 지속적 인도

라파엘 레쉬코 지음　이정표 옮김

i!i
에이콘

에이콘출판의 기틀을 마련하신 故 정완재 선생님 (1935-2004)

라파엘 레쉬코^{Rafał Leszko}

소프트웨어 개발자이자 강사로, 폴란드 크라쿠프에 살고 있다. 구글, CERN, Hazelcast 등 여러 기업에서 개발자와 아키텍트로 경력을 쌓았다. 또한 Devoxx와 Voxxed Days 를 포함한 많은 국제 회의에서 강연 및 워크숍을 진행했으며, 항상 새로운 도전에 열린 자세를 갖고 있다.

| 기술 감수자 소개 |

하이 댐^{Hai Dam}

현재 가상 화폐 분야에서 가장 효율적인 플랫폼으로 간주되는 블록체인을 다루는 회사인 토모체인의 데브옵스 엔지니어로 일하고 있다. 또한 정보기술학 석사이자 AWS 공인 솔루션 아키텍트-프로페셔널 자격을 갖고 있다. 운영체제, 소스 코드 관리, 빌드 및 릴리스 도구, 지속적 통합/배포/인도 도구, 컨테이너, 구성 관리 도구, 모니터링, 로깅 도구, 퍼블릭/프라이빗 클라우드 기술 분야에 전문 지식을 갖고 있다.

| 옮긴이 소개 |

이정표(lee.jungpyo@gmail.com)

모바일 브라우저 개발부터 클라우드 서비스 기획까지 20년간 다양한 개발 프로젝트에 참여했으며, 현재는 통신회사에서 SW/IT 분야의 기술조사평가 업무를 하고 있다.

옮긴 책으로는 에이콘출판사에서 펴낸 『Hudson3 설치와 운용』(2014), 『난독화, 디지털 프라이버시 생존 전략』(2017), 『젠킨스 마스터』(2018), 『젠킨스 블루오션 시작하기』(2019), 『린 모바일 앱 개발』(2019), 『알고리즘 윤리』(2021) 등이 있다.

| 옮긴이의 말 |

역자는 10년 넘게 소프트웨어 개발에 직접 참여하다가, 소프트웨어 용역 개발 분야의 솔루션과 개발사를 발굴하고 평가하는 업무를 5년 넘게 수행하고 있다. 사업 부서에서 요청한 업무에 적합한 역량을 갖춘 개발사를 찾다보면 직접 방문해 평가해야 하는 경우도 종종 생긴다. 그 과정에서 다양한 개발사와 프로젝트를 접할 수 있었고, 스타트업부터 중견 개발사에 이르기까지 각 기업의 개발 방법론과 환경을 확인할 수 있었다.

소프트웨어 개발 기업의 역량을 파악하고자 다양한 평가 도구를 사용하지만, 그중 가장 중요한 것이 애플리케이션 수명 관리^{ALM, Application Lifecycle Management} 환경이다. ALM은 비즈니스의 요구 사항 관리와 소프트웨어 개발 과정을 융합하고 이를 자동화된 툴을 이용해 관리하는 것이다. 이는 요구 사항 관리, 설계, 코딩, 테스트, 이슈 관리, 릴리스 등을 모두 포함한다.

하루가 다르게 진보하는 기술의 변화 속에서 소프트웨어 개발사가 다양한 고객의 요구를 만족시키면서도 지속성을 유지하려면 적은 인원으로도 효율적으로 빠르게 운영돼야 한다. ALM 환경이 얼마나 효율적으로 운영되는지를 보고 기업의 역량을 간접적으로 파악할 수 있다. 기술 조사 및 평가 업무를 시작하던 수 년전까지만 해도 지속적 통합과 인도^{CI/CD} 프로세스는 대형 인터넷 기업이나 일부 팀에서만 적용하고 있던 개발 방법이었다. 그러나 이후 스타트업이 폭발적으로 성장하면서 애자일, 린 스타트업 등의 방법론이 폭넓게 확산됐다. 이제는 국내의 많은 기업도 배포 자동화, 품질 검증 활동 자동화 등을 비즈니스 역량과 통합해 대응하는 추세다.

이 책은 소프트웨어를 개발해 고객에게 인도하는 절차를 효과적으로 구축하며, 필요한 최신 기술을 활용해 구체적으로 구현하는 방법을 설명한다. 깔끔한 구성과 유용한 내용 덕분에 2017년 초반 발행 이후 지속적인 인기를 누리면서 현재까지도 꾸준히 업데이트되고 있다. 모쪼록 자신의 조직에 적합한 지속적 통합/인도 프로세스를 계획하고, 실제로 적용하며 발전시키는 데 필요한 지식을 갖추고자 하는 독자들에게 도움이 됐으면 한다.

| 차례 |

1부 — 환경 설정

1장   지속적 인도 소개   029

2장   도커 소개   059

3장   젠킨스 구성   103

2부 ― 애플리케이션 설계 및 테스트

4장   지속적 통합 파이프라인   149

5장   자동 인수 테스트   195

3부 ― 애플리케이션 배포

모범 사례 369

정답

| 들어가며 |

이 책은 지속적 통합을 적용한 앱 개발 방식을 개선하는 데 있어 어떻게 도커와 젠킨스를 잘 활용할 수 있는지를 다룬다. 처음에는 도커 서버의 설정과 젠킨스를 구성하는 것으로 시작한다. 그런 다음 도커 파일에서 애플리케이션을 빌드하고, 이를 지속적 통합, 인수 테스트 자동화, 구성 관리와 같은 지속적 인도 프로세스를 사용해 젠킨스와 통합하는 단계를 간략히 다룬다.

이어서 쿠버네티스와 젠킨스의 확장 기능, 도커 컨테이너로 애플리케이션을 신속하게 배포하는 방법을 배우고, 도커 이미지로 배포한 애플리케이션을 젠킨스로 테스트하는 과정을 알아본다. 그리고 CD 파이프라인에서 다루지 않았던 환경과 인프라 구성, 애플리케이션 버전 관리, 비기능 테스트에 대해서도 살펴본다. 이 책의 마지막에서는 도커와 젠킨스의 기능을 통합해 데브옵스 워크플로우를 향상시킬 것이다.

⠿ 이 책의 대상 독자

데브옵스 엔지니어와 시스템 관리자, 도커 전문가 또는 도커와 젠킨스를 통합하는 방법에 관심이 있는 개발자를 대상으로 한다.

⠿ 이 책의 구성

1장, 지속적 인도 소개　전통적인 인도 프로세스의 문제점을 보여주고, 아마존과 야후의 성공 사례를 설명한다.

2장, 도커 소개 컨테이너화에 대해 간략히 소개하고, 도커 플랫폼으로 애플리케이션과 서비스를 운영할 때의 이점을 알아본다. 또한 도커 커뮤니티 에디션을 로컬 컴퓨터나 리눅스 서버에 설치하고 제대로 실행되는지 확인하는 방법을 단계별로 설명한다.

3장, 젠킨스 구성 젠킨스 도구와 아키텍처를 소개하고, 마스터/에이전트 인스턴스를 도커 서버나 클라우드에 또는 도커 없이 설치하는 방법을 알아본다. 그런 다음 에이전트 확장 방법을 다룬다. 이를 통해 소스 코드 리포지터리 서비스와 통합돼 애플리케이션 빌드가 가능한 젠킨스 인스턴스의 동작 버전을 확보하게 된다.

4장, 지속적 통합 파이프라인 기존의 지속적 통합 파이프라인에서 세 가지 주요 단계(체크아웃, 빌드, 단위 테스트)가 어떻게 이뤄지는지를 설명한다. 그리고 이들을 젠킨스로 어떻게 빌드하는지와 그 외 고려해야 할 사항(코드 커버리지와 정적 코드 분석)에 대해서도 학습한다.

5장, 자동 인수 테스트 애플리케이션을 릴리스하기 전에 자동 인수 테스트를 수행해 전체 시스템이 예상대로 동작하는지를 확인하는 방법에 대해 설명한다. 일반적으로 애플리케이션은 데이터베이스나 캐시, 메시징 등과 연동돼 실행되는 서비스들을 갖는다. 그러므로 테스트를 실행하기에 앞서 전체 환경이 설정되고 준비돼야 한다. 이를 위해 도커 레지스트리 허브의 개념과 다른 컴포넌트로 구성된 시스템을 도커 컨테이너로 만드는 방법을 배운다.

6장, 쿠버네티스로 하는 클러스터링 도커 도구를 사용해서 여러 팀과 프로젝트로 규모를 확장하는 방법을 설명한다. 쿠버네티스에 대해 소개하고, 이를 지속적 인도 프로세스에서 사용하는 방법을 배운다.

7장, 앤서블로 하는 구성 관리 서버를 확장하고 여기에 애플리케이션을 배포하는 방법을 배운다. 즉 셰프 및 앤서블과 같은 구성 관리 도구를 사용해 도커 프로덕션 서버에 애플리케이션을 릴리스하는 방법을 배운다.

8장, 지속적 인도 파이프라인 최종 파이프라인에서 다루지 않은 주제인 환경 및 인프라 구성, 애플리케이션 버전 관리, 비기능 테스트 등을 다룬다. 8장을 마치면 완전한 지속적 인도 파이프라인이 만들어진다.

9장, 지속적 인도 - 고급편 완전한 파이프라인을 구축한 후 당면하게 될 더 어려운 실제 시나리오를 다룬다. 파이프라인 작업 병렬화로 시작하며, 이전 버전으로 롤백하는 방법과 성능 테스트 수행 방법, 데이터베이스 변경 작업 수행과 레거시 시스템 및 수동 테스트 진행 방법을 보여준다.

부록, 모범 사례 책 전체를 통해 따라야 하는 모범 사례를 보여준다.

▓ 이 책의 활용 방법

도커를 운영하려면 64비트 리눅스 운영체제가 필요하다. 이 책의 모든 예제는 우분투 20.04 LTS 버전에서 개발했고, 커널 버전 3.10 이상이라면 다른 리눅스 운영체제에서도 문제 없을 것이다.

예제 코드 다운로드

한국어판의 예제 코드는 에이콘출판사의 깃허브 저장소 https://github.com/AcornPublishing/docker-jenkins에서 다운로드할 수 있다.

원서의 예제 코드를 확인하려면 다음의 깃허브를 방문하길 바란다.

https://github.com/PacktPublishing/Continuous-Delivery-with-Docker-and-Jenkins-Second-Edition

컬러 이미지 다운로드

이 책에서 사용된 스크린샷이나 그림에 대한 컬러 이미지가 담긴 pdf 파일도 제공하며 다음 주소에서 다운로드할 수 있다.

https://www.packtpub.com/sites/default/files/downloads/9781838552183_ColorImages.pdf

또한 에이콘출판사의 도서정보 페이지인 http://www.acornpub.co.kr/book/docker-jenkins에서도 다운로드할 수 있다.

편집 규약

이 책에서는 독자의 이해를 돕고자 다루는 정보에 따라 글꼴 스타일을 다르게 적용했다.

문장 중 코드 사용: 문장이나 텍스트, 데이터베이스 테이블 이름, 폴더 이름, 파일 이름, 파일 확장자, 경로 이름, 더미 URL, 사용자 입력 등에서 사용하는 코드는 다음과 같이 표기한다.

"이 문장은 모든 도커 명령어 앞에 사용하는 sudo 키워드를 말한다."

코드 블록은 다음과 같이 표기한다.

```
ExecStart=/usr/bin/dockerd -H <server_ip>:2375
```

코드 블록 중 강조할 곳은 다음처럼 해당 부분을 굵게 표기한다.

```
import os
print "Hello World from %s !" % os.environ['NAME']
```

명령행을 통한 입출력은 다음과 같이 표기한다.

```
$ docker run -i -t ubuntu_with_git /bin/bash
root@6ee6401ed8b8:/# apt-get install -y openjdk-8-jdk
root@6ee6401ed8b8:/# exit
$ docker commit 6ee6401ed8b8 ubuntu_with_git_and_jdk
```

굵은 글꼴: 새로운 용어, 중요한 단어 또는 화면에 출력되는 단어를 나타낸다. 예를 들어 메뉴나 대화 상자에 나오는 글자들을 이렇게 표시한다. "익숙한 결과인 **Hello World Python!**이라는 문구가 출력된다."

> **INFO**
>
> 주의해야 하거나 중요한 내용은 이와 같이 표기한다.

⁝⁝▶ 고객 지원

이 책에 대한 독자의 의견은 언제나 환영이다.

문의: 이 책에 대해 궁금한 점이 있다면 이메일 제목란에 구입한 책의 제목을 적은 후 customercare@packtpub.com으로 보내주길 바란다. 한국어판에 관한 질문이 있다면 에이콘출판사 편집 팀(editor@acornpub.co.kr)이나 옮긴이의 이메일로 문의하길 바란다.

오탈자: 책의 내용을 정확하게 전달하려고 최선을 다하지만 실수가 있을 수 있다. 책에서 잘못된 내용을 발견한 경우 알려주길 부탁드린다. 발견한 오탈자는 www.packt.com/submit-errata에서 해당 책을 선택하고 Errata Submission Form 링크를 클릭한 후 내용을 입력하면 된다. 한국어판의 정오표는 에이콘출판사의 도서정보 페이지인 http://www.acornpub.co.kr/book/docker-jenkins에서 찾아볼 수 있다.

저작권 침해: 인터넷에서 어떤 형태로든 팩트 책의 불법 복제물을 발견한다면 웹사이트 명이나 주소를 알려주길 부탁드린다. 불법 복제물로 의심되는 링크를 이메일 주소 copyright@packt.com으로 보내면 된다.

1부

환경 설정

1부에서는 도커와 컨테이너를 소개하고 지속적 인도[Continuous Delivery] 방식의 개념과 장점을 다룬다. 또한 젠킨스 도구와 도커 서버에 마스터/에이전트 인스턴스를 설치하고, 도커를 사용하지 않고 클라우드 환경을 사용하는 데 필요한 아키텍처와 절차에 대해서도 소개한다.

1부에서 다룰 내용은 다음과 같다.

- 1장 지속적 인도 소개

- 2장 도커 소개

- 3장 젠킨스 구성

01

지속적 인도 소개

개발자라면 누구나 겪게 되는 공통적인 문제가 바로 구현된 코드를 어떻게 빠르고 확실하게 릴리스할 것인가다. 전통적으로 사용되는 배포 절차에서는 오류가 종종 발생해 개발자와 고객 모두에게 실망스런 결과를 내는 경우가 많다. 이 책에서는 이들 문제에 대한 해결책을 제시할 예정인데 1장에서는 **지속적 인도**^{CD, Continuous Delivery}에 대한 개념을 설명함으로써 이 책의 나머지 부분을 이해할 수 있는 안내서의 역할을 하고자 한다.

1장에서 다룰 내용은 다음과 같다.

- 지속적 인도^{CD}의 이해
- 자동 배포 파이프라인
- CD의 전제 조건
- CD 프로세스 구축
- 완벽한 CD 시스템 생성하기

⁂ 지속적 인도(CD)의 이해

제즈 험블에 따르면 CD의 가장 정확한 정의는 다음과 같다.

> "지속적 인도란 새로운 기능 추가나 구성의 변경, 버그 수정이나 기능 실험을 포함한 모든 유
> 형의 변화를 통제하면서 제품을 생산하는 역량 또는 사용자에게 빠르고 안전하고 안정적으
> 로 제공하는 역량이다."

이 정의에서는 아주 중요한 점을 언급하고 있다.

예를 들어 지금 당신이 이메일 클라이언트의 제품 책임자라고 가정해 보자. 사용자들이 이메일을 크기별로 정렬하는 새 기능을 요청했다. 당신 생각에는 이 기능을 구현하는 데 일주일이면 충분하다. 자, 그렇다면 사용자가 실제로 이 기능을 사용할 수 있는 시기는 언제쯤일까? 일반적으로 기능 구현이 완료되면 이를 QA(품질 검수) 팀에서 테스트한 후 운영 팀으로 넘기게 된다. 그런데 이 기간이 짧게는 며칠, 길게는 몇 개월까지 걸린다.

즉 기존 방식으로 기능을 구현하는 데는 단지 일주일밖에 걸리지 않았더라도 실제로 사용자에게 전달되는 데는 몇 개월이 걸릴 수도 있는 것이다. 반면 지속적 인도 방식에서는 기능이 구현되면 거의 즉시 사용자에게 전달될 수 있도록 배포 절차를 자동화해 이런 문제를 해결하게 된다.

그렇다면 어떤 부분을, 어떻게 자동화해야 하는지가 궁금할 것이다. 이해에 도움이 되도록 먼저 대부분의 소프트웨어 시스템에서 사용되는 전통적인 인도 절차에 대해 알아보자.

전통적 인도 프로세스

전통적이라는 표현에서 알 수 있듯이 이 방식은 대부분의 IT 회사들이 오랫동안 사용해 온 인도 프로세스다. 전통적 인도 프로세스의 운영 방식과 단점에 대해 알아보자.

전통적 인도 프로세스의 동작 방식

모든 인도 프로세스는 고객의 요청을 정의하면서 시작하고 제품을 릴리스함으로써 끝난다. 이 과정에서 차이가 생긴다. 전통적 인도 프로세스의 릴리스 주기^{cycle}는 다음 그림과 같다.

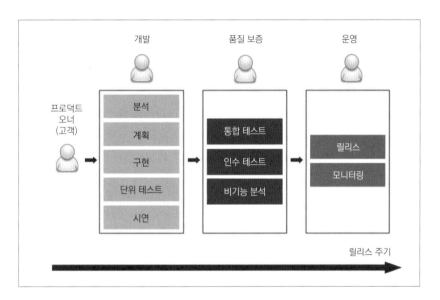

릴리스 주기는 **프로덕트 오너**(고객 또는 이해관계자)가 제시한 요구 사항에서 시작된다. 그런 다음 각기 다른 팀에게 세 단계로 전달된다.

- **개발 단계:** 개발자는 (종종 업무 분석가와 함께) 제품을 구현한다. 그리고 스크럼이나 칸반 같은 애자일 기법을 활용해 개발 속도를 높이고 이해관계자와 원활하게 의견을 주고받는다. 제품을 시연하는 자리를 마련해 빠르게 피드백을 받고 테스트 주도 개발이나 익스트림 프로그래밍^{XP} 실천법처럼 좋다고 알려진 개발 기법을 적극 수용한다. 구현을 끝내면 코드를 QA 팀으로 넘긴다.

- **품질 보증 단계:** 일반적으로 이 단계를 **UAT**(사용자 인수 테스트)라고 부르며, 테스트에 영향이 없도록 트렁크 코드를 프리징하고 진행한다. QA(품질 검수) 팀은 **통합 테스트**와 **인수 테스트, 비기능 분석**(성능, 복구, 보안 등) 같은 일련의 테스트를 수행한다. 발견된 모든 버그는 개발 팀에 다시 할당되므로 테스트가 끝나면 개발자들은 엄청난 양의 버그 리

포트를 받게 된다. UAT가 끝나고 QA 팀이 승인을 하면 해당 기능은 다음 릴리스에 포함된다.

- **운영 단계**: 마지막 단계이자 가장 짧은 단계다. 품질 보증 단계에서 전달받은 코드를 릴리스하고, 제품을 지속적으로 모니터링한다. 운영 도중 문제가 발생하면 개발자에게 연락해 도움을 받는다.

릴리스 주기는 시스템이나 회사에 따라 다르지만 보통 몇 주부터 몇 개월까지 다양하다. 필자의 경험 중 가장 길었던 경우는 1년이었다. 그러나 대부분의 경우는 분기별로 진행됐으며 구체적으로 개발에 1.5개월, UAT에 3주~1개월, 릴리스 (및 제품 모니터링)에 1주 정도였다.

전통적 인도 프로세스는 IT 업계에서 널리 사용되고 있기 때문에 지금까지 설명한 방식이 아마 낯설지는 않을 것이다. 그렇지만 이 방식에는 많은 단점이 있다. 지금부터는 이에 대해 알아보고, 개선이 필요한 부분을 살펴보자.

전통적 인도 프로세스의 단점

전통적 인도 프로세스의 대표적인 단점은 다음과 같다.

- **느린 인도 기간**: 요구 사항이 전달된 후 한참이 지나서야 고객에게 제품이 전달된다. 즉 제품을 판매해서 고객의 의견을 받기까지의 기간이 길다.

- **느린 피드백 주기**^{cycle}: 피드백 주기는 고객뿐만 아니라 개발자와도 관련이 있다. 개발자는 UAT 단계가 돼서야 자신이 만들어 낸 버그를 알게 된다. 그 개발자가 자신이 2개월 전에 코딩했던 기능을 고치는 데 얼마의 기간이 필요할까? 사소한 버그를 고치는 데도 몇 주가 걸릴 수 있다.

- **자동화 미비**: 릴리스 횟수가 적을수록 자동화 필요성이 낮아지므로 릴리스 기간을 정확히 예측하기가 힘들다.

- **위험한 핫픽스**: 핫픽스를 긴급하게 만들어야 하는 경우 시간이 걸리는 UAT를 전부 수행할 수 없기 때문에 간단한 테스트만 하거나 아예 테스트를 안하고 핫픽스를

발행하게 된다.

- **스트레스**: 릴리스 주기를 예측할 수 없어 운영 팀이 스트레스를 받는다. 또한 릴리스는 매우 중요한 단계이므로 이를 진행하는 개발자와 테스터도 스트레스를 받게 된다.

- **의사소통 부족**: 폭포수 방식은 작업 결과물이 한 팀에서 다른 팀으로 전달되기 때문에 각 팀은 제품의 완성보다는 자기가 맡은 부분만 관심을 갖게 된다. 그 결과 문제가 발생하면 협력해 해결하기보다는 서로를 비난하게 된다.

- **책임의 분산**: 어느 팀도 제품 전체의 완료를 책임지지 않는다.

  ○ **개발 팀**에게 '완료'의 의미는 요구 사항을 구현하는 것이다.

  ○ **QA 팀**에게 '완료'의 의미는 코드를 테스트하는 것이다.

  ○ **운영 팀**에게 '완료'의 의미는 코드를 릴리스하는 것이다.

- **낮은 업무 만족도**: 개별 단계는 이를 수행하는 팀에게는 재미있지만 수행 팀을 지원하는 다른 팀은 그렇게 느끼지 않는다. 예를 들어 개발자들은 개발 단계에서는 재미를 느끼지만 다른 두 단계가 진행될 때는 버그를 고치고 운영을 지원해야 하므로 개발 단계에서만큼 흥미를 느끼지 못한다.

이런 단점들은 전통적 인도 프로세스와 관련된 문제 중 극히 일부분이다. 독자가 이미 눈치챘겠지만 이보다 훨씬 더 좋은 소프트웨어 개발 방법이 있으며 그것이 바로 지속적 인도 방식이다.

지속적 인도 방식의 장점

변경된 내용이 단지 코드 한 줄이라고 할 때 독자의 조직에서는 이를 배포하는 데 어느 정도 시간이 소요되는가? 이 배포 작업을 반복해서 안정적으로 수행할 수 있는가? 이는 『린 소프트웨어 개발』(인사이트, 2007)의 저자인 메리 포펜딕과 톰 포펜딕이 제시한 유명한 질문으로 제즈 험블이나 다른 사람들이 수없이 많이 인용한 질문이기도 하다. 실제로도 이 질문에 대한 답변은 인도 프로세스의 상태를 측정할 수 있는 유일한 방법이라 할 수 있다.

하루 24시간, 주 7일을 일하는 대규모 운영 조직없이 지속적 인도를 실천하려면 자동화가 필수다. 정리하면, 지속적 인도란 전통적인 인도 프로세스의 각 단계를 모두 자동화된 배포 파이프라인 또는 CD 파이프라인이라는 일련의 스크립트로 변경하는 것이다. 결과적으로 수작업 단계가 전혀 필요치 않고, 코드가 변경될 때마다 자동화 프로세스를 실행함으로써 사용자에게 지속적으로 제품을 인도할 수 있는 것이다.

CD를 통해 릴리스 때마다 반복하는 지루한 작업을 없앨 수 있고, 다음과 같은 장점도 얻게 된다.

- **빠른 제품 인도**: 개발이 끝난 제품은 바로 고객에게 전달되므로 출시 기간이 획기적으로 단축된다. 제품이 고객에게 전달되지 않으면 매출도 발생하지 않는다는 사실을 잊지 말자.

- **빠른 피드백 주기**: 프로덕션 배포 당일에 버그가 발생했다고 해보자. 그런데 그날 바로 버그를 발견해서 수정하게 되면 얼마의 기간이 걸릴까? 아마 금방 고칠 수 있을 것이다. 게다가 신속한 롤백(원상 복구) 전략까지 추가한다면 제품 상태를 매우 안정적으로 유지할 수 있다.

- **위험도가 낮은 릴리스**: 매일 릴리스를 한다는 것은 프로세스가 반복적이며 안정적이라는 것을 뜻한다. 다음과 같은 격언이 있다. "한 번 실패하면, 두 번 더 시도하라"

- **유연한 릴리스 가능**: 릴리스를 급히 해야 하는 경우가 발생해도 이미 모든 것이 준비돼 있기 때문에 릴리스 여부를 결정하는 데 추가 시간과 비용이 들지 않는다.

물론 극단적으로 인도에 필요한 모든 단계를 생략하고, 개발이 끝나자마자 릴리스를 해버리면 위에서 언급한 모든 장점을 얻을 수 있다. 그러나 이 경우 품질은 전혀 보증할 수 없게 된다. 실제로도 CD 도입을 어렵게 하는 문제의 대부분은 수작업을 없애려다 품질도 낮아지지 않을까 하는 것이다. 이 책에서는 안전하게 CD 도입을 하는 방법과 일반적인 생각과 달리 지속적 인도 방식을 따르는 제품이 버그도 적고 고객의 요구 사항도 잘 맞출 수 있다는 것을 설명할 것이다.

성공 스토리

CD에 대해 필자가 가장 좋아하는 이야기는 롤프 러셀로부터 들은 것이다. 그 이야기를 잠시 소개해 보자. 2005년 야후가 플리커를 인수한 후 두 회사의 개발자 문화에 충돌이 발생했다. 당시 플리커는 스타트업 방식으로 운영됐던 반면에 야후는 엄격한 규정과 안전 제일 방식을 가진 대기업이었다. 릴리스 방식도 크게 달랐다. 야후는 전통적인 인도 프로세스를 따랐지만, 플리커는 하루에도 여러 번 릴리스를 하는 방식이었다. 심지어 플리커는 페이지 하단에 마지막 릴리스 시각과 담당 개발자의 아바타도 표시했다.

이에 비해 야후는 배포 작업을 자주 하지 않았고, 각 릴리스에는 충분한 테스트를 거쳐 검증된 많은 변경 사항들이 포함됐다. 플리커는 매우 작은 단위로 작업을 했다. 각 기능이 세부 단위로 나눠졌으며, 각 단위별로 프로덕션 서버에 배포됐다. 두 방식의 차이점은 다음 그림에 나와 있다.

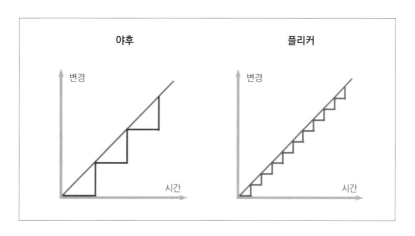

두 회사의 개발자가 만났을 때 어떤 일이 일어날지 상상할 수 있을 것이다. 야후는 플리커의 개발자들을 본인들이 무슨 짓을 하는지도 모르는 무모하고 무책임한 초보 개발자처럼 취급했다. 그래서 야후가 첫 번째로 바꾸려 한 것은 플리커의 인도 프로세스에 QA 팀과 UAT 단계를 추가하는 것이었다. 그러자 플리커 개발자들은 먼저 한 가지 확인을 해달라고 요청했다. 그것은 야후의 서비스 중 가장 신뢰도가 높은 제품과 플리커의 서비스를 비교해 달라는 것이었다. 그러자 놀랍게도 야후의 어떤 제품보다도 플리커의 서비스 중단 시간이 낮은 것으로 밝혀졌다. 야후 팀은 처음에는 이 사실을 인정하기 힘들어 했지만 결과적으로 플리커는 자신의 프로세스를 그대로 유지하게 됐다. 이들은 모두 데이터를 중시하는 개발자였기 때문에 이렇게 의사결정을 하게 된 데는 평가 결과가 결정적이었다.

어느 정도 시간이 지나자 야후 개발자들도 CD 프로세스를 야후의 모든 제품에 적용하는 것이 유익할 수 있다는 것을 깨닫고 CD를 점차 확대했다.

그렇다면 여기서 가장 중요한 질문을 해야 할 것이다. 그것은 어떻게 플리커가 야후의 서비스 중에서 가장 신뢰도가 높았는가 하는 것이다. 사실 그 이유는 이미 앞부분에서 언급했다. 즉 다음 두 가지가 지켜진다면 릴리스의 위험도는 낮아진다.

- 코드 변경이 적다.

- 프로세스를 반복할 수 있다.

비록 릴리스 과정 자체는 쉽지 않은 작업이지만 위와 같은 이유 때문에 자주 할수록 안전해지는 것이다.

야후와 플리커의 이야기는 CD 프로세스를 채택한 많은 기업들 중 하나의 사례일 뿐이다. 현재는 스타트업에서조차 자주 릴리스하는 것이 일반적이며 아마존, 페이스북, 구글, 넷플릭스 같은 테크 리더 기업들은 하루에도 수천 개의 릴리스를 배포한다.

INFO

CD 프로세스 및 개별 사례 연구에 대한 조사 자료는 다음 주소에서 확인할 수 있다.

https://continuousdelivery.com/evidence-case-studies/

CD 프로세스의 채택 비율이 점점 늘어나고 있다는 사실에 주목하자. 그러나 숫자에 연연하기보다는 개발자가 구현한 모든 코드가 좀 더 안전하게 서비스되는 세상을 상상해 보자. 고객은 요구 사항을 신속히 확인할 수 있으며, 개발자는 해결해야 할 버그가 줄어들어 행복하다. 그리고 관리자는 현재의 작업 상태를 항상 확인할 수 있어서 만족스럽다. 결국 현황을 파악할 수 있는 유일한 척도는 릴리스밖에 없다는 점을 기억하자.

⫶ 자동 배포 파이프라인

지금까지 CD 프로세스가 무엇인지와 왜 사용하는지를 알아봤으니 이제 구현 방법을 알아보자.

시작에 앞서 전통적 인도 프로세스를 구성하는 각 단계는 매우 중요한 요소라는 것을 강조하고 싶다. 중요하지 않은 단계들은 처음부터 만들어지지도 않았을 것이다. 어떤 개발 책임자도 테스트를 거치지 않은 소프트웨어를 릴리스하고 싶진 않을 것이다. UAT 단계의 역할은 버그를 찾는 것뿐만 아니라 개발자가 만든 기능이 고객이 원했던 기능이라는 것을 확인하는 과정이기도 하다. 운영 팀도 마찬가지다. 소프트웨어를 구성하고 프로덕션 서버로 배포한 후 지속적으로 모니터링을 해야 한다. 이런 단계가 중요하다는 것에는 의문의 여지가 없다.

그렇다면 이들 단계를 유지하면서 동시에 자동화하는 방법은 무엇일까? 그것이 바로 자동 배포 파이프라인의 역할이다. 이 프로세스는 다음과 같이 세 단계로 구성된다.

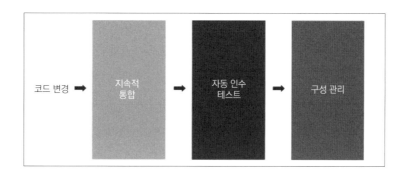

자동 배포 파이프라인은 코드 리포지터리에 변경이 발생할 때마다 실행되는 일련의 스크립트다. 만약 프로세스가 성공한다면 프로덕션 환경으로 배포가 되는 것으로 마무리된다.

자동 배포 파이프라인의 각 단계는 전통적 인도 프로세스의 단계와 일치한다.

- **지속적 통합**CI, Continuous Integration: 각기 다른 개발자가 작성한 코드가 통합됐는지 확인한다.

- **자동 인수 테스트**: 개발자가 구현한 기능이 고객의 요구 사항과 맞는지 확인한다. 이 테스트는 수동 품질 보증 단계를 대체한다.
- **구성 관리**^{Configuration Management}: 수동 운영 단계를 대체한다. 환경을 구성하고, 소프트웨어를 배포한다.

각 단계가 맡고 있는 책임과 수행 작업을 좀 더 자세히 알아보자.

지속적 통합(CI)

CI 단계에서는 개발자에게 첫 번째 피드백을 제공한다. 리포지터리에서 코드를 체크아웃하고 이를 컴파일한 후 단위 테스트를 실행하고 코드 품질을 검증한다. 어떤 단계에서든 실패하면 파이프라인 실행이 중단되므로 개발자가 첫 번째로 해야 할 일은 CI 빌드를 수정하는 것이다. 이 단계에서의 핵심 요소는 '시간'이며 적절한 시간에 반드시 실행돼야 한다. 예를 들어 이 단계를 모두 수행하는 데 걸리는 시간이 1시간인데 만약 개발자가 더 빨리 코드를 커밋해 버리면 파이프라인은 계속해서 실패할 것이다.

일반적으로 CI 파이프라인은 출발 단계다. 이 단계를 설정하는 데 필요한 모든 것은 개발 팀에서 이뤄지고, QA 팀이나 운영 팀의 동의가 필요하지 않기 때문에 비교적 간단한 단계다.

자동 인수 테스트

자동 인수 테스트 단계는 수동 UAT 절차를 대체하도록 고객과 QA 팀이 작성한 일련의 테스트다. 이 단계는 제품이 릴리스할 준비가 됐는지를 결정하는 품질 게이트의 역할을 한다. 인수 테스트 항목 중 하나라도 실패하면 파이프라인은 중단되며, 이후 단계도 실행되지 않는다. 즉 구성 관리 단계와 릴리스 단계로의 진행이 중단된다.

인수 테스트 단계를 자동화한다는 개념은 품질 점검을 나중에 하는 것이 아니라 개발 중에 제품에 내재시키자는 것이다. 즉 개발자가 구현을 마치는 즉시 고객이 원하는 제품인지를 검증하는 인수 테스트를 거친 후 소프트웨어를 인도하는 것이다. 이는 소프트웨어 테스트에 있어 거대한 사고의 전환이라 할 수 있다. 더 이상 한 사람이나 한 팀이 릴리스를 승인하는 것이 아니라, 모든 코드가 인수 테스트 단계를 통과해야 하는 것이다. 이런 이유 때문에 일반적으로 이 단계가 CD 프로세스 중 가장 어려운 부분이라고 할 수 있다. 또한 프로세스의 끝에서가 아니라 시작 단계부터 테스트 케이스를 만들고 고객과 긴밀하게 협력해야 한다.

INFO

> 레거시 시스템의 경우에는 자동 인수 테스트를 도입하는 것이 더욱 어렵다. 이 주제는 '9장. 지속적 인도─고급 편'에서 자세히 다룬다.

자동 인수 테스트가 CD 프로세스에서 어디에 위치해야 하는지, 테스트 유형은 무엇인지에 대해서는 논란이 많다. 또한 각 유형을 어떻게 자동화해야 하는지, 적용 범위는 어떻게 되는지, 개발 프로세스에서 QA 팀의 역할은 무엇인지에 대해서도 불명확한 경우가 종종 발생한다. 이에 대해서는 애자일 테스팅 매트릭스와 테스트 피라미드를 통해 명확히 알아보도록 하자.

애자일 테스팅 매트릭스

브라이언 매릭은 그의 블로그에서 소프트웨어 테스트를 애자일 테스팅 매트릭스의 형태로 분류했다. 매트릭스는 2차원으로 구성되며 이를 나누는 기준은 기술 또는 비즈니스 측면, 팀 지원 또는 제품 평가 여부다. 이들 분류에 대해 자세히 알아보자.

각 테스트 유형을 간략히 설명하면 다음과 같다.

- **인수 테스트**(자동): 비즈니스 관점에서 본 기능적 요구 사항을 검증하는 테스트다. 고객과 개발자가 합의한 소프트웨어의 동작 방식을 스토리나 예제 형식으로 작성한다.
- **단위 테스트**(자동): 버그를 최소화하고 소프트웨어의 품질을 향상하도록 개발자를 지원하는 테스트다.
- **탐색적 테스트**(수동): 수동으로 하는 블랙박스 테스트이며, 경험을 바탕으로 시스템의 문제를 찾거나 개선하는 테스트를 수행한다.
- **비기능 테스트**(자동): 성능, 확장성, 보안 등과 관련된 시스템 속성을 검증하는 테스트다.

이 분류는 CD 프로세스에 대한 가장 중요한 질문 중 하나인 'QA 팀의 역할은 무엇인가?'에 대해 답해준다.

수동 QA에서는 탐색적 테스트를 수행한다. 즉 시스템을 사용하면서 일부러 문제를 만들어 보고, 질문을 하면서 개선 방안을 찾는다. 자동 QA에서는 비기능 테스트 및 인수 테스트 수행을 지원한다. 예를 들어 부하 테스트를 수행하는 코드를 작성하는 것이다. 일반적으로 QA는 개발 단계에서는 일정 역할을 갖고 있으나 인도 프로세스 단계에서는 역할이 없다.

INFO

> 자동 CD 프로세스 내에서는 반복 작업을 해야 하는 수동 QA 과정이 없다.

위의 분류를 보면서 통합 테스트는 왜 없는지에 대해 의문을 품는 독자도 있을 것이다. 브라이언 매릭은 이 테스트를 어디에 뒀을까? 그리고 통합 테스트는 CD 파이프라인 내의 어디에 들어갈 것인가? 이에 대해 설명을 하자면 우선 통합 테스트의 의미가 상황에 따라 다를 수 있다는 점을 알아야 한다. 마이크로서비스 아키텍처의 경우 일반적으로 서비스 크기가 작고 단위 테스트와 인수 테스트만 필요하므로 통합 테스트를 대체할 수 있다. 만약 모듈형 애플리케이션을 개발하는 경우라면 통합 테스트는 (전체 애플리케이션을 대상으로 하는 것이 아닌) 여러 개의 모듈을 통합하는 컴포넌트 테스트를 의미한다. 이 경우 통합 테스트는 단위 테스트와 인수 테스트 사이에 위치한다. 이는 인수 테스트와 유사한 방식으로 작성되지만 보통은 좀 더 기술적이며 외부 서비스뿐만 아니라 내부 모듈의 연동도 필요하다. 단위 테스트와 유사한 통합 테스트는 코드 관점에서 테스트하며, 인수 테스트는 사용자 관점에서 테스트한다. CD 파이프라인과 관련해 통합 테스트는 프로세스상에서 별도의 단계로 간략히 구현된다.

테스트 피라미드

앞에서 프로세스상에서 각 테스트 유형이 나타내는 것이 무엇인지를 설명했지만 얼마나 많은 테스트를 만들어야 하는지는 다루지 않았다. 그렇다면 단위 테스트의 경우 얼마나 많은 코드를 적용 범위로 해야 할까? 또한 인수 테스트의 경우에는 적용 범위가 얼마일까?

이런 질문에 답하려고 마이크 콘은 이른바 **테스트 피라미드**를 고안했다. 이것에 대해서는 다음 그림을 보며 설명하기로 한다.

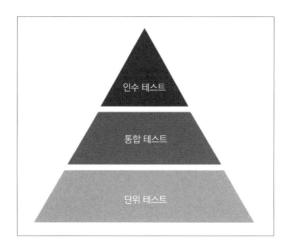

피라미드의 위로 갈수록 테스트 속도가 느려지고 비용도 높아진다. 이 단계에서는 직접 입력이 필요한 사용자 인터페이스를 사용하는 경우도 많고, 별도의 테스트 자동화 팀이 필요할 수도 있다. 이런 이유로 인수 테스트는 100% 자동화를 목표로 하면 안 된다. 오히려 기능 위주로 선정된 테스트 시나리오만 검증해야 한다. 그렇지 않을 경우 테스트

케이스를 개발하고 유지하는 데 너무 많은 비용이 들어가고, CD 파이프라인의 실행도 오래 걸린다.

피라미드의 하단은 다르다. 단위 테스트는 빠르고 저렴하므로 가능한 한 100%의 코드가 테스트되도록 해야 한다. 코드는 개발자들이 작성하므로 개발 팀 모두가 따라야 하는 표준 절차로 삼아야 할 것이다.

지금까지 애자일 테스팅 매트릭스와 테스트 피라미드를 통해 인수 테스트의 중요성과 QA 팀의 역할에 대해 설명했다.

이제 CD 프로세스의 마지막 단계인 구성 관리에 대해 알아보자.

구성 관리

구성 관리는 소프트웨어와 환경 변화를 추적하고 제어하는 역할을 한다. 구체적으로는 필수 도구 준비와 설치, 애플리케이션 배포와 관련된 다양한 서비스 인스턴스와 배포 버전, 인프라 인벤토리 및 기타 작업의 확장 관리 등이다.

구성 관리는 프로덕션 환경의 애플리케이션을 수동으로 구성하고 배포하면서 생기는 문제에 대한 해결책이 된다. 왜냐하면 일반적인 방식에서는 각 서비스가 어떤 속성을 갖고 어디서 실행되고 있는지를 더 이상 알 수 없는 문제가 있기 때문이다. 앤서블이나 셰프, 퍼핏 같은 구성 관리 도구를 사용하면 구성 관리 파일을 버전 관리 시스템에 저장할 수 있고 프로덕션 서버에서 발생한 변경 사항을 모두 추적할 수 있다.

추가로 운영 팀의 수동 작업을 대체할 만한 분야는 애플리케이션 모니터링이다. 이는 보통 운영 중인 시스템의 로그나 지표를 개발자나 (다음에서 설명할) 데브옵스 팀이 모니터링하는 공통 대시보드에다 실시간으로 스트리밍함으로써 이뤄진다.

⁝⁝▶ CD의 전제 조건

이 책에서는 성공적으로 CD 파이프라인을 구현하고자 기술적인 사항을 자세히 설명할 것이다. 그러나 프로세스를 성공적으로 구축하는 것은 기술에만 달려 있지 않다. 지금부터는 3개 분야에 대해 CD 요구 사항을 정의하고, 전체 과정을 살펴보도록 하자.

- 회사 조직 구조가 개발 프로세스에 미치는 영향

- 제품 및 기술 세부 정보

- 개발 팀 및 개발 방식

조직 구조의 전제 조건

독자가 속한 회사의 업무 방식은 성공적으로 CD 프로세스를 도입할 수 있는지 여부를 결정하는 데 큰 영향을 끼친다. 이는 스크럼을 도입할 때도 마찬가지다. 많은 조직에서 애자일 프로세스의 도입을 원하지만 이것이 조직 문화를 바꾸지는 못한다. 조직 구조의 변경 없이는 개발 팀이 스크럼을 도입할 수가 없다. 예를 들어 스프린트가 진행 중일 때, 프로덕트 오너와 이해관계자, 관리자는 요구 사항을 변경할 수 없다는 것을 이해해야 한다.

그렇지 않다면 아무리 좋은 의도를 갖고 있다 하더라도 성공하기가 어렵다. 구조의 변경이 필요하다는 점은 CD 프로세스에도 동일하게 적용된다. 이를 데브옵스 문화와 프로세스 내의 고객, 사업적 의사결정이라는 세 가지 측면에서 좀 더 살펴보자.

데브옵스 문화

과거 개인이나 소규모 팀이 소프트웨어를 개발하던 시절에는 개발과 테스트, 운영 업무에 명확한 구분이 없었다. 코드를 작성한 개발자가 테스트도 하고 프로덕션에 배포도 했다. 문제가 발생하면 코드를 작성했던 개발자가 원인을 찾아 디버깅을 한 후 재배포를 하는 식이었다. 시스템이 대형화되고 개발 팀의 규모가 커짐에 따라 개발 방식도 점차 체계적으로 변했다. 게다가 엔지니어들도 각 분야에서 전문화되기 시작했다. 전문화를 통해 생산성을 극대화할 수 있기 때문에 이런 변화는 당연한 것일 수도 있지만 그 부작용으로 의사소통의 부담이 생기기 시작했다. 이 문제는 특히 개발자와 QA, 운영 팀이 각기 다른 팀에 속하거나 지역적으로 떨어져 있거나 일부 팀을 외부에 아웃소싱하는 경우에 더욱 명확하게 나타난다. 그러므로 이런 식의 조직 구조는 CD 프로세스에 적합하지 않다고 할 수 있다. 이보다는 좀 더 개선된 방식, 즉 데브옵스 문화를 채택해야 한다.

데브옵스 문화는 어떻게 보면 다시 근본으로 돌아가는 것이라 할 수 있다. 다음 그림과 같이 한 사람이나 한 팀이 세 영역 모두에 대한 책임을 갖는다.

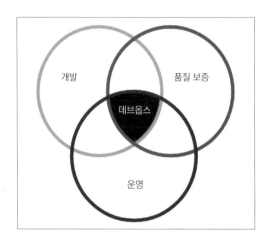

생산성을 낮추지 않고도 데브옵스 모델로의 전환이 가능한 이유는 자동화 때문이다. 품질 보증 및 운영과 관련된 대부분의 업무는 자동화된 인도 파이프라인으로 전환되기 때문에 개발 팀이 충분히 관리할 수 있다.

INFO

데브옵스 팀이 꼭 개발자로만 구성될 필요는 없다. 전환을 추진하는 조직이 주로 채택하는 방식은 4명의 개발자와 1명의 QA 그리고 운영 팀에서 1명을 할당받아 팀을 구성하는 것이다. 이들은 아주 긴밀하게 협력해 일해야 한다. 예를 들어 같은 제품에 대해 같은 공간에서 일하면서 회의도 다같이 하는 식이다.

소규모 데브옵스 팀의 문화는 소프트웨어 아키텍처에도 영향을 준다. 기능 요구 사항은 (마이크로)서비스나 모듈 단위로 작게 나눠야 하며, 분리된 부분을 팀별로 독립적으로 관리할 수 있도록 해야 한다.

INFO

콘웨이는 1967년에 조직 구조가 소프트웨어 아키텍처에 영향을 끼친다는 것을 발견했고, 이를 콘웨이의 법칙으로 정형화했다. 이 법칙은 '시스템의 구조는 해당 시스템을 개발한 조직의 커뮤니케이션 구조를 닮게 된다.'는 것이다.

프로세스 내의 고객

고객(또는 프로덕트 오너)의 역할은 CD를 적용하는 도중에 조금씩 바뀐다. 전통적으로 고객의 역할은 요구 사항을 작성하고 개발자의 질문에 답하며 시연에 참여하고 UAT 단계에 참여해 개발 결과가 마음에 드는지를 결정하는 것이다.

CD에는 UAT가 없으므로 인수 테스트를 작성하는 단계에서 고객이 참여하는 것이 가장 중요하다. 즉시 테스트 가능한 방식으로 요구 사항을 작성한 고객의 경우라면 크게 관여할 일이 없지만, 그렇지 않은 고객의 경우라면 요구사항을 기술적으로 잘 작성할 수 있도록 사고의 전환을 유도해야 할 것이다.

INFO

> 애자일 팀 중에는 반드시 인수 테스트를 첨부해야만 사용자 스토리(요구 사항)를 허용하는 경우도 있다.
> 너무 엄격하다고 느껴질 수도 있지만 이런 방식으로 생산성이 높아지는 경우가 많다.

사업적 의사결정

대부분의 회사에서는 사업 부서가 릴리스 일정을 결정할 때 중요한 역할을 한다. 어떤 기능을, 언제 인도할 것인가를 결정하는 것은 회사의 다른 부서(마케팅 등)와도 관련이 있으며, 회사의 중요한 전략이기도 하다. 그러므로 릴리스 일정을 정할 때는 사업 부서와 개발 부서가 협의해 결정한다.

물론 특정 시기에 기능을 릴리스할 수 있도록 지원하는 다양한 기법(예: 기능 토글이나 수동 파이프라인 스텝 등)이 존재한다. 이 기법에 대해서는 책의 뒷부분에서 설명할 것이다. 엄밀하게 보면 지속적 배포Deployment와 지속적 인도Delivery는 같은 의미가 아니다. 지속적 배포는 리포지터리에 코드가 커밋되면 자동으로 프로덕션으로 릴리스되는 것을 말한다. 반면 지속적 인도는 좀 더 유연한 개념으로 커밋된 코드가 최종적으로 릴리스 후보가 되는 것을 뜻하며 심지어는 프로덕션 릴리스를 수동으로 하는 것도 포함된다.

INFO

> 참고로 이 책에서는 지속적 인도와 지속적 배포를 혼합해서 같이 사용한다.

기술 및 개발의 전제 조건

기술 측면에서 염두에 둬야 할 요구 사항들이 있다. 이들은 이 책 전체에 걸쳐 설명할 것이므로 여기서는 간단히 언급만 하도록 한다.

- **자동 빌드, 테스트, 패키지, 배포 작업**: 모든 작업을 자동화할 수 있어야 한다. 예를 들어 보안 문제가 생긴다거나 복잡하다는 이유로 자동화가 불가능한 시스템이 있다면 완전히 자동화된 인도 파이프라인을 만드는 것은 불가능하다.

- **신속한 파이프라인 실행**: 파이프라인은 빠르게, 늦어도 5~15분 내에 실행돼야 한다. 파이프라인을 실행하는 데 몇 시간이나 며칠이 걸린다면 리포지터리에 커밋될 때마다 실행되는 것이 불가능하다.

- **신속한 장애 복구**: 신속한 롤백이나 복구를 할 수 있어야 한다. 그렇지 않다면 릴리스를 자주 할수록 위험도가 높아진다.

- **무중단 배포**: 하루에도 수 차례 배포를 해야 하기 때문에 배포 시 다운타임이 발생하면 안 된다.

- **트렁크 기반 개발**: 개발자는 정기적으로 한 개의 마스터 브랜치에 체크인해야 한다. 그렇지 않고 개발자들이 자신의 로컬 브랜치에서만 작업하면 코드 통합이 되지 않으므로 릴리스 회수가 줄어든다. 이는 CD가 추구하는 목표라 할 수 없다.

이런 전제 조건들과 이를 해결하는 방법에 대해서는 이 책에서 계속 설명할 것이다. 마지막으로 이 책에서 제시하려는 시스템을 소개하고, 이에 맞는 도구가 무엇인지 알아본다.

⁛ CD 프로세스 구축

지금까지 CD 프로세스와 관련된 개념, 장점, 전제 조건에 대해서 설명했다. 이제 이 책에서 다룰 도구들과 이들이 어떻게 시스템을 구성하는지에 대해서 알아본다.

INFO

CD 프로세스의 개념을 좀 더 알고 싶은 독자는 제즈 험블과 데이비드 팔리의 역작인 『Continuous Delivery: Reliable Software Releases through Build, Test, and Deployment Automation』을 참고한다.

도구 소개

도구 소개에 앞서 먼저 언급하고 싶은 것은 특정 도구의 사용법보다는 그 도구가 프로세스에서 맡은 역할을 이해하는 것이 중요하다는 것이다. 즉 여기서 소개하는 도구의 대부분은 같은 역할을 하는 다른 도구로 대체할 수도 있다. 예를 들어 젠킨스는 아틀라시안 뱀부로 대체될 수 있고, 앤서블 대신에 셰프를 사용해도 된다. 이런 이유로 각 도구를 설명하는 장의 첫 부분마다 왜 그런 도구가 필요한지와 전체 프로세스에서 그 도구가 맡은 역할이 무엇인지를 개략적으로 설명하는 내용을 넣었다. 그리고 책에서 소개한 도구들과 대체 솔루션을 비교하는 내용도 추가했다. 이를 통해 자신의 환경에 맞는 도구를 유연하게 선택할 수 있길 바란다.

한편 CD 프로세스를 개념 수준으로만 다루지 않고 자세히 설명한 것은 독자가 직접 실행할 수 있는 정확한 코드를 제공하는 것이 개념을 명확히 이해하는 데 훨씬 더 도움이 된다고 판단했기 때문이다.

INFO

이 책을 학습하는 데는 두 가지 방법이 있다. 첫째는 책을 그냥 읽으면서 CD에 대한 개념을 학습하는 것이고, 둘째는 직접 실행 환경을 구축하고 코드를 실행해 가며 상세 내용까지 이해하는 것이다.

지금부터 이 책에서 사용할 도구를 알아본다. 그러나 지금은 각 도구에 대해 간략하게 소개만 할 것이며, 자세한 내용은 뒷부분에서 다룰 것이다.

도커 생태계

컨테이너 분야의 대표 상품인 도커는 수 년간 소프트웨어 산업을 주도해 왔다. 도커는 애플리케이션을 실행 환경에 독립적인 이미지로 패키징하는 기술을 제공해 애플리케이션을 사용하려면 컴퓨터를 각기 구성해야 했던 서버를 마치 하나의 리소스처럼 다룰 수 있도록 했다. 도커는 (마이크로)서비스와 CD 프로세스에 완벽하게 부합하기 때문에 고민할 필요 없이 선택해야 하는 도구다.

도커를 사용할 때는 다음과 같은 추가 기술이 필요하다.

- **도커 허브**: 도커 이미지를 등록하는 레지스트리

- **쿠버네티스**: 컨테이너용 오케스트레이터

INFO

> 이 책의 초판에서는 도커 컴포즈와 도커 스웜을 사용해서 컨테이너들의 클러스터링 및 스케줄링을 다뤘다. 그러나 이 책에서는 현재 가장 많이 사용되는 쿠버네티스를 다룬다.

젠킨스

젠킨스는 자동화 서버 분야에서 사실상의 표준이다. 젠킨스를 사용해 CI 및 CD 파이프라인뿐만 아니라 일반적인 대부분의 자동화 스크립트를 생성할 수 있다. 또한 뛰어난 플러그인 구조를 갖고 있어서 활발한 커뮤니티에서 제작하는 플러그인으로 기능을 확장할 수 있다. 게다가 코드 방식의 파이프라인 작성 및 분산 빌드도 지원한다.

앤서블

앤서블은 소프트웨어의 프로비저닝과 구성 관리, 애플리케이션 배포를 자동화하는 도구다. 가장 빠르게 성장하고 있는 구성 관리 엔진으로 머지않아 셰프와 퍼핏을 넘어설 것으로 예상된다. 앤서블은 에이전트가 없는 구조이며, 도커와도 자연스럽게 연동된다.

깃허브

깃허브는 호스팅 서비스를 제공하는 버전 관리 시스템 중 최고의 제품이다. 매우 안정적인 시스템과 뛰어난 웹 기반 UI, 무료 공개 리포지터리 서비스 등을 제공한다.

그러나 CD 프로세스를 구현하는 데는 Git이든, SVN 또는 머큐리얼이든 어떤 소스 관리 시스템도 가능하다. 또한 시스템이 클라우드 방식인지, 자체 호스팅 방식인지도

관계없이 사용할 수 있다.

자바/스프링 부트/그래들

자바는 오랫동안 인기 있는 프로그래밍 언어 중 하나였다. 그런 이유로 이 책에서는 자바를 사용한다. 또한 자바와 스프링 부트 프레임워크를 사용하는 회사가 많기 때문에 이를 사용해 기본 개념을 설명하는 데 필요한 간단한 웹 서비스를 만들어 볼 것이다. 빌드 도구로는 그래들을 사용할 것이다. 현재는 메이븐이 더 유명하지만 그래들 사용자가 빠르게 늘고 있다. 다시 한 번 언급하지만 프로그래밍 언어나 프레임워크, 빌드 도구는 언제나 다른 것으로 대체할 수 있다. CD 프로세스는 변하지 않으므로 기술 도구가 다른 것을 염려하지 않아도 된다.

그 외의 도구들

인수 테스트용 프레임워크로는 큐컴버^{Cucumber}를 사용한다. 이와 유사한 솔루션으로는 피트니스^{FitNesse}와 JBehave가 있다. 또한 DB 마이그레이션에는 플라이웨이^{Flyway}를 사용하나 리퀴베이스^{Liquibase} 같은 도구로 변경할 수도 있다.

⠿ 완벽한 CD 시스템 생성하기

이 책의 구성 방식은 두 가지 관점에서 볼 수 있다.

첫 번째 관점은 자동 배포 파이프라인 단계에 따라 진행된다. 각 장을 순서대로 진행하면 CD 프로세스 전체를 알게 되는 식이다. 각 장의 제목 중 일부는 파이프라인 단계와 같은 명칭을 사용한다.

- 지속적 통합 파이프라인
- 자동 인수 테스트
- 앤서블로 하는 구성 관리

나머지 장에서는 프로세스에 대한 소개와 요약 그리고 추가 정보를 제공한다.

두 번째 관점도 있다. 각 장에서는 CD 프로세스와 관련된 실행 환경을 차례대로 설명한다. 즉, 이 책은 완벽한 시스템을 구축하는 방법을 기술별로 하나씩 설명한다.

이 책에서 구축하려는 시스템이 어떻게 계획된 것인지 이해할 수 있도록 각 장의 시스템 전개 방식을 살펴보자.

> **TIP**
>
> 지금 등장하는 용어와 개념을 이해하지 못해도 걱정할 필요 없다. 각 장은 해당 내용을 기초부터 설명할 것이다.

도커 소개

'2장, 도커 소개'에서는 구축할 시스템의 중심부터 시작하며, 실행이 가능한 애플리케이션을 도커 이미지로 패키징한다. 2장의 결과물은 다음 그림처럼 표현할 수 있다.

도커 애플리케이션(웹 서비스)은 **도커 호스트** 위에서 컨테이너로 실행되며, 마치 호스트 컴퓨터에 직접 실행되는 것처럼 동작한다. 이는 포트 포워딩(도커 용어로는 포트 퍼블리싱) 덕분에 가능하다.

젠킨스 구성

'3장, 젠킨스 구성'에서는 젠킨스 환경을 구성한다. 다중 에이전트 (슬레이브) 노드를 활용하면 동시 고부하 작업도 처리할 수 있다. 3장은 다음과 같이 표현할 수 있다.

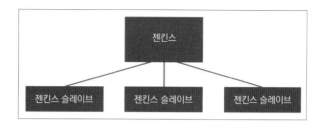

젠킨스 마스터가 받은 빌드 요청은 **슬레이브**(에이전트) 중 하나에서 실행된다. 이런 방식으로 젠킨스 환경을 수평적으로 확장(스케일링)할 수 있다.

지속적 통합 파이프라인

'4장, 지속적 통합 파이프라인'에서는 CD 파이프라인의 첫 단계인 커밋 스테이지를 생성하는 방법을 보여준다. 4장은 다음과 같이 표현할 수 있다.

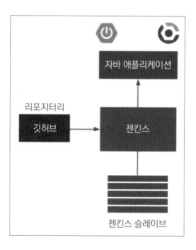

이 애플리케이션은 스프링 부트 프레임워크를 활용해 자바로 작성한 간단한 웹 서비스다. 그래들은 빌드 도구로, 깃허브는 소스 코드 리포지터리로 각기 사용됐다. 깃허브로 커밋을 하면 자동으로 젠킨스 빌드가 시작된다. 이 과정에서 그래들로 자바 코드를 컴파일하고 단위 테스트를 실행하며 추가 점검(코드 커버리지, 정적 코드 분석 등)을 수행한다. 젠킨스 빌드가 완료되면 개발자에게 알림 메시지를 보낸다.

4장을 끝내면 지속적 통합^{CI} 파이프라인을 완벽하게 생성할 수 있다.

자동 인수 테스트

'5장, 자동 인수 테스트'에서는 도커와 젠킨스를 결합한다. 5장은 다음과 같이 표현할 수 있다.

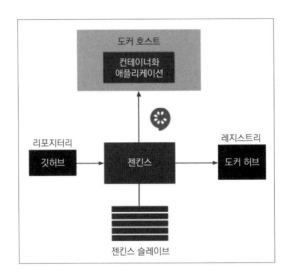

그림에 추가된 요소는 자동 인수 테스트 단계와 관련이 있다.

- **도커 레지스트리**: CI 단계가 끝나면 우선 애플리케이션을 JAR 파일로 패키징한 후 도커 이미지로 변환한다. 그리고 도커 애플리케이션용 리포지터리의 역할을 하는 **도커 레지스트리**로 이미지를 전송한다.

- **도커 호스트**: 인수 테스트를 수행하기에 앞서 애플리케이션을 먼저 실행해야 한다. 젠킨스가 **도커 호스트** 컴퓨터를 실행하면 여기서 **도커 레지스트리**에서 도커용 애플리케이션을 가져와서 실행한다.

- **큐컴버**: 애플리케이션이 **도커 호스트**에서 실행되면 젠킨스는 **큐컴버** 프레임워크로 작성된 인수 테스트를 실행한다.

쿠버네티스 클러스터링

'6장, 쿠버네티스로 하는 클러스터링'에서는 도커 호스트 하나를 쿠버네티스 클러스터로 교체하고, 독립형 애플리케이션 하나를 두 개의 의존성이 있는 컨테이너 애플리케이션으로 교체한다. 6장은 다음과 같이 표현할 수 있다.

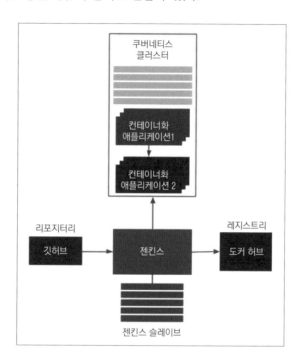

쿠버네티스는 도커 호스트를 묶는 추상화 레이어를 제공하고 의존성이 있는 애플리케이션 간의 통신을 할 수 있게 한다. 결과적으로 사용자는 어떤 컴퓨터에 애플리케이션이 배포되는지에 대해서 더 이상 고민할 필요가 없으며, 단지 몇 개의 인스턴스가 실행되고 있는지만 신경 쓰면 된다.

앤서블로 하는 구성 관리

'7장, 앤서블로 하는 구성 관리'에서는 앤서블을 사용해 다중 환경을 생성한다. 7장은 다음 그림과 같이 표현할 수 있다.

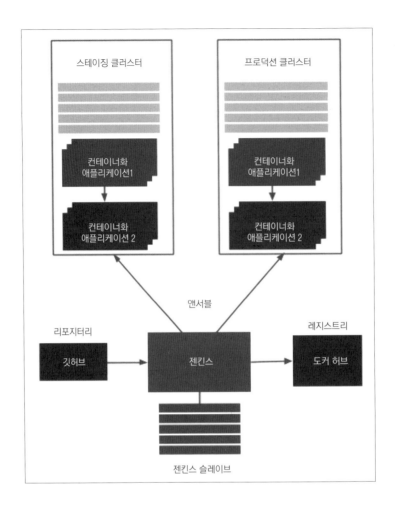

앤서블은 환경을 관리하고 여러 대의 컴퓨터에 동일한 애플리케이션을 배포할 수 있는 기능을 제공한다. 즉 테스트 환경과 프로덕션 환경을 미러링한다.

지속적 인도 파이프라인 / 지속적 인도 - 고급편

책의 마지막 부분인 '8장, 지속적 인도 파이프라인'과 '9장, 지속적 인도 - 고급편'에서는 일반적으로 많이 사용하는 방식대로 애플리케이션을 스테이징 환경에 배포하고 인수 테스트를 실행하고 최종적으로 애플리케이션을 프로덕션 환경에 릴리스하는 것을 다룬 다. 개선 시도의 마지막 단계는 인도 프로세스에 통합된 Flyway 마이그레이션을 사용해서 데이터베이스 스키마를 자동으로 관리하는 것이다. 이 책에서 보여주는 최종 환경은 다음 그림과 같다.

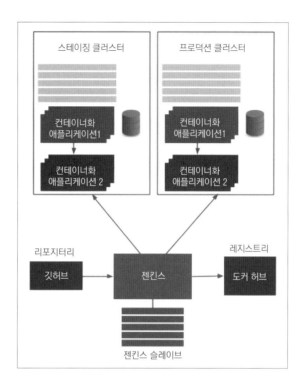

이상으로 이 책에서 구축하려는 시스템에 대한 계획을 살펴봤다. 부디 독자가 흥미를 갖길 바란다. 이제 매 단계마다 독자가 절차와 도구를 잘 이해할 수 있도록 가능한 한 모든 옵션과 세부 사항을 설명할 것이다. 이 책을 마치면 자신의 프로젝트에 CD 프로세스를 채택하거나 개선할 수 있을 것이라 생각한다.

⁑ 요약

1장에서는 CD 프로세스의 개념을 소개하고, 전제 조건 및 주요 도구에 대해 설명했다. 1장의 핵심 내용을 간략히 정리하면 다음과 같다.

현재 대부분의 회사들이 사용하는 인도 프로세스에는 중대한 단점이 있으며, 최신 자동화 도구들로 개선할 수 있다. CD 방식에는 많은 이점들이 있으며, 그중 핵심은 신속한 인도, 신속한 피드백 주기, 위험성이 낮은 릴리스다. CD 파이프라인은 지속적 통합, 자동 인수 테스트, 구성 관리의 세 단계로 구성된다. 일반적으로 CD를 도입하려면 조직의 문화와 구조도 바뀌어야 한다. 현재 CD를 도입하는 데 있어 가장 중요한 도구는 도커와 젠킨스, 앤서블이다.

2장에서는 도커를 소개하고 도커화된 애플리케이션의 작성 방법을 설명한다.

⁝⁝ 질문

1장의 복습을 위해 다음 질문에 답해보자.

1. 전통적 인도 프로세스의 세 단계는 무엇인가?

2. CD 파이프라인의 세 가지 주요 단계는 무엇인가?

3. CD를 통해 얻게 되는 장점을 세 가지 이상 말해보자.

4. CD 파이프라인의 일부로써 자동화가 필요한 테스트 유형은 무엇인가?

5. 통합 테스트와 단위 테스트 중 어떤 테스트를 더 많이 수행해야 할까? 그 이유는?

6. 데브옵스라는 용어는 무슨 뜻인가?

7. 이 책에서 사용할 소프트웨어 도구는 무엇인가? 네 가지 이상 말해보자.

⠿ 더 읽을거리

CD의 개념과 배경에 대해서 더 알고 싶다면 다음 자료를 참고한다.』

- 제즈 험블, 데이비드 팔리의 **Continuous Delivery**: https://continuousdelivery.com/

- 마틴 파울러의 **TestPyramid**: https://martinfowler.com/bliki/TestPyramid.html

- 마이크 콘의 『**경험과 사례로 풀어낸 성공하는 애자일**』(인사이트, 2012)

02

도커 소개

도커는 IT 분야에서 사용하던 서버의 개념을 바꾼 기술이다. 2장에서는 도커를 전반적으로 살펴보고, 도커를 활용해 최신 지속적 인도[CD] 프로세스를 구현하는 방법도 알아본다.

2장에서 다룰 내용은 다음과 같다.

- 도커 소개

- 도커 설치

- 도커에서 hello-world 실행하기

- 도커 애플리케이션

- 도커 이미지 빌드

- 도커 컨테이너 상태

- 도커 네트워킹

- 도커 볼륨 사용하기

- 도커에서 이름 사용하기

- 도커 클린업

- 도커 명령어 살펴보기

⁑ 기술 요구 사항

2장을 진행하려면 다음과 같은 하드웨어와 소프트웨어 환경이 필요하다.

- 최소한 4GB 이상의 램 용량

- 맥OS(10.15+ 시에라 및 이후 버전), 윈도우(64-비트 윈도우 10/11 프로), 우분투(20.04 및 이후 버전) 또는 그 외 리눅스 운영체제

2장의 예제 코드는 다음 깃허브 주소에서 다운로드할 수 있다.

https://github.com/AcornPublishing/docker-jenkins

⁑ 도커 소개

도커는 소프트웨어 컨테이너의 형태로 애플리케이션을 배포할 수 있는 오픈 소스 프로 젝트다. 도커를 이용하면 애플리케이션과 실행 환경(파일, 코드 라이브러리, 도구 등)을 통합해서 실 행할 수 있다. 즉 도커를 이용하면 가상화처럼 애플리케이션을 어디서든 실행이 가능한 이미지로 패키징할 수 있다.

컨테이너화와 가상화 비교

도커를 사용하지 않고도 가상 머신이라고 부르는 하드웨어 가상화로 프로세스를 격리 하는 작업을 할 수 있다. 대표적인 하드웨어 가상화 솔루션에는 버추얼박스나 VM웨어,

패러렐즈 등이 있다. 가상 머신은 컴퓨터의 아키텍처를 모방하는 방식으로 실제 컴퓨터와 같은 기능을 제공한다. 즉 애플리케이션을 독립된 가상 머신 이미지에 배치함으로써 완벽하게 격리된 환경에서 실행할 수 있다.

다음 그림은 가상화의 개념을 나타낸다.

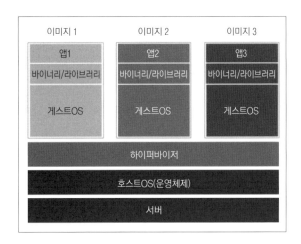

각 애플리케이션은 분리된 이미지에서 실행된다. 이미지에는 필요한 모든 의존성 요소와 게스트OS(운영체제)가 들어 있다. 이미지의 실행은 실제 컴퓨터 아키텍처를 모방하는 역할을 하는 **하이퍼바이저**가 맡는다. 이런 방식은 베이그런트^{Vagrant} 같은 많은 도구들이 지원하는 방식으로 개발 및 테스트 환경에 적합하다. 그러나 가상화에는 세 가지의 큰 단점이 있다.

- **낮은 성능**: 가상 머신은 컴퓨터의 전체 아키텍처를 모방해 게스트OS를 실행한다. 이 방식은 작업을 실행하는 데 상당한 자원을 사용하므로 성능이 떨어진다.

- **높은 자원 소비**: 에뮬레이션에는 많은 자원이 필요하며, 애플리케이션마다 각각 할당해 줘야 한다. 이런 까닭에 일단 데스크톱 머신에서는 동시에 실행할 수 있는 애플리케이션의 개수도 제한된다.

- **큰 파일 크기**: 각 애플리케이션마다 OS가 한 개씩 포함되므로 서버에 배포할 때마다 상당한 크기의 데이터를 보내고 저장해야 한다.

반면에 컨테이너화는 이런 문제를 다음 그림과 같이 전혀 다르게 해결한다.

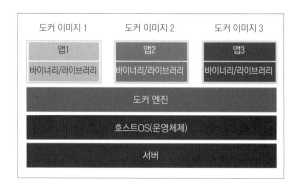

각 애플리케이션에는 운영체제가 아닌 의존성 요소만 포함된다. 애플리케이션 인터페이스는 호스트OS와 직접 연결되며, 게스트OS 같은 추가 레이어가 없다. 그러므로 성능은 향상되고 리소스도 낭비되지 않는다. 게다가 도커 이미지는 파일 크기도 매우 작다.

컨테이너화의 경우 호스트OS 프로세스 수준에서 격리^{Isolation}가 되는 것을 볼 수 있다. 그러나 컨테이너들이 의존성 요소를 공유하지는 않는다. 컨테이너는 각자 맞는 버전의 라이브러리를 갖고 있으므로 그중 하나가 업데이트돼도 다른 라이브러리에는 영향을 미치지 않는다. 도커 엔진에서는 컨테이너용 리눅스 네임스페이스와 컨트롤 그룹을 생성해 이를 처리하는데, 이는 도커의 보안이 리눅스 커널 프로세스 격리를 기반으로 하는 이유이기도 하다. 이런 솔루션은 충분히 검증됐지만 가상 머신이 제공하는 전체 OS 기반 격리보다는 덜 안전하다고 여겨지기도 한다.

도커의 필요성

도커의 컨테이너는 전통적 소프트웨어 인도 과정에서 발생하는 많은 문제를 해결할 수 있다. 이에 대해서 좀 더 자세히 알아보자.

실행 환경

보통 소프트웨어를 설치하고 실행하는 과정은 간단하지 않다. 운영체제, 리소스, 라이브러리, 서비스, 사용 권한, 관련 소프트웨어 등 애플리케이션이 사용하는 모든 사항을 결정해야 한다. 그런 다음에야 설치를 시작할 수 있다. 그러나 설치 과정에서 의존성 충돌이 발생할 수도 있다. 이런 문제를 어떻게 해결해야 할까? 하나의 애플리케이션 문제를 해결하려면 라이브러리 업그레이드가 필요한데 그럴 경우 다른 애플리케이션에서 문제가 발생하기도 한다. 어떤 회사들은 이를 애플리케이션별로 분류해 각 애플리케이션마다 전용 서버를 할당하는 식으로 해결한다. 웹 서버에서는 자바 7을 사용하고, 배치 작업용 서버에서는 자바 8을 사용하는 방식이다. 그러나 이 방식은 다양한 프로덕션 및 테스트 서버를 관리하는 데 많은 운영 팀 인력을 필요로 하며, 인력 운영 측면에서도 좋지 않다.

또한 실행 환경이 복잡해지므로 애플리케이션을 실행하는 데 별도의 전문성을 가진 담당자가 필요하다는 문제도 발생한다. 만약 담당자의 기술력이 부족하다면 MySQL과 ODBC, 다른 복잡한 도구들을 설정할 때 문제가 생길 수도 있다. 게다가 OS에 맞는 실행파일이 없어 직접 소스 코드를 컴파일해서 사용하거나 특수 구성이 필요한 환경이라면 더 큰 문제가 된다.

격리

실행 환경은 깔끔하게 유지돼야 한다. 그렇지 않으면 한 애플리케이션이 다른 애플리케이션의 실행에 영향을 주게 된다. 예를 들어 다음과 같은 문제가 생길 수 있다. 애플리케이션들은 파일 시스템을 공유하므로 A 애플리케이션이 잘못된 디렉터리에 데이터를 쓰면 B 애플리케이션은 엉뚱한 데이터를 읽게 된다. 또한 리소스를 공유하므로 A 애플리케이션에서 메모리 누수가 발생하면 A뿐만 아니라 B 애플리케이션까지 중단된다. 네트워크 인터페이스도 공유하므로 A와 B 애플리케이션이 같은 8080 포트를 사용한다면 둘 중 하나는 제대로 동작하지 않는다. 또한 격리는 보안 측면의 문제도 있다. 애플리케이션에 버그가 있거나 악성 소프트웨어를 실행한다면 다른 애플리케이션도 손상될 수 있다. 따라서 애플리케이션의 손상을 예방할 수 있도록 분리된 샌드박스에서 실행하는 것이 훨씬 안전한 방식이다.

애플리케이션 구성

서버를 운영하다 보면 왜 실행되는지 아무도 모르는 애플리케이션들이 점점 많아져서

엉망이 되는 경우가 종종 생긴다. 서버에서 실행 중인 애플리케이션은 무엇인지, 그것들 간의 의존성은 어떤지 알 수 있을까? 아마 실행 중인 프로세스 중 일부는 라이브러리나 다른 애플리케이션, 도구들에 의존성을 갖고 있을 것이다. 그러나 제대로 작성된 문서가 없다면 그저 실행 중인 프로세스를 관찰하면서 추측해야 할 것이다. 반면 도커에서는 각 애플리케이션을 개별 컨테이너로 구성하므로 실행 목록을 보고 검색하고 모니터링하는 작업을 깔끔하게 수행할 수 있다.

이식성

"코딩은 한 번만, 실행은 모든 곳에서"라는 슬로건은 자바 언어가 초창기에 사용하던 홍보 문구다. 실제로도 자바는 이식성의 문제를 비교적 잘 해결한다. 그러나 제대로 동작하지 않는 경우도 발생한다. 예를 들어 호환되지 않는 네이티브 의존성 문제나 구 버전의 자바 런타임 문제 등이 있다. 게다가 모든 소프트웨어가 자바로 작성되는 것도 아니다.

반면에 도커는 이식성 문제를 한 단계 더 높은 차원에서 다룬다. 즉 도커 버전만 호환되면 그 안에 포함된 모든 소프트웨어들은 프로그래밍 언어든, OS든, 환경 구성이든 관계없이 호환된다. 그러므로 도커의 슬로건을 만든다면 "코드뿐만 아니라 실행 환경을 통째로 제공!"이라고 할 수 있다.

고양이와 가축

전통적 방식의 배포와 도커 기반 배포의 차이를 설명할 때는 종종 고양이와 가축의 비유를 든다. 많은 사람들이 새끼 고양이를 좋아한다. 고양이를 키울 때는 이름도 붙여주고 애지중지 보살핀다. 그러다가 혹시 죽기라도 하면 가족을 잃은 것처럼 슬퍼한다. 그러나 가축의 경우는 고기를 얻을 목적으로 집단적으로 키운다. 고유의 이름도 없고 개별적으로 취급하지도 않는다. 가축도 (각각의 서버들처럼) 개별적인 개체이긴 하지만 그건 중요한 사실이 아니다. 이 직관적인 비유를 통해 도커는 서버를 고양이가 아닌 가축처럼 취급한다는 것을 알 수 있다.

다른 컨테이너화 기술들

도커만이 시장에서 선택할 수 있는 유일한 컨테이너 솔루션은 아니다. 실제로 첫 번째 도커 버전은 컨테이너를 대체하는 플랫폼인 오픈 소스 **리눅스 컨테이너**^{LXC} 시스템을 기반으로 개발됐다. 그 외 솔루션으로는 **윈도우 서버 컨테이너**나 **OpenVZ**, **리눅스 서버**가 있다. 그러나 도커는 간결성과 효율적인 마케팅, 스타트업의 성공 방식을 활용해 다른 모든 솔루션들을 넘어섰다. 현재 도커는 대부분의 운영체제에서 동작하며 15분 내에 설치부터 실행이 가능하고 사용하기 쉬운 다양한 기능과 유용한 설명서, 훌륭한 커뮤니티가 있다. 게다가 아마 로고 이미지도 IT 분야 솔루션들 중에서 최고가 아닐까 싶다.

이상으로 도커의 개념을 살펴봤다. 지금부터는 도커를 설치하고 직접 실행해 보자.

⁑ 도커 설치

도커의 설치 과정은 간단하고 빠르다. 리눅스 운영체제라면 대부분 지원하고 전용 바이너리도 제공한다. 맥OS와 윈도우의 경우에도 해당 운영체제용 실행파일을 제공한다. 그러나 도커의 내부는 리눅스를 기반으로 한다. 그러므로 맥OS 및 윈도우에서 도커 엔진을 설치하려면 가상 머신(맥OS는 하이퍼킷, 윈도우는 하이퍼-V)을 사용해야 한다.

도커에 필요한 환경

도커 커뮤니티 에디션을 실행할 때 필요한 환경은 운영체제마다 다르다.

- 맥OS
    - 맥OS 10.15 또는 그 이후 버전
    - 최소한 4GB 이상의 램 용량
    - 버추얼박스 4.3.30 이전 버전이 설치되지 않아야 함

- 윈도우

    - 64비트 윈도우 10/11

    - 하이퍼-V 패키지 사용이 가능한 환경

    - 최소한 4GB 이상의 램 용량

- 리눅스

    - 64비트 아키텍처

    - 리눅스 커널 3.10 또는 그 이후 버전

만약 컴퓨터가 이런 요구 사항을 충족하지 못하는 경우에는 **버추얼박스**에 우분투를 설치해서 사용하는 방법도 있다. 이 방법은 조금 복잡해도 아주 나쁘다고 할 수는 없다. 어차피 맥OS나 윈도우에서 도커 엔진을 사용하려면 가상화를 하기 때문이다. 그리고 우분투는 도커를 가장 잘 지원하는 시스템이기도 하다.

> **INFO**
>
> 이 책에서 다루는 모든 예제는 우분투 20.04 버전에서 검증한 것이다.

로컬 머신에 설치하기

도커 설치 방법은 간단하다. 다음 공식 사이트를 참고해 설치한다.

https://docs.docker.com/get-docker/

도커 데스크톱

로컬 환경에서 도커를 사용하는 가장 간단한 방법은 도커 데스크톱을 설치하는 것이다.

이렇게 하면 단 몇 분 만에 완벽한 도커 실행 환경이 구축된다. 기술적 측면에서 도커를 구동하는 데는 리눅스 커널이 필요하며 도커 엔진은 VM 내부에 설치된다. 그러나 도커 데스크톱을 사용하면 윈도우 및 맥OS 사용자도 각종 어려운 설정을 하지 않고도 바로 도커 명령을 사용할 수 있다.

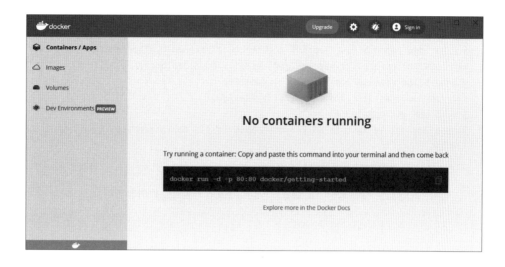

도커 엔진 외에도 도커 데스크톱은 다음과 같은 여러 기능을 제공한다.

- 도커 이미지와 컨테이너, 볼륨을 표시하는 **사용자 메뉴**

- 로컬 쿠버네티스 클러스터

- 도커 자동 업데이트 기능

- 로컬 파일 시스템과 통합된 볼륨 마운팅

- 윈도우용 컨테이너 지원

- **리눅스용 윈도우 서브시스템**[WSL] 및 WSL2와의 통합 지원

우분투용 도커

우분투에 도커를 설치하는 방법은 다음 주소를 참고한다.

https://docs.docker.com/engine/install/ubuntu/

우분투 20.04에서 다음 명령어를 실행해 설치를 시작해 보자.

```
$ sudo apt-get update
$ sudo apt-get -y install ca-certificates curl gnupg lsb-release
$ curl -fsSL https://download.docker.com/linux/ubuntu/gpg
| sudo gpg --dearmor -o /usr/share/keyrings/docker-archive-keyring.gpg
$ echo "deb [arch=$(dpkg --print-architecture) signed-by=/usr/share/
keyrings/docker-archive-keyring.gpg] https://download.docker.com/linux/
ubuntu $(lsb_release -cs) stable" | sudo tee
/etc/apt/sources.list.d/docker.list > /dev/null
$ sudo apt-get update
$ sudo apt-get -y install docker-ce docker-ce-cli containerd.io
```

모든 작업이 끝났다면 도커가 설치된 것이다. 그러나 도커 명령어는 root 관리자만 실행할 수 있다. 그러므로 **도커 명령어를 실행할 때마다 sudo 키워드를 붙여야 한다.**

다른 사용자도 도커 명령어를 사용할 수 있게 하려면 다음과 같이 docker 그룹에 해당 사용자 정보를 추가한다.

```
$ sudo usermod -aG docker <사용자명>
```

로그아웃을 하면 모든 설정이 완료된다. 그러나 마지막 명령어를 실행할 때는 혹시라도 의도치 않은 사용자에게 권한을 부여함으로써 도커 엔진의 보안이 취약해지지 않도록 주의해야 한다. 특히 도커를 서버 시스템에 설치하는 경우에는 보안이 중요하다.

다른 리눅스 배포판용 도커

도커는 대부분의 리눅스 배포판을 지원한다. 자세한 내용은 다음 주소를 참고한다.

https://docs.docker.com/engine/install

도커 설치 테스트

어떤 운영체제(맥OS, 윈도우, 우분투, 리눅스 등)를 선택했든 도커를 설치했다면 이제 실행할 준비가 된 것이다. 도커가 제대로 설치됐는지 테스트하는 좋은 방법은 바로 docker info 명령어를 실행하는 것이다. 이를 실행하면 다음과 같은 출력 메시지가 나타난다.

```
$ docker info
Containers: 0
 Running: 0
```

```
Paused: 0
Stopped: 0
Images: 0
...
```

서버에 설치

네트워크를 통해 도커를 사용하려면 클라우드 플랫폼 공급자를 활용하거나 전용 서버에 도커를 수동으로 설치해야 한다.

첫 번째 경우라면 플랫폼 공급자마다 도커 구성이 다를 수 있지만 대부분은 훌륭한 매뉴얼을 제공한다. 실제로도 대부분의 클라우드 플랫폼에서는 도커 호스트를 생성할 때 사용자 친화적인 웹 인터페이스나 서버에서 실행되는 명령어를 제공한다.

두 번째 경우(도커 수동 설치)에는 약간의 추가 설명이 필요하다.

전용 서버

도커를 서버에 수동으로 설치하는 것은 로컬 컴퓨터에 설치하는 것과 크게 다르지 않다.

두 가지 추가 단계만이 필요한데 이는 도커 데몬을 설정해서 네트워크 소켓을 리스닝하도록 하는 것과 보안 인증서를 설정하는 것이다.

1. 도커에서는 보안상의 이유로 로컬 통신만 하는, 즉 네트워크에 연결되지 않은 유닉스 소켓으로만 실행된다. 그러므로 외부 클라이언트가 접속을 하려면 해당 네트워크 인터페이스 소켓이 리스닝을 하도록 해야 한다. 우분투의 경우 도커 데몬은 systemd에서 구성되므로 시작 방법을 변경하려면 /lib/systemd/system/docker.service 파일에서 다음과 같이 한 줄을 수정해야 한다.

   ```
   ExecStart=/usr/bin/dockerd -H <서버 IP>:2375
   ```

   이렇게 수정을 하면 특정 IP 주소를 통해 도커 데몬에 접속할 수 있다. 추가로 systemd 구성에 대해 자세히 알고 싶다면 다음 주소를 참고한다.

   https://docs.docker.com/config/daemon/systemd/

2. 이번 단계는 도커의 보안 인증서에 대한 것이다. 즉 인증서로 인증 절차를 거친 클라이언트만 서버에 접속할 수 있다. 도커의 인증서 구성에 대한 상세한 설명은 다음 주소에서 찾아볼 수 있다.

https://docs.docker.com/engine/security/protect-access/

이 단계가 반드시 필요한 것은 아니다. 다만 도커 데몬 서버가 방화벽으로 구성된 네트워크에 들어 있지 않다면 필수다.

> **INFO**
>
> 도커 데몬이 회사 네트워크에서 실행된다면 HTTP 프록시 구성을 해야 한다. 이에 대한 상세한 내용은 다음 주소를 참고한다.
> https://docs.docker.com/config/daemon/systemd/

이제 도커 환경을 구성했다면 첫 번째 예제를 실행해 보도록 하자.

⁙ 도커에서 hello-world 실행하기

콘솔에서 다음 명령어를 실행해 보자.

(참고로, 앞에서 언급했듯이 도커 명령어는 root 관리자만 실행할 수 있다. 그러므로 현재 사용자가 root가 아니라면,도커 명령어를 실행할 때마다 sudo 키워드를 붙여야 한다는 점을 잊지 말자.)

```
$ docker run hello-world
Unable to find image 'hello-world:latest' locally
latest: Pulling from library/hello-world
1b930d010525: Pull complete
Digest: sha256:2557e3c07ed1e38f26e389462d03ed943586f744621577a99efb77324b0fe535
Status: Downloaded newer image for hello-world:latest

Hello from Docker!
This message shows that your installation appears to be working correctly.
...
```

이렇게 처음으로 도커 컨테이너를 실행해 봤다. 도커가 얼마나 간단한지 느낄 수 있을 것이다. 그렇다면 실제로 이 예제에서는 어떤 일이 벌어진 것인지 자세히 알아보자.

1. 사용자가 run 명령어로 도커 클라이언트를 실행한다.

2. 도커 클라이언트가 도커 데몬에 접속해 hello-world라는 이름의 이미지에서 컨테이너를 생성할 것을 요청한다.

3. 도커 데몬이 hello-world 이미지를 로컬에서 찾았으나 없다는 것을 확인한다. 그래서 도커 허브 레지스트리에 hello-world 이미지를 요청한다.

4. 도커 허브 레지스트리는 hello-world 이미지를 갖고 있으므로 도커 데몬이 이미지를 다운로드pull한다.

5. 도커 데몬이 hello-world 이미지로부터 신규 컨테이너를 생성하고, 컨테이너가 실행되면 메시지를 출력한다.

6. 도커 데몬은 이 출력문을 도커 클라이언트로 전달한다.

7. 도커 클라이언트는 이 출력문을 터미널로 전송한다.

이상의 흐름을 그림으로 나타내면 다음과 같다.

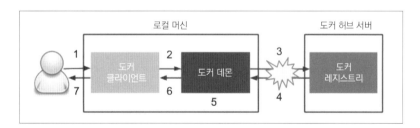

도커 컴포넌트

도커는 사실 여러 개의 컴포넌트로 구성된 생태계다. 먼저 도커 클라이언트와 서버의 구조를 살펴보고, 이어서 전체 구성 요소도 알아보자.

도커 클라이언트와 서버

다음 그림은 도커 엔진 아키텍처를 보여준다.

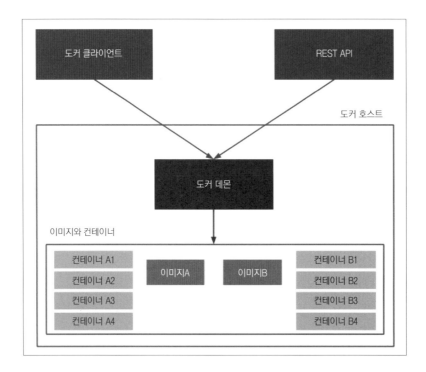

도커 엔진은 3개의 컴포넌트로 구성된다.

- 백그라운드에서 실행되는 **도커 데몬**(서버)

- 명령툴로 실행되는 **도커 클라이언트**

- **REST API**

도커를 설치한다는 것은 모든 컴포넌트를 설치해 도커 데몬이 마치 서비스처럼 컴퓨터에서 항상 실행돼 있다는 것을 뜻한다. hello-world 예제의 경우 도커 데몬과의 통신에 도커 클라이언트를 사용했다. 그러나 REST API를 사용해도 똑같은 통신을 할 수 있다. 또한 hello-world 예제에서는 로컬 도커 데몬에 연결을 했다. 그러나 같은 클라이언트로 원격 머신에서 실행 중인 도커 데몬과 통신하는 것도 가능하다.

도커 이미지와 컨테이너

이미지는 도커 세계에서는 스테이트리스^{stateless, 상태를 저장하지 않는} 방식의 구성 요소다. 이미지라는 것은 애플리케이션을 실행하는 데 필요한 모든 파일들과 그것을 실행하는 방법을 한데 묶어놓은 것이다. 이미지는 스테이트리스 방식이므로 네트워크로 전송하거나 레지스트리에 저장할 수도 있고 이름이나 버전을 지정할 수도 있으며 파일로 저장할 수도 있다. 이미지는 계층화할 수도 있으므로 다른 이미지를 포함하는 이미지를 만드는 것도 가능하다.

컨테이너는 이미지의 실행 인스턴스를 말한다. 동일한 애플리케이션의 인스턴스를 많이 만들고 싶다면 하나의 이미지에서 인스턴스를 많이 만들면 된다. 컨테이너는 스테이트풀^{stateful, 상태를 저장하는} 방식으로 컨테이너를 사용하면서 상태를 변경할 수 있다는 의미다.

컨테이너와 **이미지**의 계층 구조는 다음 그림과 같다.

계층 구조의 하위에는 항상 베이스 이미지가 있다. 대부분의 경우 베이스 이미지는 운영체제를 의미하며, 그 위에 사용자의 이미지를 생성한다. 기술적으로는 사용자도 베이스 이미지를 만들 수 있지만 실제로 그런 경우는 흔치 않다.

위의 예제에서는 우분투 운영체제의 모든 기능을 제공하는 ubuntu 이미지가 베이스다. 그다음으로는 Git 툴킷을 위해 add git 이미지를 추가했다. 그리고 JDK(자바 개발 킷) 환경을 제공하는 add JDK 이미지를 추가했다. 마지막으로는 add JDK 이미지에서 생성된 컨테이너가 있다. 예를 들어 이 컨테이너는 GitHub 리포지터리에서 자바 프로젝트를 다운로드해 컴파일한 후 JAR 파일을 생성할 수 있다. 결과적으로 사용자는 자신의 운영체제에 아무런 도구도 설치하지 않고도 자바 프로젝트를 실행하고 컴파일할 수 있다.

중요한 점은 레이어링이라는 기법이 대역폭과 저장 공간을 절약하는 매우 탁월한 방식이라는 것이다. 어떤 사용자가 다음과 같이 우분투에 기반한 애플리케이션을 갖고 있다고 해보자.

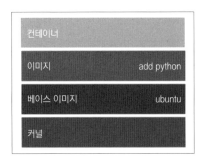

사용자가 파이썬 인터프리터를 추가한다면 add python 이미지를 설치하는 과정에서 도커 데몬은 ubuntu 이미지가 이미 설치됐다는 것을 알게 된다. 따라서 비교적 작은 크기의 add python 레이어 부분만을 추가로 설치하게 된다. 따라서 ubuntu 이미지는 재사용되며 의존성을 갖게 된다. 이는 이미지를 네트워크를 통해 배포하려는 경우에도 동일하다. Git과 JDK 애플리케이션을 배포한다고 할 때 전체 ubuntu 이미지도 함께 전송해야 한다. 그러나 일단 전송이 끝난 이후에 파이썬 애플리케이션을 배포할 때는 크기가 작은 python 레이어 부분만 전송하면 된다.

이상으로 도커 생태계의 구성 요소에 대해 알아봤다. 지금부터는 도커 이미지로 패키징된 애플리케이션을 실행하는 방법을 알아보자.

⁝⁝ 도커 애플리케이션

상당히 많은 애플리케이션들이 도커 이미지의 형태로 제공되므로 인터넷에서 직접 다운로드할 수 있다. 이미지의 정확한 이름을 안다면 앞의 hello-world 예제처럼 동일하게 실행하면 된다. 그런데 원하는 애플리케이션을 도커 허브에서 찾는 방법은 무엇일까? **몽고DB**를 예로 들어 알아보자.

1. 도커 허브에는 두 가지 검색 방법이 있다.

   - 도커 허브 검색 페이지에서 찾기(https://hub.docker.com/search/)

   - docker search 명령어로 찾기

   두 번째 방법인 명령어를 사용하는 경우에는 다음과 같이 출력된다.

```
$ docker search mongo
NAME                DESCRIPTION                         STARS
OFFICIAL     AUTOMATED
mongo               MongoDB document databases provide high avai... 8842
[OK]
mongo-express       Web-based MongoDB admin interface, written w... 1178
[OK]
bitnami/mongodb   Bitnami MongoDB Docker image               177
[OK]
...
```

2. 애플리케이션 이름이 꽤 많이 출력된다. 이 중에서 가장 적합한 이미지를 어떻게 선택해야 할까? 가장 일반적인 방법은 아무런 접두사가 없는 것을 선택하는 것이다. 즉 접두사가 없는 버전은 도커 허브가 제공하는 공식 이미지로 안정적으로 관리된다. 접두사가 붙은 버전은 오픈 소프 프로젝트로 관리되는 비공식 이미지일 경우가 대부분이다. 앞의 예제에서는 mongo를 선택하는 것이 최선이다. 몽고DB를 실행하기 위해 다음과 같이 입력해 보자.

```
$ docker run mongo
Unable to find image 'mongo:latest' locally
latest: Pulling from library/mongo
d7bfe07ed847: Pull complete
```

```
97ef66a8492a: Pull complete
20cec14c8f9e: Pull complete
38c3018eb09a: Pull complete
ccc9e1c2556b: Pull complete
593c62d03532: Pull complete
1a103a446c3f: Pull complete
be887b845d3f: Pull complete
e5543880b183: Pull complete
Digest: sha256:37e84d3dd30cdfb5472ec42b8a6b4dc6ca7cacd91ebcfa0410a54528
bbc5fa6d
Status: Downloaded newer image for mongo:latest
{"t":{"$date":"2022-06-16T11:49:19.431+00:00"},"s":"I",  "c":"CONTROL",
"id":23285,   "ctx":"-","msg":"Automatically disabling TLS 1.0, to
force-enable TLS 1.0 specify --sslDisabledProtocols 'none'"}
...
```

이런 식으로 몽고DB가 실행되는 것을 볼 수 있다. 이처럼 애플리케이션들이 간단히 도커 컨테이너로 실행될 수 있는 이유는 실행에 필요한 모든 요소들이 이미지에 포함돼있어 의존성을 전혀 고려할 필요가 없기 때문이다. 도커를 단지 그럭저럭 쓸 만한 애플리케이션 실행 도구라고 생각할 수도 있지만 진정으로 우수한 기능은 사용자도 직접 도커 이미지를 생성할 수 있다는 점이다.

> **INFO**
>
> 도커 허브 사이트에서는 수백만 개의 다양한 애플리케이션을 찾아볼 수 있다.

∰ 도커 이미지 빌드

지금부터는 이미지를 생성하는 두 가지 방법을 알아본다. 하나는 docker commit 명령어를 사용하는 것이고, 다른 하나는 도커파일을 사용하는 자동 빌드다.

도커 커밋

Git과 JDK 툴킷이 포함된 이미지로 예제를 진행해 보자. 예제에서는 우분투 20.04를 베이스 이미지로 사용한다. 거의 대부분의 이미지는 도커 허브 레지스트리에서 받을 수 있기 때문에 별도의 이미지 생성 작업은 필요치 않을 것이다.

1. ubuntu:20.04에서 컨테이너를 실행하고, 터미널 입력 모드로 진입한다.

    ```
    $ docker run -i -t ubuntu:20.04 /bin/bash
    ```

    이 명령은 ubuntu:20.04 이미지를 가져와서 컨테이너를 실행한 후 인터랙티브 방식(-i 옵션)으로 /bin/bash 명령을 호출한다. 그러면 컨테이너의 터미널 화면이 나타난다. 컨테이너는 상태 저장stateful과 쓰기가 가능하므로 터미널 내에서 원하는 모든 작업을 수행할 수 있다.

2. Git 툴킷을 설치한다.

    ```
    root@dee2cb192c6c:/# apt-get update
    root@dee2cb192c6c:/# apt-get install -y git
    ```

3. Git 툴킷이 설치됐는지 확인한다.

    ```
    root@dee2cb192c6c:/# which git
    /usr/bin/git
    ```

4. 컨테이너에서 나온다.

    ```
    root@dee2cb192c6c:/# exit
    ```

5. ubuntu 이미지와 비교해 컨테이너에서 무엇이 변경됐는지 확인해 보자.

    ```
    $ docker diff dee2cb192c6c
    ```

    이 명령을 실행하면 컨테이너에서 변경된 모든 파일 목록이 출력된다.

6. 컨테이너를 이미지로 커밋한다.

    ```
    $ docker commit dee2cb192c6c ubuntu_with_git
    ```

이상으로 첫 번째 도커 이미지를 만들어 봤다. 도커 호스트에 존재하는 모든 이미지들의 목록을 출력해 방금 생성한 이미지가 존재하는지 확인해 보자.

```
$ docker images
REPOSITORY         TAG     IMAGE ID       CREATED            SIZE
ubuntu_with_git    latest  f3d674114fe2   About a minute ago 205 MB
ubuntu             20.04   20bb25d32758   7 days ago         87.5 MB
mongo              latest  4a3b93a299a7   10 days ago        394 MB
hello-world        latest  fce289e99eb9   2 weeks ago        1.84 kB
```

예상했던 대로 hello-world가 있고 앞에서 설치한 mongo와 도커 허브에서 가져온 ubuntu 베이스 이미지가 있으며 방금 만든 ubuntu_with_git 이미지도 볼 수 있다. 또한 설치된 이미지들의 파일 크기도 확인할 수 있다.

앞으로 Git 도구가 설치된 ubuntu가 필요한 경우 다음과 같이 지금 만든 이미지에서 컨테이너를 생성하기만 하면 된다.

```
$ docker run -i -t ubuntu_with_git /bin/bash
root@3b0d1ff457d4:/# which git
/usr/bin/git
root@3b0d1ff457d4:/# exit
```

이와 같은 방식으로 ubuntu_with_git 이미지 위에 ubuntu_with_git_and_jdk도 만들 수 있다.

```
$ docker run -i -t ubuntu_with_git /bin/bash
root@6ee6401ed8b8:/# apt-get install -y openjdk-8-jdk
root@6ee6401ed8b8:/# exit
$ docker commit 6ee6401ed8b8 ubuntu_with_git_and_jdk
```

도커파일

도커 이미지를 만들 때마다 commit 명령어를 직접 입력하는 방식은 수고스러울 뿐만 아니라 지속적 인도 프로세스나 빌드 자동화에 적용할 수도 없다. 다행히 도커에는 이미지를 생성하는 명령어에 대응하는 내장 언어가 있다.

지금부터는 앞에서 다룬 Git 및 JDK와 유사한 예제인 ubuntu_with_python 이미지를 만들어 보자.

1. 새 디렉터리를 만든 후 다음 내용으로 Dockerfile이라는 파일을 생성한다.

```
FROM ubuntu:20.04
RUN apt-get update && \
    apt-get install -y python
```

2. 다음 명령어를 실행해 ubuntu_with_python 이미지를 만든다.

```
$ docker build -t ubuntu_with_python .
```

3. 이미지가 생성됐는지 확인한다.

```
$ docker images
REPOSITORY                  TAG      IMAGE ID      CREATED           SIZE
ubuntu_with_python          latest   d6e85f39f5b7  About a minute ago  147 MB
ubuntu_with_git_and_jdk latest   8464dc10abbb  3 minutes ago     580 MB
ubuntu_with_git             latest   f3d674114fe2  9 minutes ago     205 MB
ubuntu                      20.04    20bb25d32758  7 days ago        87.5 MB
mongo                       latest   4a3b93a299a7  10 days ago       394 MB
hello-world                 latest   fce289e99eb9  2 weeks ago       1.84 kB
```

이렇게 생성된 이미지에서 컨테이너를 만들어 보면 파이썬 인터프리터가 docker commit 명령어를 직접 실행하는 경우와 다를 바 없다는 것을 알 수 있다. 또한 ubuntu 이미지는 ubuntu_with_git과 ubuntu_with_python 모두에서 베이스 이미지로 사용됐지만 목록에는 한 개만 존재한다는 것도 확인할 수 있다.

이번 도커파일 예제에서는 두 개의 명령어를 사용했다.

- FROM: 새로운 이미지가 추가될 베이스 이미지를 정의한다.

- RUN: 컨테이너에서 실행할 명령어를 지정한다.

그 외 자주 사용되는 명령어는 다음과 같다.

- COPY/ADD: 파일이나 디렉터리를 이미지의 파일 시스템으로 복사한다.

- ENTRYPOINT: 컨테이너를 생성할 때 항상 실행할 애플리케이션을 정의한다.

도커 애플리케이션 완성하기

이제 도커 이미지로 애플리케이션을 실행하는 데 필요한 정보를 모두 알았다. 지금부터는 간단한 파이썬용 hello-world 프로그램을 단계별로 작성해 보도록 하자. 이 예제는 실행 환경이나 프로그래밍 언어와 관계없이 모두 동일하다.

애플리케이션 작성

새 디렉터리를 생성하고, 거기에 다음 내용을 갖는 hello.py 파일을 작성한다.

```
print "Hello World from Python!"
```

파일을 저장한다. 이 파일이 애플리케이션의 소스 코드다.

환경 준비하기

환경은 도커파일에 작성한다. 도커파일에는 다음과 같은 명령어가 들어간다.

- 베이스로 사용할 이미지 정보

- 파이썬 인터프리터를 설치하는 방법

- 이미지에 hello.py를 포함하는 방법

- 애플리케이션을 시작하는 방법

이제 앞에서 생성한 디렉터리에다 다음과 같은 내용으로 도커파일을 생성한다.

```
FROM ubuntu:20.04
RUN apt-get update && \
    apt-get install -y python
COPY hello.py .
ENTRYPOINT ["python", "hello.py"]
```

이미지 빌드하기

이미지 빌드는 앞에서와 똑같은 방법을 사용한다.

```
$ docker build -t hello_world_python .
```

애플리케이션 실행하기

컨테이너를 시작해 애플리케이션을 실행한다.

```
$ docker run hello_world_python
```

그러면 앞에서 작성한 코드인 **Hello World from Python!**이 출력되는 것을 볼 수 있다. 이 예제에서 가장 흥미로운 것은 호스트 시스템에 파이썬 인터프리터를 전혀 설치하지 않고도 파이썬으로 작성한 코드를 실행한다는 것이다. 그 이유는 바로 이미지로 패키징 된 애플리케이션 내에 모든 실행 환경이 포함돼 있기 때문이다.

TIP

> 파이썬 인터프리터가 포함된 이미지는 이미 도커 허브에서 제공하고 있다. 그러므로 실제 상황에서는 그대로 사용하면 된다.

환경 변수

앞의 예제에서 이 책의 첫 도커 애플리케이션을 실행해 봤다. 그런데 애플리케이션을 실행할 때 옵션을 줄 필요가 있다면 어떻게 해야 할까?

예를 들어 프로덕션 서버의 경우에는 Hello라는 출력을 화면이 아니라 로그파일에 추가하고 싶을 수도 있고, 테스트나 프로덕션 단계에서 다른 서비스에 연결하고 싶을 수도 있다. 이럴 때는 각 단계별로 다른 도커파일을 사용할 수도 있지만 더 좋은 방법은 환경 변수를 사용하는 것이다.

지금부터는 Hello-world 애플리케이션의 출력을 Hello World from <환경 변수로 전달한 이름>! 으로 바꿔보려고 한다. 다음 단계를 따라해 보자.

1. 환경 변수를 사용하도록 hello.py 파일을 변경한다.

```
import os
print "Hello World from %s !" % os.environ['NAME']
```

2. 이미지를 빌드한다.

```
$ docker build -t hello_world_python_name .
```

3. 환경 변수를 전달하도록 컨테이너를 실행한다.

```
$ docker run -e NAME=Rafal hello_world_python_name
Hello World from Rafal !
```

4. 다른 방법으로 다음과 같이 도커파일에다 환경 변수를 정의할 수도 있다.

```
ENV NAME Rafal
```

5. -e 옵션을 지정하지 않고 컨테이너를 실행한다.

```
$ docker build -t hello_world_python_name_default .
$ docker run hello_world_python_name_default
Hello World from Rafal !
```

환경 변수는 목적에 따라 다른 버전의 도커 컨테이너가 필요한 경우에 매우 유용하다. 예를 들어 프로덕션 서버와 테스트 서버가 다른 프로파일을 갖는 경우다.

INFO

환경 변수가 도커파일과 명령어에 모두 지정됐다면 명령어에 지정된 값이 우선 적용된다.

⠿ 도커 컨테이너 상태

지금까지 실행한 모든 애플리케이션은 어떤 작업을 수행한 후에는 종료됐다. 예를 들어 Hello World from Docker!라고 출력한 후 종료되는 식이었다. 그러나 서비스처럼 백그라운드에서 계속 실행돼 있어야 하는 애플리케이션도 있다.

이렇게 컨테이너를 백그라운드에서 실행하려면 -d (또는 --detach) 옵션을 사용해야 한다. 이를 ubuntu 이미지에 적용해 보자.

```
$ docker run -d -t ubuntu:20.04
```

이 명령은 우분투 컨테이너를 실행시키지만 콘솔에 연결하지는 않는다. 실행 상태를 보려면 다음과 같이 명령어를 입력한다.

```
$ docker ps
CONTAINER ID    IMAGE           COMMAND         STATUS          PORTS
NAMES
95f29bfbaadc    ubuntu:20.04    "/bin/bash"     Up 5 seconds
kickass_stonebraker
```

이 명령은 현재 실행되고 있는 컨테이너의 목록을 출력한다. 그렇다면 이전에 실행했다가 이미 종료된 컨테이너의 경우는 어떨까? 이런 경우에는 다음과 같이 모든 컨테이너를 출력하는 옵션을 사용해야 한다.

```
$ docker ps -a
CONTAINER ID    IMAGE                            COMMAND             STATUS
PORTS   NAMES
95f29bfbaadc    ubuntu:20.04                     "/bin/bash"         Up 33
seconds   kickass_stonebraker
34080d914613    hello_world_python_name_default  "python hello.py"   Exited
lonely_newton
7ba49e8ee677    hello_world_python_name          "python hello.py"   Exited
mad_turing
dd5eb1ed81c3    hello_world_python               "python hello.py"   Exited
thirsty_bardeen
...
```

이전에 실행됐던 컨테이너들은 **종료**exited 상태라는 것을 알 수 있다. 이 외에도 **일시 정지** 상태paused와 **재시작** 상태restarting라는 두 가지 상태가 더 있다.

다음 그림은 컨테이너들의 상태 및 전환 과정을 보여준다.

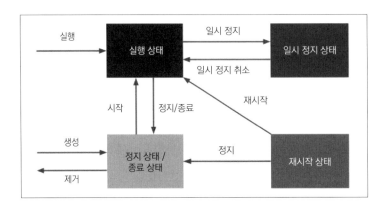

도커 컨테이너를 일시 정지하는 경우는 매우 드물다. 기술적으로는 SIGSTOP 시그널을 사용해서 프로세스를 중단시키는 것이다. 재시작은 --restart 옵션으로 컨테이너를 실행하는 경우 발생하는 임시 상태다. 이는 문제가 생긴 경우 도커 데몬이 자동으로 컨테이너를 재시작하는 경우에 발생한다.

그림에서는 도커 컨테이너의 상태를 변경하는 데 사용하는 명령어도 나와 있다.

예를 들어 실행 중인 우분투 컨테이너를 중단시키려면 다음과 같이 입력한다.

```
$ docker stop 95f29bfbaadc
$ docker ps
CONTAINER ID IMAGE COMMAND CREATED STATUS PORTS NAMES
```

TIP

> 지금까지는 항상 docker run 명령어를 사용해 컨테이너를 생성하고 실행했다. 그러나 docker create 명령어를 사용하면 컨테이너를 생성하고 실행하지 않을 수도 있다.

이상으로 도커의 상태 변경에 대해서 알아봤고, 지금부터는 도커의 네트워킹에 대해 알아보자.

⠿ 도커 네트워킹

요즘 애플리케이션들은 독립적으로 실행되기보다는 다른 시스템과 네트워킹을 하는 경우가 많다. 만약 도커 컨테이너를 사용해 웹 서비스, 데이터베이스나 캐시 서버 등을 운영하려면 우선 다른 애플리케이션이 접속할 수 있도록 포트를 열고 서비스를 실행할 수 있어야 한다.

서비스 실행하기

간단한 예제부터 시작해 보자. 먼저 도커 허브에서 직접 톰캣 서버를 실행한다.

```
$ docker run -d tomcat
```

톰캣은 웹 애플리케이션 서버이며 8080 포트로 웹 인터페이스에 접속한다. 즉 서버에 직접 톰캣을 설치했다면 브라우저에서 http://localhost:8080을 입력해 바로 접속할 수 있다. 그러나 지금은 도커 컨테이너 내에서 톰캣을 실행한 상황이다.

우리는 앞에서 다룬 Hello World 예제와 같은 방식으로 컨테이너를 실행했다. 다음과 같이 톰캣 서버가 실행되는 상태임을 알 수 있다.

```
$ docker ps
CONTAINER ID  IMAGE   COMMAND            STATUS              PORTS       NAMES
d51ad8634fac  tomcat  "catalina.sh run"  Up About a minute 8080/tcp
jovial_kare
```

그리고 -d 옵션을 이용해 데몬 모드로 실행한 상태이므로 콘솔에 로그가 표시되지는 않지만 다음 명령어를 실행하면 로그를 볼 수 있다.

```
$ docker logs d51ad8634fac
```

오류가 없다면 많은 로그문이 출력되는 것을 볼 수 있다. 이는 톰캣이 실행됐고 8080 포트로 접속이 가능한 상태라는 것을 의미한다. 당장 http://localhost:8080으로 접속 시도를 해볼 수는 있지만 아마 접속이 되지 않을 것이다. 그 이유는 톰캣은 컨테이너의 내부에서 실행된 상태인데 컨테이너 외부에서 접속을 시도하기 때문이다. 즉 컨테이너 내부의 콘솔에서 명령을 내릴 때만 접속을 할 수 있는 상황이다. 그렇다면 어떻게 해야 외부에서 컨테이너 내의 톰캣에 접속할 수 있을까?

그 방법은 컨테이너를 실행할 때 -p (또는 --publish) 옵션으로 포트 매핑을 하는 것이다.

```
-p, --publish <호스트_포트>:<컨테이너_포트>
```

이제 실행 중인 컨테이너를 중단하고, 다음과 같이 컨테이너를 다시 실행해 보자.

```
$ docker stop d51ad8634fac
$ docker run -d -p 8080:8080 tomcat
```

톰캣이 다시 시작되면 이제는 다음 주소로 페이지에 접속할 수 있을 것이다.

http://localhost:8080

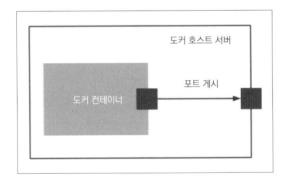

대부분의 경우는 이런 식의 간단한 포트 매핑 명령으로도 충분하다. 도커 컨테이너로 (마이크로)서비스를 배포하고 포트를 열어 통신할 수 있을 것이다. 그러나 내부의 동작 방식에 대해서도 좀 더 자세히 알아보자.

INFO

도커에서는 −p <IP_주소>:<호스트_포트>:<컨테이너_포트> 옵션을 사용해 특정 호스트 네트워크 인터페이스에 게시(publish)하는 것도 가능하다.

컨테이너 네트워크

앞에서 컨테이너 내부에서 실행 중인 애플리케이션과 연결하는 방법을 알아봤다. 그러나 사실 연결은 양방향으로 진행된 것이다. 이는 앞의 예제를 보면 알 수 있는데 거기서는 내부에서 apt-get install 명령을 실행해 인터넷을 통해 외부의 패키지를 다운로드했기 때문이다. 어떻게 이것이 가능했을까?

만약 도커가 실행되는 기기에서 네트워크 인터페이스를 확인해 보면 docker0이라는 이름의 인터페이스가 존재하는 것을 알 수 있다.

```
$ ifconfig docker0
docker0 Link encap:Ethernet HWaddr 02:42:db:d0:47:db
      inet addr:172.17.0.1 Bcast:0.0.0.0 Mask:255.255.0.0
...
```

docker0 인터페이스는 도커 컨테이너와의 연결을 위해 도커 데몬이 생성한 것이다. 이제 docker inspect 명령어를 통해 톰캣 도커 컨테이너 내에 생성된 인터페이스가 무엇인지 알 수 있다.

```
$ docker inspect 03d1e6dc4d9e
```

이 명령어는 모든 컨테이너의 구성 내역을 JSON 형식으로 출력한다. 출력 정보들 중에서 네트워크 설정과 관련된 부분은 다음과 같다.

```
"NetworkSettings": {
    "Bridge": "",
    "Ports": {
        "8080/tcp": [
            {
                "HostIp": "0.0.0.0",
                "HostPort": "8080"
            }
        ]
    },
    "Gateway": "172.17.0.1",
    "IPAddress": "172.17.0.2",
    "IPPrefixLen": 16,
}
```

> docker inspect의 결괏값을 필터링하려면 —format 옵션을 사용할 수 있다. 예를 들면 다음과 같다.
>
> docker inspect —format '{{ .NetworkSettings.IPAddress }}' 〈컨테이너_id〉

여기서 도커 컨테이너의 IP 주소는 172.17.0.2이고, IP 주소가 172.17.0.1인 도커 호스트와 통신한다는 것을 알 수 있다. 이는 앞서 예제의 경우를 보면 http://172.17.0.2:8080 주소를 입력하면 포트 포워딩을 하지 않고도 톰캣 서버에 접속할 수 있다는 의미다. 그러나 대부분의 경우에는 도커 컨테이너를 서버 머신에 설치하고 외부에 공개해야 하므로 -p 옵션을 사용해야 한다.

여기서 기억해야 할 것은 도커 컨테이너의 기본 설정은 외부 시스템으로부터의 접속을 허용하지 않는다는 것이다. 이 설정값은 --network 옵션을 통해 다음 값으로 변경할 수 있다.

- bridge(기본값): 기본 도커 브리지를 통한 네트워킹

- none: 네트워크 없음

- container: 다른 (지정된) 컨테이너와 결합된 네트워킹

- host: 호스트의 네트워크 스택

- NETWORK: 사용자 생성 네트워크(docker network create 명령어로 생성)

docker network 명령어로 여러 네트워크 목록을 출력하거나 관리할 수 있다.

```
$ docker network ls
NETWORK ID     NAME     DRIVER   SCOPE
b3326cb44121   bridge   bridge   local
84136027df04   host     host     local
80c26af0351c   none     null     local
```

네트워크 값으로 none을 설정한다면 컨테이너에 접속할 수도 없고 반대로 컨테이너도 외부로 나가는 네트워크를 사용할 수 없게 된다. host 옵션은 **컨테이너 네트워크 인터페이**

스^{CNIs}를 호스트와 동일하게 설정한다. 즉 호스트와 컨테이너는 IP 주소를 공유하므로 컨테이너에서 시작한 모든 것을 호스트에서도 볼 수 있다. 가장 많이 사용되는 옵션은 기본값인 bridge다. 이는 사용자가 명시적으로 게시할 포트를 정의할 수 있기 때문에 안전하게 접속할 수 있다.

컨테이너 포트 공개

지금까지 포트 공개에 대해 여러 번 언급했다. 그러나 깃허브(https://github.com/docker-library/tomcat)에서 톰캣 이미지를 좀 더 깊이 들여다보면 도커파일 내에서 다음과 같은 항목을 발견할 수 있다.

```
EXPOSE 8080
```

이 도커파일의 명령어는 컨테이너의 8080 포트가 게시될 것이라고 규정한다. 그러나 앞에서 이미 봤듯이 이 명령어가 포함돼 있다고 포트가 자동으로 게시되는 것은 아니다. 즉 EXPOSE 명령어는 단지 사용자에게 어떤 포트를 게시할지 알려줄 뿐이다.

자동 포트 할당

첫 번째로 실행한 톰캣 컨테이너를 실행시켜 둔 채로 두 번째 컨테이너를 실행해 보자.

```
$ docker run -d -p 8080:8080 tomcat
0835c95538aeca79e0305b5f19a5f96cb00c5d1c50bed87584cfca8ec790f241
docker: Error response from daemon: driver failed programming external
connectivity on endpoint distracted_heyrovsky
(1b1cee9896ed99b9b804e4c944a3d9544adf72f1ef3f9c9f37bc985e9c30f452): Bind
for 0.0.0.0:8080 failed: port is already allocated.
```

이와 같이 포트가 이미 할당돼 바인딩이 실패했다는 오류는 종종 발생한다. 이런 경우 포트 번호가 겹치지 않도록 하거나 다음 publish 명령어 중 하나를 지정해 도커가 포트를 자동으로 할당하도록 해야 한다.

- -p ⟨컨테이너_포트⟩: 컨테이너의 특정 포트를 호스트의 포트 중 사용하지 않는 포트로 게시한다.

- -P(--publish-all): 컨테이너의 모든 포트를 호스트의 포트 중 사용하지 않는 포트로 게시한다.

```
$ docker run -d -P tomcat
078e9d12a1c8724f8aa27510a6390473c1789aa49e7f8b14ddfaaa328c8f737b
$ docker port 078e9d12a1c8
8080/tcp -> 0.0.0.0:32772
```

두 번째로 실행한 톰캣의 경우 32772 포트로 게시된 것을 알 수 있다. 그러므로 브라우저에서 http://localhost:32772를 입력하면 접속할 수 있다.

이상으로 도커의 네트워킹 기초를 다뤘다. 지금부터는 도커 컨테이너가 데이터를 영구적으로 저장할 수 있도록 하는 기능인 도커 볼륨에 대해 알아보자.

⠿ 도커 볼륨 사용하기

컨테이너에서 데이터베이스를 실행했다고 가정해 보자. 사용자가 컨테이너를 실행하고 데이터를 입력한다. 그러면 데이터는 어디에 저장될까? 컨테이너를 중단시키거나 삭제하면 실행되는 동안 생성된 데이터는 어떻게 될까? 새로운 컨테이너를 실행한다면 빈 데이터베이스가 다시 실행될 것이다. 단지 테스트만 하는 것이 아니라면 데이터를 지속적으로 유지할 수 있는 방법이 필요할 것이다.

도커 볼륨은 컨테이너 내부에 마운트한 도커 호스트의 디렉터리를 말한다. 이 기능을 사용하면 호스트의 파일 시스템을 마치 컨테이너의 파일 시스템처럼 사용할 수 있다. 동작 방식은 다음 그림과 같다.

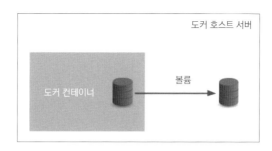

도커 볼륨을 이용하면 컨테이너의 데이터를 공유하거나 영구 저장할 수 있고, 데이터와 처리 작업을 명확하게 분리할 수 있다. 다음 예제를 보자.

1. -v ⟨호스트_경로⟩:⟨컨테이너_경로⟩ 옵션을 지정하고 컨테이너에 연결한다.

```
$ docker run -i -t -v ~/docker_ubuntu:/host_directory
ubuntu:20.04  /bin/bash
```

2. host_directory에 빈 파일을 하나 생성한다.

```
root@01bf73826624:/# touch /host_directory/file.txt
```

3. 파일이 도커의 호스트 파일 시스템에 생성됐는지 확인한다.

```
root@01bf73826624:/# exit
exit
$ ls ~/docker_ubuntu/
file.txt
```

4. 파일 시스템의 데이터가 공유되고 영구적으로 파일 시스템에 저장된 것을 볼 수 있다. 이제 기존 컨테이너의 실행을 중단하고 새로운 컨테이너를 실행해 데이터가 그대로 있는지 확인해 보자.

```
$ docker stop 01bf73826624
$ docker run -i -t -v ~/docker_ubuntu:/host_directory
ubuntu:20.04 /bin/bash
root@a9e0df194f1f:/# ls /host_directory/
file.txt
root@a9e0df194f1f:/# exit
```

5. 볼륨을 -v 옵션으로 지정하는 것이 아니라 도커파일 내의 명령어로 지정할 수도 있다. 예를 들어 다음과 같이 할 수 있다.

```
VOLUME /host_directory
```

이 경우 -v 옵션 없이 도커 컨테이너를 실행하기 때문에 컨테이너의 /host_directory는 호스트의 기본 볼륨 디렉터리인 /var/lib/docker/vfs/로 매핑된다. 만약 애플리케이션을 이미지로 제공할 때 로그를 저장하는 목적의 영구 리포지터리가 필요하다면 이런 방식으로 해결하는 것도 좋다.

INFO

> 볼륨 옵션이 도커파일과 명령어에 모두 지정됐다면 명령어에 지정된 값이 우선 적용된다.

참고로 도커 볼륨에서 데이터베이스를 운영하는 방법은 상당히 복잡하며 이 책의 범위를 넘어서기 때문에 다루지 않는다.

INFO

> 도커로 데이터를 관리하는 일반적인 방법은 데이터 볼륨 컨테이너 형태의 추가 레이어를 도입하는 것이다. 데이터 볼륨 컨테이너는 볼륨을 선언하는 용도로만 사용되는 도커 컨테이너인데 다른 컨테이너들은 볼륨을 직접 만들어 사용하기보다는 ─volumes-from 〈컨테이너〉 옵션으로 데이터 볼륨 컨테이너를 사용한다. 이에 대한 자세한 내용은 https://docs.docker.com/storage/volumes/를 참고한다.

지금부터는 도커 이미지/컨테이너의 사용 편의성을 높여주는 이름 붙이기 기능을 알아본다.

⠶ 도커에서 이름 사용하기

지금까지는 컨테이너를 다룰 때 자동으로 생성된 이름을 사용했다. 이 방식의 장점은 별도의 작업 없이도 이름이 자동 생성되고, 항상 고유한 이름이 생성돼 이름들 간의 충돌 문제가 발생하지 않는다는 것이다. 그러나 대부분의 경우에는 사용자가 직접 컨테이너나 이미지에 이름을 붙이는 것이 편리할 것이다.

컨테이너 이름 지정하기

컨테이너에 이름을 지정하는 이유는 크게 두 가지다.

- **편리성**: 이름으로 컨테이너 작업을 하는 것이 해시 값이나 자동으로 생성된 이름을 이용하는 것보다 좀 더 편리하다.

- **자동화**: 때로는 특정한 컨테이너 이름을 사용해야 할 경우가 있다.

예를 들어 컨테이너들이 서로 연결돼 의존적인 관계가 있어 작업자가 컨테이너의 이름을 모두 알아야 하는 경우가 있을 것이다.

컨테이너의 이름을 지정할 때는 --name 파라미터를 사용한다.

```
$ docker run -d --name tomcat tomcat
```

docker ps로 컨테이너에 이름이 제대로 지정됐는지 확인할 수 있다. 또한 그 이름을 이용해 모든 명령을 수행할 수 있다. 예를 들어 다음과 같이 사용할 수 있다.

```
$ docker logs tomcat
```

컨테이너에 이름을 지정해도 컨테이너의 ID가 없어지지는 않는다. 즉 여전히 자동 생성된 해시 ID도 사용할 수 있다.

INFO

> 컨테이너는 항상 ID와 이름을 모두 갖는다. 둘 다 고유해야 하며 이를 이용해 작업을 수행할 수 있다.

이미지에 태그 달기

이미지에 태그를 달 수 있다. 그리고 이미 앞에서 *hello_world_python* 이미지를 만들면서 태그를 달아본 적이 있다.

```
$docker build -t hello_world_python .
```

-t 플래그로 이미지에 태그를 달 수 있다. 이 플래그를 사용하지 않으면 태그 없는 이미지가 생성되고, 컨테이너 실행을 위해 이미지를 지정할 때는 ID(해시)를 사용해야 한다.

이미지에는 여러 개의 태그를 달 수도 있으나 명명 규칙을 따라야 한다.

```
<레지스트리_주소>/<이미지_이름>:<버전>
```

태그는 다음과 같이 구성된다.

- 레지스트리_주소: 레지스트리의 IP 주소와 포트 또는 별칭

- 이미지_이름: 빌드할 이미지의 이름(예: ubuntu)

- 버전: 이미지의 버전명으로 별도의 버전 표기 규칙은 없다(예: 20.04, 20170310).

도커 레지스트리에 대해서는 '5장, 자동 인수 테스트'에서 다룬다. 이미지가 공식 도커 허브 레지스트리에 등록돼 있다면 레지스트리 주소를 생략할 수 있다. 그렇기 때문에 tomcat 이미지의 경우 아무런 접두어도 붙이지 않은 것이다. 또한 버전명을 생략하면 자동으로 최신 버전의 태그가 적용되므로 tomcat 이미지에서는 접미어도 붙이지 않고 실행했다.

INFO

일반적으로 이미지에는 여러 개의 태그가 달린다. 예를 들어 다음 3개의 태그는 모두 동일한 이미지다.

ubuntu:18.04, ubuntu:bionic-20190122, ubuntu:bionic

이제 마지막 중요한 내용으로써 사용을 끝낸 컨테이너를 정리하는 클린업 방법을 알아보자.

⁑ 도커 클린업

2장에서는 여러 개의 컨테이너와 이미지를 만드는 연습을 했다. 그러나 실무에서는 훨씬 더 많은 수의 컨테이너로 작업을 하게 된다. 그런데 컨테이너는 실행 상태가 아니더라도 도커 호스트에 저장된 상태다. 그러므로 결과적으로 시간이 지나면 호스트의 저장 용량을 초과하는 문제가 발생한다. 이런 문제는 어떻게 해결할 수 있을까?

컨테이너 클린업

우선 호스트에 저장된 컨테이너를 살펴보자.

1. docker ps -a 명령어를 사용해 실행 상태와 관계없이 컨테이너의 전체 목록을 출력한다.

```
$ docker ps -a
CONTAINER ID IMAGE  COMMAND           STATUS   PORTS  NAMES
95c2d6c4424e tomcat "catalina.sh run" Up 5 minutes 8080/tcp
tomcat
a9e0df194f1f ubuntu:20.04 "/bin/bash" Exited
jolly_archimedes
01bf73826624 ubuntu:20.04 "/bin/bash" Exited
suspicious_feynman
078e9d12a1c8 tomcat "catalina.sh run" Up 14 minutes
0.0.0.0:32772->8080/tcp nauseous_fermi
0835c95538ae tomcat "catalina.sh run" Created
distracted_heyrovsky
03d1e6dc4d9e tomcat "catalina.sh run" Up 50 minutes
0.0.0.0:8080->8080/tcp drunk_ritchie
d51ad8634fac tomcat "catalina.sh run" Exited
jovial_kare
95f29bfbaadc ubuntu:20.04 "/bin/bash" Exited
kickass_stonebraker
34080d914613 hello_world_python_name_default "python hello.py"
Exited lonely_newton
7ba49e8ee677 hello_world_python_name "python hello.py" Exited
mad_turing
dd5eb1ed81c3 hello_world_python "python hello.py" Exited
thirsty_bardeen
```

```
6ee6401ed8b8 ubuntu_with_git "/bin/bash" Exited
grave_nobel
3b0d1ff457d4 ubuntu_with_git "/bin/bash" Exited
desperate_williams
dee2cb192c6c ubuntu:20.04 "/bin/bash" Exited
small_dubinsky
0f05d9df0dc2 mongo   "/entrypoint.sh mongo" Exited
trusting_easley
47ba1c0ba90e hello-world "/hello"      Exited
tender_bell
```

2. docker rm 명령어를 사용해 정지된 컨테이너를 한 개만 삭제한다. 컨테이너가 실행 중이라면 삭제 전에 먼저 정지시켜야 한다.

```
$ docker rm 47ba1c0ba90e
```

3. 정지된 컨테이너를 모두 삭제하려면 다음 명령어를 사용한다.

```
$ docker container prune
```

4. 또 다른 방식으로는 --rm 플래그를 사용해 컨테이너가 종료되면 자동으로 삭제되도록 하는 것이다.

```
$ docker run --rm hello-world
```

실제 환경의 대부분의 경우에는 정지된 컨테이너를 사용하지 않는다. 지금은 단지 디버깅 목적으로 남겨 놓은 것이다.

이미지 클린업

이미지를 정리하는 것은 컨테이너 정리만큼이나 중요하다. 특히 CD 프로세스에서 빌드할 때마다 새로운 도커 이미지를 생성하도록 했다면 꽤 많은 용량을 차지하게 되며, 저장 공간을 빠르게 잠식해 결국 용량 부족 문제를 발생시킨다.

1. 도커 컨테이너의 이미지를 모두 확인하려면 docker images 명령어를 사용한다.

```
$ docker images
```

```
REPOSITORY TAG                           IMAGE ID       CREATED
SIZE
hello_world_python_name_default latest   9a056ca92841   2 hours ago
202.6 MB
hello_world_python_name latest           72c8c50ffa89   2 hours ago
202.6 MB
hello_world_python latest                3e1fa5c29b44   2 hours ago
202.6 MB
ubuntu_with_python latest                d6e85f39f5b7   2 hours ago
202.6 MB
ubuntu_with_git_and_jdk latest           8464dc10abbb   2 hours ago
610.9 MB
ubuntu_with_git latest                   f3d674114fe2   3 hours ago
259.7 MB
tomcat latest                            7ee26c09afb3   2 days ago
355.3 MB
ubuntu 20.04                             20bb25d32758   7 days ago
129.5 MB
mongo latest                             4a3b93a299a7   11 days ago
402 MB
hello-world latest                       fce289e99eb9   2 weeks ago
1.84 kB
```

2. 이미지를 삭제하려면 다음 명령어를 사용한다.

```
$ docker rmi 48b5124b2768
```

3. 이미지의 경우 자동 클린업 절차가 좀 더 복잡하다. 이미지는 상태 정보를 갖고 있
   지 않기 때문에 이미지가 사용되지 않을 때 삭제하라는 명령을 내릴 수가 없다. 그
   러므로 가장 일반적인 방법은 크론 클린업 작업을 설정해 사용이 끝난 이미지를
   삭제하는 것이다. 이 작업은 다음과 같이 처리할 수 있다.

```
$ docker image prune
```

INFO

> 만약 컨테이너가 볼륨을 사용한다면 이미지나 컨테이너를 제거할 때 볼륨도 삭제하고 싶을 것이다. 가
> 장 쉬운 볼륨 삭제 명령은 docker volume prune이다.

이상으로 도커의 주요 기능에 대한 설명을 끝냈다. 지금부터는 가장 중요한 도커 명령어를 살펴보면서 마무리하자.

> docker system prune 명령을 사용하면 사용하지 않는 모든 컨테이너와 이미지, 네트워크를 제거할 수 있다. 또한 −volumes 옵션을 사용하면 볼륨도 한꺼번에 제거할 수 있다.

⁝⁝ 도커 명령어 살펴보기

도커 명령어 전체를 보려면 help 명령어를 실행한다.

```
$ docker help
```

특정 도커 명령어의 옵션을 모두 보려면 docker help <명령어>와 같이 실행한다.

```
$ docker help run
```

다음 공식 도커 페이지에는 도커 명령어 전체에 대한 유용한 매뉴얼이 있으니 꼭 한 번 읽어보거나 최소한 훑어보기라도 하는 것이 좋다.

https://docs.docker.com/engine/reference/commandline/docker/

2장에서는 가장 많이 사용되는 도커 명령어와 옵션들에 대해서 알아봤다. 다음과 같이 정리된 표를 보면서 복습을 해보자.

명령어	설명
docker build	도커파일에서 이미지를 빌드한다.
docker commit	컨테이너에서 이미지를 생성한다.
docker diff	컨테이너 내의 변경 사항을 보여준다.
docker images	이미지 목록을 출력한다.
docker info	도커 정보를 출력한다.
docker inspect	도커 이미지/컨테이너의 구성을 출력한다.

명령어	설명
docker logs	컨테이너의 로그를 출력한다.
docker network	네트워크를 관리한다.
docker port	컨테이너에서 공개한 모든 포트를 출력한다.
docker ps	컨테이너 목록을 출력한다.
docker rm	컨테이너를 삭제한다.
docker rmi	이미지를 삭제한다.
docker run	이미지에서 컨테이너를 실행한다.
docker search	도커 허브에서 도커 이미지를 검색한다.
docker start/stop/pause/unpause	컨테이너의 상태를 관리한다.

⠶ 요약

2장에서 배운 도커의 기초 지식은 도커 이미지를 빌드하고, 애플리케이션을 컨테이너로 실행하는 데 충분할 것이다. 2장의 주요 내용은 다음과 같다.

컨테이너 기술은 리눅스 커널 기능을 사용해 격리와 환경 의존성의 문제를 해결한다. 또한 프로세스를 분리하는 방식이라 성능 저하 문제도 발생하지 않는다. 도커는 리눅스 기반이긴 하지만 다른 시스템에도 설치할 수 있다. 도커를 사용하면 인터넷에서 이미지를 가져다 애플리케이션을 실행할 수 있으며, 사용자가 이미지를 만들 수도 있다. 여기서 말하는 이미지란 실행에 필요한 모든 의존성 모듈을 포함시켜 패키징한 애플리케이션이다. 도커에서 이미지를 만드는 방법에는 두 가지가 있다. 하나는 도커파일을 이용하는 것이고, 다른 하나는 컨테이너를 커밋하는 것이다. 대부분은 첫 번째 방법을 사용한다. 도커 컨테이너는 게시된 포트의 네트워크를 사용해 통신한다. 도커 컨테이너는 볼륨을 사용해 호스트의 파일 시스템을 공유한다. 편의상 도커 컨테이너에는 이름을 붙이고, 도커 이미지에는 태그를 붙인다. 이미지에 태그를 붙일 때는 명명 규칙을 따르는 것이 좋다. 도커 이미지와 컨테이너는 서버의 공간을 절약하고, 오류 예방을 위해 정기적으로 클린업을 해야 한다.

3장에서는 젠킨스를 구성하고 도커와 연결하는 방법을 살펴본다.

⠿ 연습 문제

2장에서는 많은 내용을 다뤘다. 다음의 연습 문제를 풀고 배운 것을 확실히 하자.

1. CouchDB를 도커 컨테이너로 실행하고 포트를 게시한다.

> **TIP**
>
> docker search 명령어로 CouchDB 이미지를 검색한다.

    1. 컨테이너를 실행한다.

    2. CouchDB 포트를 게시한다.

    3. 브라우저를 열어서 CouchDB에 접속해 본다.

2. localhost:8080/hello에 접속하면 Hello World!라고 응답하는 REST 서비스용 도커 이미지를 만든다. 프로그래밍 언어나 프레임워크는 독자가 선호하는 것을 자유롭게 사용한다.

> **TIP**
>
> REST 서비스를 만드는 가장 쉬운 방법 중 하나는 파이썬과 플라스크 프레임워크(https://flask.palletsprojects.com/)를 사용하는 것이다. 웹 프레임워크들은 기본적으로 로컬 호스트 인터페이스에서만 애플리케이션을 실행한다. 포트를 게시하려면 모든 인터페이스에서 실행되도록 설정해야 한다. 플라스크 프레임워크의 경우에는 app.run(host='0.0.0.0')으로 설정할 수 있다.

    1. 웹 서비스 애플리케이션을 생성한다.

    2. 의존성 모듈과 라이브러리를 설치하는 도커파일을 생성한다.

    3. 이미지를 빌드한다.

    4. 포트를 게시한 컨테이너를 실행한다.

5. 브라우저 (또는 curl)로 접속해 정상적으로 실행됐는지를 확인한다.

⋙ 질문

2장의 복습을 위해 다음 질문에 답해보자.

1. 컨테이너화(예: 도커)와 가상화(예: 버추얼박스)의 가장 큰 차이점은 무엇인가?

2. 애플리케이션을 도커 이미지로 제공하면 어떤 이점이 있는가? 두 가지 이상 말해 보자.

3. 도커 데몬은 윈도우나 맥OS에서 네이티브로 실행될 수 있는가?

4. 도커 이미지와 도커 컨테이너의 차이점은 무엇인가?

5. 도커 이미지가 계층적으로 구성될 수 있다는 것의 의미는 무엇인가?

6. 도커 이미지를 생성하는 두 가지 방법은 무엇인가?

7. 도커파일에서 도커 이미지를 만드는 데 사용되는 명령어는 무엇인가?

8. 도커 이미지에서 도커 컨테이너를 실행하는 데 사용되는 명령어는 무엇인가?

9. 도커에서 포트를 게시한다는 것은 무슨 의미인가?

10. 도커 볼륨이란 무엇인가?

⋙ 더 읽을거리

도커와 관련 기술에 대해서 더 알고 싶다면 다음 자료를 참고한다.

- **Docker Get Started**: https://docs.docker.com/get-started/

- 제임스 턴불의 **The Docker Book**: https://dockerbook.com/

03

젠킨스 구성

지속적 인도 프로세스를 시작하려면 젠킨스 같은 자동화 서버가 꼭 필요하다. 그러나 젠킨스를 제대로 운영하는 것은 쉽지 않으며, 특히 시간이 지나면서 젠킨스에 할당된 업무가 많아진다면 더욱 그럴 것이다. 게다가 도커가 젠킨스 에이전트의 동적 프로비저닝도 허용한다는 것을 고려한다면 가능한 한 선제적으로 시간을 투자해 확장성을 고려한 구성을 제대로 해보는 것도 의미가 있을 것이다.

3장에서 다룰 젠킨스는 단독으로 사용할 수도 있고, 도커와 함께 사용할 수도 있다. 두 가지를 결합해 사용하는 경우 구성 자동화와 확장성 측면에서 얼마나 놀랄 만한 결과를 얻을 수 있는지 알아보도록 하자.

3장에서 다룰 내용은 다음과 같다.

- 젠킨스란 무엇인가?
- 젠킨스 설치
- 젠킨스 - Hello World

- 젠킨스 아키텍처

- 에이전트 구성하기

- 커스텀 젠킨스 이미지

- 구성 및 관리

⁙ 기술 요구 사항

3장을 진행하려면 다음과 같은 환경이 필요하다.

- 자바 8+

- 최소한 4GB 이상의 램 용량

- 최소한 1GB 이상의 디스크 여유 공간

- 미리 설치된 도커 엔진

3장의 예제 코드는 다음 깃허브 주소에서 다운로드할 수 있다.

https://github.com/AcornPublishing/docker-jenkins

⁙ 젠킨스란 무엇인가?

젠킨스는 자바로 작성된 오픈 소스 자동화 서버다. 매우 활발한 커뮤니티의 참여와 방대한 플러그인 덕분에 지속적 통합 및 지속적 인도 프로세스를 구축하는 데 가장 많이 사용되는 도구다. 처음에는 **허드슨**^{Hudson}이라고 불렸으나 오라클이 허드슨을 인수하고 이를 독점 소프트웨어로 전환하기로 하자 이에 반발해 이름을 젠킨스로 바꾼 후 지금까지 계속 오픈 소스(MIT 라이선스) 솔루션으로 개발을 지속하고 있다. 젠킨스는 단순성, 유연성, 다양성 측면에서 매우 높은 역량을 갖고 있다. 또한 지속적 통합 도구로 다른 솔루션에 비해 월등히 뛰어난 기능과 확장성 덕분에 현재 가장 널리 사용되는 소프트웨어다.

그러면 젠킨스의 특징 중 가장 흥미로운 부분을 먼저 살펴보자.

- **다양한 프로그래밍 언어 지원**: 젠킨스는 많은 플러그인을 갖고 있으며, 대부분의 프로그래밍 언어와 프레임워크를 지원한다. 게다가 거의 모든 종류의 셸 명령어와 소프트웨어를 사용할 수 있기 때문에 특정 프로그래밍 언어에 대한 지식 없이도 자동화 프로세스를 구축하는 데 지장이 없다.

- **플러그인을 통한 확장**: 젠킨스는 훌륭한 커뮤니티를 보유하고 있고, 수천 개가 넘는 플러그인을 이용할 수 있다. 게다가 사용자가 직접 필요한 플러그인을 작성해 젠킨스의 기능을 확장하는 것도 가능하다.

- **이식성**: 젠킨스는 자바로 개발됐기 때문에 대부분의 운영체제에서 실행할 수 있다. WAR 파일이나 도커 이미지, 윈도우나 맥OS 또는 리눅스용 바이너리도 제공하기 때문에 편리하다.

- **대부분의 소스 관리 시스템^{SCM}을 지원**: 젠킨스는 현존하는 대부분의 소스 코드 관리 및 빌드 도구들과 통합이 가능하다. 이는 앞에서 언급한 훌륭한 커뮤니티와 다양한 플러그인을 통해 지원되는데 젠킨스만큼 외부 시스템을 제대로 지원하는 지속적 통합 도구는 없다.

- **분산 처리 지원**: 젠킨스는 마스터/에이전트 모드를 지원하므로 여러 컴퓨터로 노드를 분산해 실행하는 것이 가능하다. 게다가 다른 기종 환경에서도 실행되므로 노드마다 다른 운영체제가 설치돼도 문제 없이 사용할 수 있다.

- **단순성**: 설치와 구성 과정이 단순하다. 추가 데이터베이스나 소프트웨어를 설치할 필요가 없다. GUI나 XML, 그루비 스크립트만으로도 구성 작업을 할 수 있다.

- **코드 방식 지원**: 젠킨스 파이프라인은 코드로 저장된다. 또한 젠킨스의 구성도 YAML/XML 파일이나 그루비 스크립트로 가능하다. 이런 코드를 소스 코드 리포지터리에 저장해 관리할 수 있고, 자동화하는 데도 도움이 된다.

이제 젠킨스에 대한 기초 정보를 알았으니 지금부터는 설치 방법을 알아보자.

젠킨스 설치

젠킨스 설치 방법에는 여러 가지가 있으며 필요에 가장 적합한 방법을 선택해야 한다. 사용이 가능한 모든 옵션을 알아보고 가장 일반적인 선택 사항에 대해서도 살펴본다.

- **서블릿**Servlet: 젠킨스는 자바로 작성됐고 기본적으로 WAR 형식의 웹 애플리케이션으로 배포되는 애플리케이션 서버(예: 아파치 톰캣 또는 클래스피시) 전용 솔루션이다. 모든 애플리케이션을 서블릿으로 배포하는 경우 이 방식을 선택한다.

- **애플리케이션**Application: 젠킨스 WAR 파일은 Jetty 애플리케이션 서버를 포함하므로 자바 명령으로 직접 실행할 수 있다. 이때 필요한 것은 JRE(자바 런타임 환경)뿐이다. 베어메탈 서버를 사용하거나 한 시스템에 여러 젠킨스 인스턴스를 설치해야 하는 경우 이 방식을 선택한다.

- **전용 패키지**: 젠킨스는 전용 패키지(윈도우용 MSI, 맥OS용 Homebrew 패키지, 데비안/우분투용 deb 패키지 등) 형태로 대부분의 운영체제에 맞는 버전을 배포한다. 베어메탈 서버를 사용하는 경우 가장 간단하게 설치 및 구성을 하려면 이 방식을 선택한다.

- **도커**: 젠킨스는 도커 이미지 형태로도 배포된다. 도커 실행 환경을 갖고 있다면 가장 간단한 설치 방식이다.

- **쿠버네티스**: 젠킨스는 쿠버네티스 클러스터에서 설치, 관리 및 확장을 단순화하는데 헬름 차트와 쿠버네티스 오퍼레이터를 제공한다. 가장 간단한 젠킨스 확장 및 관리를 위해서는 이 방식을 선택한다.

- **클라우드**: 젠킨스는 여러 플랫폼에서 **SaaS**(서비스형 소프트웨어) 형식으로 호스팅된다. 서버 유지관리 및 젠킨스 설치에 대해 고민하고 싶지 않다면 이 방식을 선택한다.

각 설치 방법마다 장단점이 있다. 젠킨스 도커 이미지를 사용하는 것부터 시작해 가장 일반적인 접근 방식을 하나씩 다뤄보도록 하자.

> **TIP**
>
> 각 설치 방법에 대한 자세한 설명은 https://www.jenkins.io/doc/book/installing/에서 확인할 수 있다.

도커로 젠킨스 설치하기

젠킨스 이미지를 도커 허브 레지스트리에서 다운로드하려면 다음과 같은 명령어를 사용한다.

```
$ docker run -p <호스트_포트>:8080 -v <호스트_볼륨>:/var/jenkins_home
jenkins/jenkins
```

이 중 다음 두 개의 파라미터는 사용자가 지정을 해야 한다.

- 호스트_포트: 컨테이너 바깥에서 접속할 젠킨스의 포트 번호

- 호스트_볼륨: 젠킨스 홈 디렉터리와 매핑할 디렉터리, 젠킨스의 구성, 파이프라인 빌드, 로그 등을 영구 저장할 수 있도록 도커 볼륨 지정

예를 들어 다음 설치 단계를 따라해 보자.

1. **볼륨 디렉터리 준비**: 젠킨스의 home 디렉터리로 사용할 수 있도록 관리자 권한이 있는 독립된 디렉터리가 필요하다. 다음 명령어로 생성한다.

   ```
   $ mkdir $HOME/jenkins_home
   ```

2. **젠킨스 컨테이너 실행**: 컨테이너를 데몬 방식으로 실행하고 적당한 이름을 부여한다. 다음 명령어로 실행한다.

   ```
   $ docker run -d -p 8080:8080 \
     -v $HOME/jenkins_home:/var/jenkins_home \
     --name jenkins jenkins/jenkins
   ```

3. **젠킨스 실행 여부 확인**: 로그를 출력해 젠킨스가 제대로 실행됐는지 확인한다.

   ```
   $ docker logs jenkins
   Running from: /usr/share/jenkins/jenkins.war
   webroot: EnvVars.masterEnvVars.get("JENKINS_HOME")
   ...
   ```

이상의 단계를 완료하면 http://localhost:8080으로 젠킨스에 접속할 수 있다.

전용 패키지로 젠킨스 설치하기

서버에서 도커를 사용하지 않는 경우 가장 간단한 설치 방법은 전용 패키지를 사용하는 것이다. 젠킨스는 대부분의 운영체제를 지원한다. 예를 들어 윈도우용 MSI, 맥OS용 Homebrew 패키지, 데비안/우분투용 deb 패키지가 있다.

우분투의 경우를 예로 들면 다음 명령어로 젠킨스 및 필수 자바 의존성 모듈을 설치할 수 있다.

```
$ sudo apt-get update
$ sudo apt-get -y install default-jdk
$ wget -q -O - https://pkg.jenkins.io/debian/jenkins.io.key |
sudo apt-key add -
$ sudo sh -c 'echo deb http://pkg.jenkins.io/debian-stable binary/ >
/etc/apt/sources.list.d/jenkins.list'
$ sudo apt-get update
$ sudo apt-get -y install jenkins
```

이상의 단계를 완료하면 http://localhost:8080으로 젠킨스에 접속할 수 있다.

초기 구성

어떤 방식으로 설치를 했든 젠킨스를 처음 실행하면 몇 가지 구성 단계를 거쳐야 한다. 이를 단계별로 살펴보자.

1. 브라우저를 열고 http://localhost:8080으로 젠킨스에 접속한다.

2. 젠킨스 관리자의 암호를 입력한다. 암호는 젠킨스 로그에 기록돼 있다.

```
$ docker logs jenkins
...
Jenkins initial setup is required. An admin user has been
created
and a password generated.
Please use the following password to proceed to installation:

c50508effc6843a1a7b06f6491ed0ca6
...
```

3. 암호를 입력하고 나면 권장 플러그인을 설치할 것인지, 사용자가 직접 선택한 플
   러그인을 설치할 것인지를 묻는 화면이 나타난다. 권장 플러그인은 가장 일반적인
   경우에 맞춰 사전 구성된 설정이므로 처음 설치할 때는 이 옵션을 선택하는 것이
   좋다.

4. 플러그인이 모두 설치되면 젠킨스의 사용자 이름과 비밀번호, 그 외 기본 정보 입
   력 화면이 나타난다. 만약 입력하지 않고 건너뛰면 2번에서 설정한 암호가 관리자
   암호로 기본 설정된다.

설치가 완료되면 젠킨스의 대시보드가 나타난다.

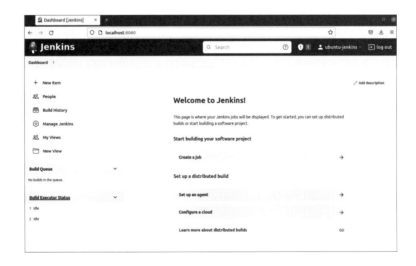

지금부터는 쿠버네티스 클러스터 배포 환경에서 젠킨스를 설치하는 방법을 알아보자.

쿠버네티스에 젠킨스 설치하기

쿠버네티스에 젠킨스를 설치하려면 헬름 차트를 이용하거나 쿠버네티스 오퍼레이터를
이용하면 된다. 여기서는 좀 더 간단한 방식인 헬름 도구로 젠킨스를 설치해 보자.

> **INFO**
>
> 헬름 도구와 설치에 대한 자세한 내용은 https://helm.sh/를 참고한다.

쿠버네티스 환경에서 헬름 도구가 설치됐다면 다음 명령으로 젠킨스를 설치한다.

```
$ helm repo add jenkinsci https://charts.jenkins.io
$ helm repo update
$ helm install jenkins jenkinsci/jenkins
```

위의 명령어를 실행하면 젠킨스가 설치된다. 다음 명령으로 로그를 확인할 수 있다.

```
$ kubectl logs sts/jenkins jenkins
Running from: /usr/share/jenkins/jenkis.war...
```

젠킨스를 설치하면 한 개의 어드민 계정과 무작위로 생성된 비밀번호가 기본적으로 생
성된다. 이 암호를 확인하려면 다음 명령을 실행한다.

```
$ kubectl get secret jenkins -o jsonpath="{.data.jenkins-admin-
password}" | base64 --decode
nn1Pvq7asHPYz7EUHhc4PH
```

그러면 이제 추출된 정보를 이용해서 젠킨스에 로그인할 수 있다.

- 사용자 이름: admin

- 비밀번호: nn1Pvq7asHPYz7EUHhc4PH

기본적으로 젠킨스는 쿠버네티스 외부에 노출되지 않도록 설정된다. 그러므로 로컬 시스템에서 액세스하려면 다음 명령을 실행한다.

```
$ kubectl port-forward sts/jenkins 8080:8080
```

이제 브라우저에서 http://localhost:8080/으로 접속하면 로그인을 할 수 있다.

> **INFO**
>
> 쿠버네티스에서 젠킨스를 설치하는 자세한 내용에 대해서는 https://www.jenkins.io/doc/book/installing/kubernetes/를 참고한다.

단일 컴퓨터 대신 쿠버네티스 클러스터에 젠킨스를 설치할 때의 가장 큰 장점은 수평 스케일링 기능을 쉽게 지원한다는 것이다. 젠킨스의 쿠버네티스 플러그인을 이용하면 젠킨스 에이전트를 자동으로 프로비저닝할 수 있다.

젠킨스의 스케일링에 대해서는 젠킨스 아키텍처 섹션에서 다룰 것이고, 쿠버네티스를 사용한 클러스터링에 대해서는 '6장, 쿠버네티스로 하는 클러스터링'에서 자세히 설명한다. 다음으로는 클라우드에서 젠킨스를 사용하는 방법을 알아보자.

클라우드에서 젠킨스 사용하기

젠킨스를 직접 설치하고 싶지 않다면 클라우드 서비스를 활용하는 방법도 있다. 그러나 젠킨스는 클라우드를 우선 고려해 개발된 제품이 아니기 때문에 대부분의 서비스들은 젠킨스 애플리케이션을 설치하고 관리하는 정도의 기능을 제공하는 범용 클라우드 솔루션이다.

필자가 추천하는 서비스는 구글 쿠버네티스 엔진에 젠킨스를 자동으로 배포하는 구글 클라우드 마켓플레이스이며, 자세한 내용은 https://cloud.google.com/jenkins를 참고한다. 그 외에도 Kamatera와 Servana 등이 젠킨스 호스팅 서비스를 제공한다.

다양한 방식으로 젠킨스를 설치해 실행했다면 이제 첫 번째 젠킨스 파이프라인을 만들어 보도록 하자.

⁙ 젠킨스 – Hello World

IT 분야에서 기본 설정이 제대로 완료됐는지 확인하는 방식은 'Hello World'를 출력해
보는 것이다. Hello World로 젠킨스의 첫 파이프라인을 만들어 보자.

1. **New Item**을 클릭한다.

2. 아이템 이름으로는 `hello world`를 입력하고 목록에서 **Pipeline**을 선택한 후 **OK**를
   클릭한다.

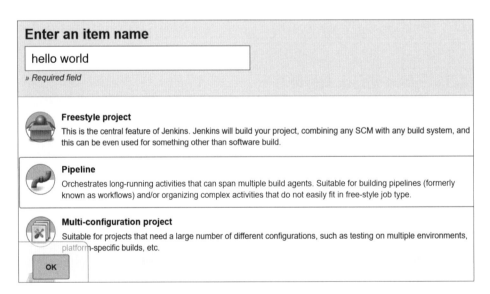

3. 선택해야 할 옵션이 많이 나타난다. 일단은 모두 무시한 후 **Pipeline** 섹션으로 바로 이동한다.

4. 그런 다음 **Script** 텍스트 상자에 들어가 다음과 같이 스크립트를 입력한다.

```
pipeline {
    agent any
    stages {
        stage("Hello") {
            steps {
                echo 'Hello World'
            }
        }
    }
}
```

5. **Save**를 클릭한다.

6. **Build Now**를 클릭한다.

Build History 항목 아래에 #1이 나타나는지 확인하자. 해당 항목을 클릭하면 나타나는 드롭다운 메뉴에서 Console Output을 선택하면 다음과 같은 파이프라인 빌드 로그를 볼 수 있다.

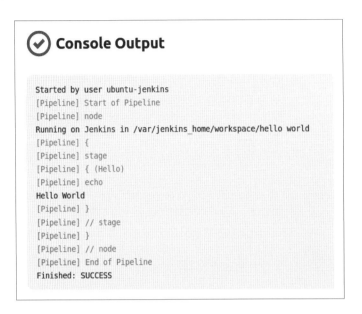

앞의 그림과 같은 결과가 출력됐다면 젠킨스가 제대로 설치된 것이다. 지금부터는 젠킨스 아키텍처를 살펴보자.

> **INFO**
>
> 파이프라인 구문에 대해서는 '4장, 지속적 통합 파이프라인'에서 상세하게 다룬다.

젠킨스 아키텍처

Hello World를 실행하는 데는 시간이 얼마 걸리지 않지만 일반적으로 파이프라인은 매우 복잡하다. 따라서 파일을 인터넷으로 다운로드하고 소스 코드를 컴파일하고 테스트를 실행하는 작업을 하는 데 상당한 시간이 소요된다. 빌드 한 번 하는 데도 몇 분이 걸리며 때로는 몇 시간이 걸리기도 한다.

일반적인 사용 사례에서는 여러 개의 파이프라인이 동시에 실행된다. 이는 팀 전체나 회사 전체가 하나의 젠킨스 인스턴스를 공유하기 때문이다. 빌드를 더 빠르고 원활하게 수행하려면 어떻게 해야 할까?

마스터와 에이전트

젠킨스를 운영하다 보면 예상보다 빠르게 과부하 상황이 발생한다. 용량이 크지 않은 마이크로서비스조차도 빌드하는 데 몇 분씩 걸리기도 한다. 그러다 보니 커밋을 자주 하는 팀은 젠킨스 인스턴스를 죽이는 일이 종종 생긴다.

이런 이유 때문에 아주 소규모의 프로젝트가 아니라면 빌드 작업을 에이전트(슬레이브) 인스턴스에 위임해 실행하는 방식을 사용한다. 정리하면 현재 젠킨스를 실행하고 있는 **젠킨스 마스터**가 있고, 실제 작업은 **젠킨스 에이전트**에 위임해 실행하는 것이다.

다음 그림은 마스터-에이전트의 동작 방식이다.

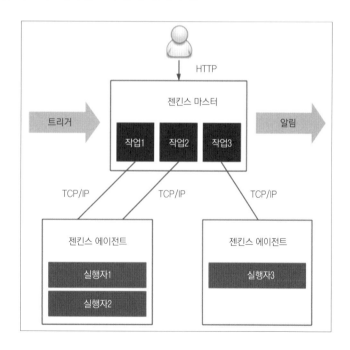

분산 빌드 환경에서 젠킨스 마스터는 다음과 같은 작업을 수행한다.

- 빌드 시작 명령을 받는다(예: 깃허브에 커밋이 발생한 직후).

- 알림을 보낸다(예: 빌드가 실패하면 이메일이나 슬랙 메시지로 알림).

- 클라이언트와 통신을 하며 HTTP 요청을 처리한다.

- 에이전트에서 실행 중인 작업의 우선순위 조정 등의 빌드 환경을 관리한다.

빌드 에이전트는 빌드가 시작된 이후에 발생하는 모든 작업을 처리하는 기기를 말한다. 마스터와 에이전트의 역할이 각기 다르기 때문에 환경 요구 사항도 다르다.

- **마스터**: 메모리 용량이 200MB(작은 프로젝트)에서 70GB 이상(대형 프로젝트)인 전용 서버

- **에이전트**: 일반적인 요구 사항은 없다. (다만 프로젝트 규모에 따라 한 개의 빌드를 수행할 수 있는 성능이 필요하다. 예를 들어 빌드를 한 번 하는 데 100GB의 메모리가 필요한 대형 프로젝트라면 이 규모의 메모리를 운영할 수 있는 성능의 기기가 필요할 것이다.)

에이전트는 가능한 한 범용성을 갖춘 기기여야 한다. 예를 들어 하나는 자바로, 다른 하나는 파이썬으로, 또 다른 하나는 루비로 작성된 프로젝트가 있다고 할 때 각 에이전트들에게 어떤 프로젝트를 할당해도 잘 수행할 수 있어야 한다. 이런 식으로 에이전트를 교차 사용할 수 있다면 가용 자원을 최적화하기가 쉽다.

> **INFO**
>
> 에이전트 머신이 모든 프로젝트에 대응할 만큼 충분하지 않다면 에이전트와 프로젝트에 레이블(태그)을 붙여 특정 빌드는 특정 유형의 에이전트에서 수행하도록 하는 방식도 가능하다.

확장성

소프트웨어 분야의 모든 것이 그렇듯이 젠킨스도 사용량 증가에 따라 급격히 과부하 상태가 되고 수행 속도도 떨어진다. 그러므로 이런 문제가 발생하기 전에 미리 확장(스케일링)

계획을 세울 필요가 있다. 확장에는 **수직적 확장**과 **수평적 확장**의 두 가지 방식이 있다.

수직적 확장

수직적 확장은 마스터의 부하 증가에 대응해 마스터 시스템에 자원을 추가하는 방식이다. 즉 신규 프로젝트가 생길 때마다 램과 CPU를 추가하고 외장 하드 드라이브도 확장하는 것이다. 언뜻 생각하면 매우 제한적인 해결책인 듯 하지만 의외로 많은 조직에서 사용하고 있으며, 그중에는 유명한 회사들도 있다. 게다가 젠킨스 마스터를 단 한 대의 초고성능의 하드웨어에서 운용한다면 유지보수 측면에서는 매우 효율적이다. 모든 업그레이드와 스크립트, 보안 설정이나 사용자 관리, 플러그인 설치 등의 작업을 단 한 곳에서만 하면 되기 때문이다.

수평적 확장

수평적 확장은 조직이 늘어날 때마다 마스터 인스턴스의 수량을 늘려가는 방식이다. 이 경우는 영리하게 인스턴스를 할당할 필요가 있으며, 극단적으로는 각 팀마다 한 대씩의 마스터를 두게 될 수도 있다. 그렇게 된다면 아예 에이전트가 필요하지 않을 수도 있다.

이 방식의 단점은 프로젝트 간의 통합 자동화가 어렵다는 것과 각 팀마다 젠킨스를 유지보수하는 시간이 필요하다는 것이다. 그러나 수평적 확장은 몇 가지 중요한 이점을 갖고 있다.

- 마스터 역할을 하는 컴퓨터의 하드웨어가 고사양일 필요가 없다.

- 팀마다 각기 다른 설정을 할 수 있다(예: 팀마다 다르게 플러그인 설치 가능).

- 팀 전용 마스터 인스턴스가 있으므로 팀워크와 업무 효율이 향상된다.

- 마스터 인스턴스 하나에 문제가 생겨도 다른 팀에 영향을 끼치지 않는다.

- 인프라를 표준 인프라와 필수 인프라로 구분해 구성할 수 있다.

테스트 인스턴스/프로덕션 인스턴스

확장 방식 외에 고려할 점이 하나 더 있다. 그것은 젠킨스 업그레이드와 신규 플러그인, 파이프라인 정의를 어떻게 테스트할 것인가다. 젠킨스 시스템은 전사적으로 매우 중요하다. 소프트웨어의 품질을 보증하며 지속적 인도 프로세스에서는 프로덕션 서버에 배포하는 역할을 한다. 즉 고가용성이 매우 중요한 시스템으로 결코 테스트 목적으로 사용해서는 안 된다. 젠킨스는 항상 동일한 두 개의 인스턴스를 **테스트용**과 **프로덕션용**으로 분리 운영해야 한다는 것이다.

> **INFO**
>
> 테스트 환경은 최대한 프로덕션 환경과 유사해야 하므로 연결된 에이전트의 개수도 비슷하게 맞춰야 한다.

샘플 아키텍처

앞의 내용을 정리하면 젠킨스는 다수의 에이전트와 (다수의) 마스터로 구성해야 하며, 테스트 및 프로덕션 환경으로 이중화 구성을 해야 한다는 것이다. 그렇다면 이 구성을 개념도로 정리할 수 있을까?

참고로 이미 젠킨스를 어떻게 사용했는지, 어떤 종류의 아키텍처를 만들었는지를 발표한 회사들이 많이 있다. 발표 자료를 참고하는 것만으로 그 회사들이 수직적 확장과 수평적 확장 중에서 어느 것을 더 선호하는지를 알아내는 것은 어렵다. 다만 마스터 인스턴스가 한 개인 경우부터 팀별로 하나씩 갖는 경우까지 방식이 다양하다는 것은 알 수 있다.

그렇다면 넷플릭스의 예를 통해 젠킨스 인프라의 전체 구성을 살펴보자(넷플릭스는 이 자료를 2012년 샌프란시스코에서 개최된 젠킨스 유저 컨퍼런스에서 공유했다).

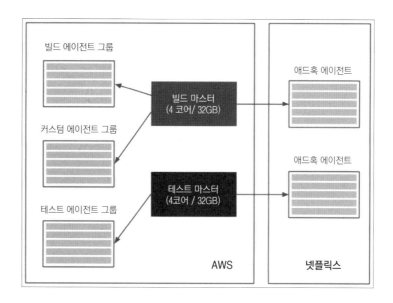

넷플릭스는 테스트용과 프로덕션용 마스터 인스턴스를 운영한다. 각 인스턴스에는 에이전트 풀^{pool}과 추가 애드혹 에이전트들이 있다. 이 인프라에서는 하루에 2천 개의 빌드를 할 수 있다. 또한 인프라의 일부는 AWS에서 운영되며, 일부는 자체 서버에 있다.

사용자는 조직의 유형에 따라 젠킨스 인프라를 어떻게 구성할지 대략적인 계획을 갖고 있어야 한다.

그러면 지금부터 에이전트를 설정하는 실제 방법을 알아보자.

🔅 에이전트 구성하기

에이전트가 무엇이고 언제 사용하는 것인지를 배웠다. 그러면 에이전트는 어떻게 설정하고 마스터와는 어떻게 통신을 할까? 일단 두 번째 질문에 대한 답인 마스터와 에이전트 간의 통신 프로토콜을 알아보자.

통신 프로토콜

마스터와 에이전트가 통신을 하려면 양방향 연결이 이뤄져야 하며, 다음 두 가지 방식을 이용할 수 있다.

- **SSH**: 마스터에서 에이전트에 연결할 때 표준 SSH 프로토콜을 사용한다. 젠킨스에는 SSH 클라이언트가 내장돼 있으므로 에이전트에서만 **SSH 데몬**sshd 서버를 구성하면 된다. 이 방식은 표준 유닉스 메커니즘을 사용하기 때문에 가장 편리하고 안정적이다.

- **자바 웹 스타트**: 각 에이전트 머신에서 자바 애플리케이션이 실행되고, 마스터 자바 애플리케이션과 젠킨스 에이전트 애플리케이션 간의 TCP 연결이 이뤄진다. 이 방식은 에이전트가 방화벽 네트워크 안에 있어 마스터와의 연결이 불가능할 경우에 주로 사용된다.

두 가지 방식의 차이를 알았으니 이를 에이전트에서 설정하는 방법을 알아보자.

에이전트 설정하기

하위 수준에서 보면 에이전트는 항상 앞에서 설명한 두 가지 중 하나의 프로토콜을 사용해 마스터와 통신한다. 그러나 상위 수준에서는 에이전트와 마스터를 다양한 방식으로 연결할 수 있다. 방식 간 차이는 다음 두 가지 요소에 달려 있다.

- **정적 또는 동적**: 가장 간단한 방식은 에이전트를 젠킨스 마스터에 영구적(정적)으로 추가하는 것이다. 이 방식의 단점은 에이전트 노드를 추가/삭제할 때마다 수작업을 해야 한다는 것이다. 좀 더 나은 방법은 에이전트를 필요할 때마다 프로비저닝하는 것이다.

- **특정 목적 또는 범용적**: 에이전트는 특정 목적(예: 자바 8과 자바 11 프로젝트별로 특정 에이전트를 할당)으로 운영할 수도 있고, 범용 목적(에이전트가 도커 호스트로 동작하며 파이프라인은 도커 컨테이너 내에서 빌드)으로 운영할 수도 있다.

이상의 요소를 조합하면 다음과 같이 다섯 가지로 에이전트를 구성할 수 있다.

- 영구 에이전트

- 영구 도거 호스트 에이전트

- 젠킨스 스웜 에이전트

- 동적 프로비저닝 도커 에이전트

- 동적 프로비저닝 쿠버네티스 에이전트

그러면 각 구성별 상세 내용을 알아보자.

영구 에이전트

우선 특정 에이전트 노드를 영구적으로 추가하는 간단한 방법부터 알아보기로 하자. 이 작업은 젠킨스 웹 인터페이스만 설정하면 된다.

영구 에이전트 구성하기

젠킨스 마스터의 **Manage Jenkins** 메뉴에서 **Manage Nodes and Clouds**를 클릭하면 현재 연결된 모든 에이전트를 볼 수 있다. 거기서 **New Node**를 클릭해 나타난 화면에서 이름을 입력하고 유형Type을 **Permanent Agent**로 선택한 후 **Create** 버튼을 클릭하면 다음과 같은 에이전트 설정 페이지가 나타난다.

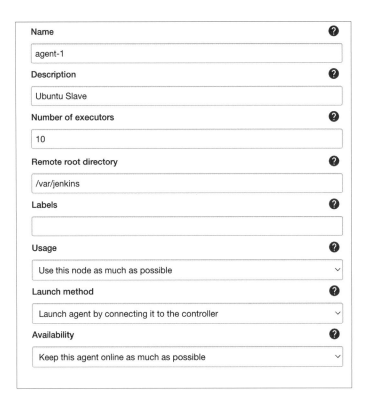

사용자가 입력해야 할 파라미터를 하나씩 살펴보자.

- **Name**: 에이전트의 고유한 이름

- **Description**: 에이전트에 대한 간략한 설명

- **Number of executors**: 에이전트에서 실행할 수 있는 동시 빌드의 수

- **Remote root directory**: 에이전트가 빌드 작업을 할 때 사용하는 에이전트 머신 내의 전용 디렉터리(예: /var/jenkins)로 가장 중요한 데이터는 마스터로 반환되기 때문에 중요한 디렉터리는 아니다.

- **Labels**: 여기에 입력된 태그와 일치하는 특정 빌드를 찾는다. 예를 들어 Java 8 기반의 프로젝트만 찾아서 빌드한다.

- **Usage**: 레이블과 일치하는 경우(예: 인수 테스트용 빌드)에만 에이전트를 실행할지, 아니면 모든 경우에 실행할지 여부를 정한다.

- **Launch method**: 에이전트의 시작 방법으로 다음 중 하나를 선택한다.

  ○ **Launch agent by connecting it to the controller**(컨트롤러에 연결해 에이전트 시작): 에이전트가 연결을 설정하도록 하는 방법이다. 에이전트 머신에서의 실행 방법과 JAR 파일을 다운로드할 수 있다.

  ○ **Launch agent via execution of command on the controller**(컨트롤러에서 명령을 실행해 에이전트 시작): 에이전트를 시작할 마스터에서 실행하는 명령이다. 대부분의 경우 자바 웹 스타트 JAR 애플리케이션을 전송하면 에이전트가 이를 실행한다.

  예: ssh 〈에이전트_호스트명〉 java -jar ~/bin/slave.jar

  ○ **Launch agents via SSH**(SSH로 에이전트 시작): 마스터는 SSH 프로토콜을 사용해 에이전트에 연결한다.

- **Availability**: 에이전트가 항상 동작해야 하는지 또는 특정 조건에 따라 마스터를 오프라인으로 전환할지를 정한다.

TIP

> 자바 웹 스타트 에이전트는 젠킨스 마스터와 통신할 때 50000 포트를 사용한다. 따라서 도커 기반 젠킨스 마스터를 사용하는 경우라면 이 포트(-p 50000:50000)를 게시해야 한다.

에이전트가 제대로 설정된 후 마스터 노드 구성에서 Number of executors값을 0으로 설정하면 빌드는 실행되지 않으며 젠킨스 UI와 빌드 코디네이터의 역할만 수행한다.

INFO

> 젠킨스의 영구 에이전트를 구성하는 단계별 안내서는 다음 주소를 참고한다.
>
> https://www.jenkins.io/doc/book/using/using-agents/

영구 에이전트 이해하기

앞에서 언급했듯이 이런 솔루션의 문제는 여러 프로젝트 유형별로 다중 에이전트 유형 (레이블)을 유지해야 한다. 이를 그림으로 나타내면 다음과 같다.

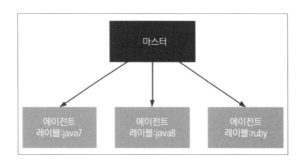

그림과 같이 프로젝트 유형이 3개(java 7, java 8, ruby)라면 각 레이블로 구분된 3개의 에이전트가 필요하다. 이는 '2장, 도커 소개'에서 설명한 것처럼 다중 프로덕션 서버를 유지할 때 겪게 되는 문제와 동일하다. 앞에서는 프로덕션 서버에 도커 엔진을 설치해 문제를 해결했었다. 젠킨스 에이전트에서도 같은 방식으로 문제를 해결해 보자.

영구 도커 호스트 에이전트

이 솔루션의 기본 개념은 범용 에이전트를 영구적으로 추가하는 것이다. 각 에이전트는 (도커 엔진이 탑재돼) 모두가 동일하게 구성되며, 각 빌드는 빌드가 실행될 도커 이미지에 따라 정의된다.

영구 도커 호스트 에이전트 구성하기

이 구성도 정적 방식이므로 앞에서 했던 영구 에이전트 방식과 똑같다. 차이점이 있다면 각 에이전트로 사용할 시스템에 도커를 설치해야 한다는 것이다. 또한 모든 에이전트가 동일할 수 있기 때문에 레이블을 사용할 필요가 없다는 것이다. 에이전트를 구성한 후에는 각 파이프라인 스크립트에서 도커 이미지를 정의한다.

```
pipeline {
    agent {
        docker {
```

```
            image 'openjdk:8-jdk-alpine'
        }
    }
    ...
}
```

빌드가 시작되면 젠킨스 에이전트는 도커 이미지인 openjdk:8-jdk-alpine에서 컨테이너를 시작하고, 컨테이너에서 모든 파이프라인 스텝을 실행한다. 이 방식에서 사용자는 항상 실행 환경을 알고 있기 때문에 특정 프로젝트 유형에 따라 각기 에이전트를 구성하지 않아도 된다.

영구 도커 호스트 에이전트 이해하기

앞의 영구 에이전트에서 사용한 방식대로 그림을 그려보면 다음과 같다.

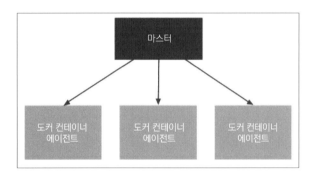

각 에이전트는 완전히 동일하다. 그리고 Java 8에 기반한 프로젝트를 빌드하고 싶다면 (에이전트 레이블을 지정하는 대신) 파이프라인 스크립트에서 적당한 도커 이미지를 정의해야 한다.

젠킨스 스웜 에이전트

지금까지는 젠킨스 마스터에서 에이전트를 영구적으로 정의하는 방식을 사용했다. 대부분의 경우에는 이 방식으로도 충분하지만 만약 에이전트 기기가 많고, 확장 작업이 빈번한 경우라면 오히려 상당히 부담이 될 것이다. 이때 젠킨스 스웜을 사용하면 젠킨스 마스터에서 에이전트를 구성할 필요 없이 동적으로 에이전트를 추가할 수 있다.

젠킨스 스웜 에이전트 구성하기

젠킨스 스웜을 사용하기 위한 첫 번째 단계는 젠킨스에서 **스웜 플러그인**을 설치하는 것이다. 플러그인 설치는 젠킨스 웹 인터페이스 내의 **Manage Jenkins-Manage Plugins** 메뉴에서 할 수 있다. 플러그인을 설치하면 젠킨스 마스터에서 에이전트에 동적으로 연결할 준비가 된 것이다.

두 번째 단계는 젠킨스 에이전트 역할을 할 모든 기기에서 젠킨스 스웜 에이전트 애플리케이션을 실행하는 것이다. 이 작업에는 `swarm-client.jar` 애플리케이션을 사용한다.

> **INFO**
>
> swarm-client.jar 애플리케이션은 젠킨스 스웜 플러그인 페이지에서 다운로드할 수 있다.
>
> https://plugins.jenkins.io/swarm/

젠킨스 스웜 에이전트 노드에 연결하려면 다음 명령어를 실행한다.

```
$ java -jar /<스웜파일경로>/swarm-client.jar -url  ${젠킨스_URL}
-username ${사용자명}
```

제대로 실행이 되면 젠킨스 마스터 화면에서 신규 에이전트를 볼 수 있고, 빌드를 실행하면 이 에이전트에서 실행이 된다.

젠킨스 스웜 에이전트 이해하기

젠킨스 스웜을 사용하면 에이전트를 동적으로 추가할 수 있다. 그러나 사용할 수 있는 에이전트 방식에 대해서는 규정하지 않는다. 즉 사용자는 특정 에이전트나 도커 기반 에이전트를 모두 사용할 수 있다는 것이다. 얼핏 보면 젠킨스 스웜은 별로 유용해 보이지 않을 수도 있다. 왜냐하면 에이전트 설정이 마스터에서 에이전트로 이동된 것뿐이고, 이것조차 수작업으로 해야만 하기 때문이다. 그러나 확실한 것은 쿠버네티스나 도커 스웜 같은 클러스터링 시스템과 결합하면 젠킨스 스웜은 서버 클러스터의 에이전트를 동적으로 확장하는 기능을 제공한다는 것이다.

동적 프로비저닝 도커 에이전트

또 다른 옵션은 빌드가 시작될 때마다 동적으로 새로운 에이전트를 생성하도록 젠킨스를 설정하는 것이다. 이런 솔루션은 에이전트 수가 빌드 수에 따라 자동으로 조정되므로 아마도 가장 유연한 방식이라고 할 수 있다. 이를 실제로 젠킨스에서 구성해 보자.

동적 프로비저닝 도커 에이전트 구성하기

우선 **도커 플러그인**을 설치해야 한다. 플러그인 설치는 젠킨스 웹 인터페이스 내의 **Manage Jenkins - Manage Plugins** 메뉴에서 할 수 있다. 플러그인을 설치한 후에는 다음 단계를 따라 시작해 보자.

1. Manage Jenkins 페이지를 연다.

2. Manage Nodes and Clouds 링크를 클릭한다.

3. Configure Clouds 링크를 클릭한다.

4. **Add a new cloud**를 클릭하고 Docker를 선택한다.

5. 다음 그림을 참조해 나머지 항목을 채운다.

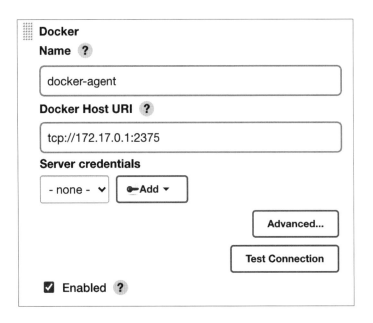

6. 대부분의 파라미터 값은 변경하지 않아도 되지만 에이전트가 실행될 도커 호스트 머신의 주소인 Docker Host URI값은 입력해야 한다. 이 값은 에이전트가 실행될 도커 호스트 머신의 주소다.

TIP

마스터가 실행되고 있는 동일한 도커 호스트를 사용하려면 도커 데몬이 docker0 네트워크 인터페이스를 리스닝해야 한다. 이 작업은 '2장, 도커 소개'의 서버 섹션에서 설치했던 것과 같은 방식으로 할 수 있다. 즉 /lib/systemd/system/docker.service 파일의 한 행을 다음과 같이 변경하면 된다.

ExecStart=/usr/bin/dockerd –H 0.0.0.0:2375 –H fd://

7. **Docker Agent templates...**를 클릭하고 Add Docker Template을 선택한다.

8. 도커 에이전트 이미지에 대한 정보를 채워 넣는다.

다음 항목들을 참고해 입력한다.

- **Docker Image**: 도커 이미지를 입력한다. 젠킨스 커뮤니티에서 가장 많이 사용하는 에이전트 이미지는 jenkins/agent이며 기본 연결 방식용으로 사용된다.

- **Instance Capacity**: 동시에 실행할 수 있는 에이전트의 최댓값을 입력한다. 처음에는 10으로 설정한다.

> **INFO**
>
> 특정 환경이 필요한 경우라면 jenkins/agent 대신 자체 이미지를 빌드해서 사용할 수도 있다. 예를 들어 Golang 환경과 다른 에이전트 접속 방식(예: SSH를 통한 시작이나 JNLP를 통한 시작 등)이 필요한 경우라면 다른 에이전트 도커 이미지(jenkins/ssh-agent 또는 jenkins/inbound-agent)를 사용해야 할 것이다. 좀 더 상세한 내용은 다음 링크를 참고한다.
>
> https://plugins.jenkins.io/docker-plugin

저장을 하고 나면 설정을 완료한 것이다. 당장 파이프라인을 실행해 실제로 작업이 도커 에이전트에서 실행되는지 보고 싶겠지만, 우선 도커 에이전트가 동작하는 방법을 좀 더 알아보자.

동적 프로비저닝 도커 에이전트 이해하기

동적 프로비저닝된 도커 에이전트는 표준 에이전트 메커니즘 위에 존재하는 레이어라 할 수 있다. 이 방식은 통신 프로토콜이나 에이전트 생성 방식을 바꾸지 않는다. 그렇다면 사용자가 입력한 도커 에이전트 구성으로 젠킨스는 무엇을 하는 것일까?

다음 그림은 앞에서 구성한 도커 마스터-에이전트 아키텍처를 나타낸다.

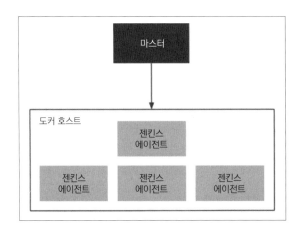

1. 젠킨스 작업이 시작되면 마스터는 에이전트 도커 호스트의 jenkins/agent 이미지에서 신규 컨테이너를 실행한다.

2. jenkins/agent 컨테이너는 젠킨스 에이전트를 시작하고, 이를 젠킨스 마스터의 노드 풀에 추가한다.

3. 젠킨스는 jenkins/agent 컨테이너 내의 파이프라인을 실행한다.

4. 빌드가 끝나면 마스터는 에이전트 컨테이너를 중단시킨 후 컨테이너를 삭제한다.

INFO

> 젠킨스 마스터를 도커 컨테이너로 실행하는 것과 젠킨스 에이전트를 도커 컨테이너로 실행하는 것은 서로 독립적인 작업이다. 둘 다 도커로 실행하는 것이 합리적이지만 둘 중 하나만 도커를 사용해도 동작에는 문제가 없다.

이 솔루션은 도커 컨테이너 내부에서 빌드가 실행된다는 점에서 영구 도커 에이전트 솔루션과 유사한 점이 있다. 그러나 차이점은 에이전트 노드 구성에 있다. 여기서는 빌드 환경을 포함해 모든 에이전트가 도커로 구성된다. 따라서 다음과 같은 두 가지 큰 이점이 있다.

- **에이전트 라이프 사이클의 자동화**: 에이전트를 생성, 추가, 제거하는 프로세스가 자동화된다.

- **확장성**: 실제로 에이전트 도커 호스트는 단일 기기일 수도 있지만 여러 기기로 구성된 클러스터일 수도 있다. 이 경우 리소스를 추가하는 것이 클러스터에 기기를 추가하는 것처럼 간단하며, 젠킨스에서는 아무런 작업을 할 필요가 없다.

> **INFO**
>
> 젠킨스 빌드는 다수의 프로젝트 의존성 모듈(예: Gradle/Maven 등)을 다운로드하는 것이 일반적이며, 이 과정에서 시간이 많이 걸린다. 그러므로 도커 에이전트가 각 빌드에 맞춰 자동으로 프로비저닝된 후 빌드 간이 캐싱을 할 수 있도록 도커 볼륨을 설정하는 것이 유용하다.

동적 프로비저닝 쿠버네티스 에이전트

도커 호스트에서 했던 것과 유사하게 쿠버네티스에서도 에이전트를 동적으로 프로비저닝할 수 있다. 이 방식의 장점은 쿠버네티스 시스템이 필요에 따라 쉽게 확장 또는 축소할 수 있는 클러스터링 시스템이라는 것이다.

동적 프로비저닝 쿠버네티스 에이전트 구성하기

먼저 **쿠버네티스 플러그인**을 설치해야 한다. 그런 다음에는 도커 에이전트를 설치할 때와 동일한 절차대로 진행한다. 그리고 **Add a new cloud**를 클릭한 후 이번에는 Docker 대신 Kubernetes를 선택한다. 쿠버네티스 세부 정보 입력 화면이 나다나면 관련 정보를 입력한다.

Kubernetes URL에는 쿠버네티스 클러스터의 주소를 입력한다. 대부분의 경우에는 쿠버네티스 클러스터의 자격 증명도 입력해야 한다. 그리고 도커 플러그인에서 Docker Template을 입력했듯이 쿠버네티스에서도 반드시 **Add Pod Template**을 클릭한 후 Pod Template을 입력해야 한다.

INFO

> 젠킨스의 쿠버네티스 플러그인을 설정하는 방법에 대한 자세한 내용은 다음 주소를 참고한다.
>
> https://plugins.jenkins.io/Kubernetes

구성이 완료된 후 새로운 빌드를 시작하면 젠킨스는 쿠버네티스에서 새 에이전트를 자동으로 프로비저닝하고 파이프라인을 실행한다.

3장의 시작 부분에서 설명한 대로 헬름을 사용해 쿠버네티스에 젠킨스를 설치했다면 자동으로 쿠버네티스 플러그인이 구성되고 젠킨스 마스터가 배포된 동일한 쿠버네티스 클러스터에 젠킨스 에이전트를 자동으로 프로비저닝한다. 즉 헬름의 명령어 하나로 완벽히 운영되는 젠킨스 실행 환경을 구축할 수 있다.

동적 프로비저닝 쿠버네티스 에이전트 이해하기

동적 프로비저닝 쿠버네티스 에이전트는 동적 프로비저닝 도커 에이전트와 매우 유사하게 동작한다. 차이점은 단일 도커 호스트 대신 다수의 기기로 구성된 클러스터와 작업을 한다는 것이다.

이 방식을 그림으로 나타내면 다음과 같다.

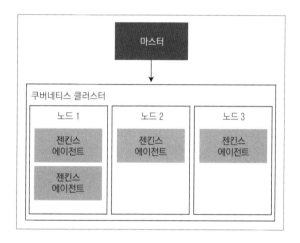

쿠버네티스 노드는 동적으로 추가 및 제거할 수 있으므로, 리소스 요구사항 측면에서 마스터-에이전트 구조의 유연성을 높여준다. 즉, 젠킨스의 빌드 개수가 너무 많아지면 쿠버네티스 클러스터에 기기를 추가하는 식으로 젠킨스의 처리 역량을 증가시킬 수 있다.

에이전트 테스트하기

앞에서 어떤 방식으로든 에이전트 구성을 완료했다면 이제 제대로 동작하는지를 확인해 보자.

다시 앞의 Hello World 파이프라인으로 돌아가 보자. 일반적으로 대부분의 빌드는 Hello World 예제보다 실행 시간이 길다. 그러므로 파이프라인 스크립트에 sleep 시간을 추가해서 일반 빌드와 유사한 환경을 만들 수 있다.

```
pipeline {
    agent any
    stages {
        stage("Hello") {
            steps {
                sleep 300  //300초 즉, 5분
                echo 'Hello World'
            }
        }
    }
}
```

Build Now를 클릭하고 젠킨스 메인 페이지로 이동하면 빌드가 에이전트에서 실행되는 것을 볼 수 있다. 이제 빌드를 여러 번 클릭하면 (다음 화면에서 보듯이) 다른 에이전트들이 각기 다른 빌드를 수행해야 한다.

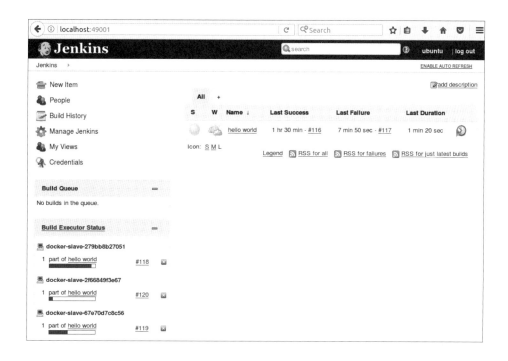

빌드 작업이 마스터에서 실행되지 않도록 하려면 마스터 노드의 Manage Nodes에서 Number of executors 항목을 0으로 설정해야 한다는 것을 잊지 말자.

에이전트가 빌드를 실행하기 시작했다면 모든 구성이 제대로 됐다고 할 수 있다. 이상으로 젠킨스 환경 구성에 대한 설명을 마치고, 지금부터는 사용자가 왜 자신만의 젠킨스 이미지를 생성해야 하는지와 그 방법을 알아보도록 하자.

⠿ 커스텀 젠킨스 이미지

지금까지의 예제에서는 모두 인터넷에서 가져온 젠킨스 이미지를 사용했다. 즉 마스터 컨테이너용으로는 jenkins/jenkins를 사용했고, 에이전트 컨테이너용으로는 jenkins/agent (또는 jenkins/inboud-agent와 jenkins/ssh-agent)를 사용했다. 그러나 대부분의 사용자는 특정 빌드 환경에 맞는 자신만의 이미지를 빌드할 필요가 있다. 지금부터는 이런 커스텀 이미지를 작성하는 방법을 알아본다.

젠킨스 에이전트 구축하기

일단 좀 더 많은 수정이 필요한 에이전트 이미지부터 설명을 시작하기로 하자. 빌드 작업은 에이전트에서 실행되므로 빌드하려는 프로젝트에 맞는 환경을 필요로 하는 곳도 에이전트 부분이다. 예를 들어 파이썬으로 작성된 프로젝트라면 파이썬 인터프리터가 필요할 것이다. 이는 라이브러리나 도구, 테스트 프레임워크 등 프로젝트에서 필요로 하는 다른 모든 환경에서도 마찬가지다.

커스텀 이미지를 작성하려면 네 가지 단계를 거쳐야 한다.

1. 도커파일을 생성한다.

2. 이미지를 빌드한다.

3. 이미지를 레지스트리로 푸시한다.

4. 마스터의 에이전트 구성을 변경한다.

예를 들어 파이썬 프로젝트를 지원하는 에이전트를 생성해 보자. 이것은 jenkins/agent 이미지 위에 추가하면 만들 수 있다. 다음 네 단계를 진행해 보자.

1. **도커파일**: 새 디렉터리에서 다음 내용을 포함하는 Dockerfile이라는 이름의 파일을 생성한다.

   ```
   FROM jenkins/agent
   USER root
   RUN apt-get update && \
       apt-get install -y python
   USER jenkins
   ```

2. **이미지 빌드**: 다음 명령어를 실행해 이미지를 빌드한다.

   ```
   $ docker build -t leszko/jenkins-agent-python .
   ```

3. **이미지를 레지스트리로 푸시**: 다음 명령어를 실행해 이미지를 푸시한다(젠킨스 마스터가 사용하는 도커 엔진에서 이미지를 빌드할 때는 이 단계를 생략한다).

```
$ docker push leszko/jenenkins-agent-python
```

> **INFO**
>
> 이 단계에서는 도커 허브에 계정이 있고(leszko를 사용자의 도커 허브 계정으로 변경해야 함) docker login을 실행한 상태라고 가정한다. 도커 레지스트리에 대해서는 '5장, 자동 인수 테스트'에서 상세히 다룬다.

4. **마스터의 에이전트 구성 변경**: 당연하게도 마지막 단계는 (동적 프로비저닝 도커 에이전트 섹션에서 설명했듯이) 젠킨스 마스터의 구성에서 jenkins/agent 대신 leszko/jenkins-agent-python으로 설정하는 것이다.

> **INFO**
>
> 이미지를 도커 허브 레지스트리로 푸시했으나 레지스트리가 프라이빗으로 설정돼 있다면 젠킨스 마스터 구성에서 적절한 자격 증명을 등록해 둬야 한다.

만약 젠킨스에서 다른 두 유형의 프로젝트(예: 파이썬 프로젝트와 루비 프로젝트)를 빌드하려면 어떻게 해야 할까? 이런 경우에는 파이썬과 루비를 둘 다 지원하는 에이전트를 생성하는 것이 좋다. 그러나 도커의 경우에는 별도의 두 번째 에이전트 이미지(예: leszko/jenkins-agent-ruby)를 만드는 것을 추천한다. 그런 다음 젠킨스 구성에서 두 개의 도커 템플릿을 만들어 각각 레이블을 붙인다.

젠킨스 마스터 빌드하기

앞에서 이미 커스텀 에이전트 이미지를 만들었음에도 불구하고 왜 또 마스터 이미지를 만들어야 할까? 그 이유 중 하나는 에이전트를 전혀 사용하고 싶지 않을 때를 대비하기 위한 것으로, 이 경우에는 모든 작업이 마스터에만 실행되므로 실행 환경도 이에 따라야 하기 때문이다. 그러나 이는 매우 드문 경우로 대부분은 마스터의 구성이 필요하다.

다음과 같은 시나리오를 생각해 보자. 회사에서 젠킨스를 수평 확장할 계획인데 각 팀마다 자체 인스턴스를 갖고 있다. 이 경우 베이스 플러그인이나 백업 전략, 회사 로고 같은 것들은 공통된 구성이므로 각 팀마다 구성 작업을 반복하는 것은 시간 낭비일 것이다. 그러므로 하나의 마스터 이미지를 마련해서 모든 팀이 사용하는 것이 좋다.

젠킨스는 XML 파일로 구성되며, 이를 다룰 수 있는 그루비 기반의 DSL 언어를 제공한다. 그래서 젠킨스 구성을 할 경우 도커파일에 그루비 스크립트를 추가하는 것이다. 또한 플러그인 설치 작업처럼 단지 XML만 변경하는 것 이상의 작업을 하기 위한 특수 스크립트들도 있다.

INFO

> Dockerfile에서 사용할 수 있는 명령어는 다음 깃허브 페이지에 정리돼 있다.
>
> https://github.com/jenkinsci/docker

예를 들어 docker-plugin을 미리 설치하고, number of executors값을 5로 설정해 둔 마스터 이미지를 만들어 보자. 이를 위해서는 다음 절차를 수행해야 한다.

1. config.xml을 설정하는 그루비 스크립트를 작성하고, number of executors값을 5로 설정한다.

2. docker-plugin을 설치하는 도커파일을 만들고, 그루비 스크립트를 실행한다.

3. 이미지를 빌드한다.

이제 앞의 세 단계를 사용해 젠킨스 마스터 이미지를 빌드해 보자.

1. **그루비 스크립트**: 새 디렉터리를 생성하고, 다음 내용으로 executors.groovy 파일을 생성한다.

```
import jenkins.model.*
Jenkins.instance.setNumExecutors(5)
```

INFO

젠킨스 API의 전체 목록은 다음 공식 사이트를 참고한다.

http://javadoc.jenkins.io/

2. **도커파일**: 같은 디렉터리에 다음 내용으로 도커파일을 생성한다.

```
FROM jenkins/jenkins:lts-jdk11
COPY executors.groovy
        /usr/share/jenkins/ref/init.groovy.d/executors.groovy
RUN jenkins-plugin-cli --plugins docker-plugin github-branch-source:1.8
```

3. **이미지 빌드**: 마지막 단계로써 이미지를 빌드한다.

```
$ docker build -t jenkins-master .
```

이미지가 생성되면 회사 내의 각 팀은 이렇게 빌드된 이미지로 자체 젠킨스 인스턴스를 실행한다.

TIP

젠킨스 에이전트 이미지와 비슷한 방식으로 leszko/jenkins-master라는 이름의 마스터 이미지를 만들어 사용자의 도커 허브 계정으로 푸시할 수 있다.

자체적으로 마스터 및 에이전트 이미지를 만들면 회사 내의 팀들을 대상으로 구성 및 빌드 환경을 제공할 수 있다. 다음으로는 젠킨스에서 추가로 구성해야 할 항목을 알아보자.

⁑ 구성 및 관리

앞에서 이미 젠킨스 구성에서 가장 중요한 부분인 **에이전트 프로비저닝**을 다뤘다. 젠킨스는 구성 변경이 비교적 쉽기 때문에 사용자의 필요에 맞춰 다양하게 변경할 수 있다. 또한 웹 인터페이스로 직관적인 기능을 제공하므로 자세한 설명이 필요하지도 않다. 구성변경 기능은 Manage Jenkins 메뉴에 있다. 그중에서 가장 많이 사용되는 플러그인과 보안, 백업에 대해서 알아보자.

플러그인

젠킨스는 매우 플러그인 친화적인 솔루션이기 때문에 수많은 기능들이 플러그인으로 제공된다. 플러그인은 젠킨스의 기능을 거의 무한대로 확장할 수 있으며 이런 확장 플러그인을 개발하는 대규모 커뮤니티 덕분에 젠킨스는 큰 성공을 거두게 됐다. 그러나 반대로 이런 젠킨스의 개방성은 자칫 위험 요소가 될 수도 있으므로 가능하면 신뢰할 만한 소스에서 제공하는 플러그인만 사용하고, 언제나 소스를 주의 깊게 확인해야 한다.

젠킨스에서 사용할 수 있는 수천 개의 플러그인들 중 일부는 젠킨스를 처음 설치할 때 자동으로 설치된다. 반면 도커나 쿠버네티스 플러그인 같은 것들은 도커 에이전트를 설정할 때 설치된다. 그 외에도 클라우드 통합, 소스 관리 도구, 코드 점검 등의 역할을 하는 플러그인이 있다. 사용자가 직접 플러그인을 개발하는 것도 가능하나 원하는 플러그인이 이미 개발돼 있는지를 먼저 확인해 보는 것이 좋다.

> **TIP**
>
> 다음은 젠킨스 공식 플러그인 페이지다.
>
> https://plugins.jenkins.io/

보안

젠킨스에서 보안을 다루는 방식은 회사에서 운영 중인 젠킨스 구성에 따라 달라진다. (회사 네트워크가 방화벽 내에 있고) 소규모 팀마다 젠킨스 마스터를 운영한다면 별도의 보안 작업은 필요치 않을 것이다. 그러나 회사의 모든 프로젝트들이 한 개의 젠킨스 마스터로 관리된다면 보안에 더욱 신경 써야 할 것이다.

젠킨스에는 내장된 사용자 데이터베이스가 있으며 처음 젠킨스를 설치하는 도중에 사용자를 생성하면서 이를 사용하게 된다. 사용자 추가와 삭제, 수정 등의 작업은 Manage Users 설정 페이지에서 할 수 있다. 내장 데이터베이스의 경우 소규모 팀에게는 충분하겠지만 사용자가 상당히 많다면 LDAP을 고려해야 할 수도 있다. 이것은 Configure Global Security 페이지에서 선택할 수 있다. 이 페이지에서 사용자와 역할 및 그룹 등을 지정할 수 있다. 기본값은 Logged-in users can do anything(로그인 사용자는 모든 작업을 할 수 있음)이지만 조직이 클수록 업무를 세분화해 할당해야 할 것이다.

백업

세상에는 백업 계획만 세우는 사람과 백업을 실천하는 사람의 두 유형만이 있다는 옛말을 들은 적이 있다. 모르긴 해도 대부분의 사용자들은 백업 계획이 있을 것이다. 그렇다면 백업은 어떤 기기에서 어떤 파일을 대상으로 해야 할까? 다행인 것은 우선 에이전트에서는 백업이 필요한 데이터를 모두 마스터로 전송하기 때문에 어떤 기기에서 할지를 고민할 필요가 없다는 것이다. 젠킨스를 컨테이너에서 실행하는 경우 컨테이너는 영구적인 상태 저장을 하지 않기 때문에 컨테이너 자체에는 신경 쓸 필요가 없고 단지 젠킨스 홈 디렉터리만 관리하면 된다.

또한 (주기적으로 백업을 수행하는) 젠킨스 플러그인을 설치하거나 간단하게 디렉터리를 다른 안전한 곳에 저장하는 크론잡을 설정해도 된다. 용량을 줄이려면 불필요한 하위 폴더를 제외하는 것이 좋으며, war나 캐시파일, 도구나 워크스페이스도 백업에서 제외하는 것이 좋다.

> **TIP**
>
> 커스텀 도커 이미지를 빌드하거나 Jenkins Configuration as Code 플러그인을 사용해 젠킨스 마스터 설정을 자동화하는 경우에는 젠킨스의 백업 구성을 생략할 수도 있다.

블루오션 UI

허드슨(젠킨스 이전 버전)의 첫 번째 버전은 2005년에 출시됐다. 즉 시장에 나온 지 15년도 넘은 제품으로 애플리케이션의 모양과 느낌은 출시 당시와 크게 바뀌지 않았다. 젠킨스 인터페이스를 다뤄본 사용자라면 이 제품이 구식 느낌이 난다는 것을 부인하기 힘들 것이다. 새롭게 제공되는 UI인 블루오션은 젠킨스의 사용자 경험을 획기적으로 바꿔주는 플러그인이다. 젠킨스의 사용자 인터페이스가 너무 낡았다고 생각한다면 블루오션을 시험적으로 사용해 보는 것도 좋을 듯 하다.

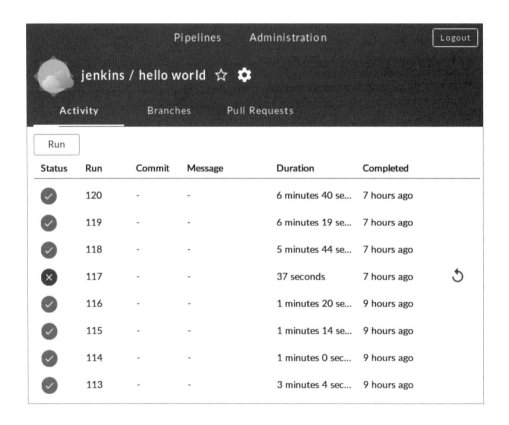

🔅 요약

3장에서는 젠킨스 환경을 구성하는 방법을 다뤘다. 이를 통해 충분히 도커 기반의 젠킨스 인프라를 구축할 수 있을 것이다. 3장에서 다룬 핵심 사항은 다음과 같다.

- 젠킨스는 모든 언어와 프레임워크를 지원하는 범용 자동화 도구다.

- 젠킨스는 플러그인을 통한 확장성이 매우 뛰어나며, 플러그인은 인터넷에서 다운로드하거나 직접 작성할 수 있다.

- 젠킨스는 자바 언어로 개발돼 어떤 운영체제에도 설치가 가능하다. 또한 공식 도커 이미지도 제공된다.

- 젠킨스는 마스터-에이전트 방식의 구조로 확장이 가능하다. 마스터 인스턴스는 수평적으로 또는 수직적으로 확장할 수 있으며 조직의 필요에 따라 선택할 수 있다.

- 젠킨스 에이전트는 도커로도 구현할 수 있으며, 자동 구성 및 동적 에이전트 할당을 할 수 있다.

- 커스텀 도커 이미지는 젠킨스 마스터용과 젠킨스 에이전트용으로 모두 제작할 수 있다.

- 젠킨스는 자유로운 환경 구성이 가능하므로 보안과 백업 같은 분야는 더욱 신경 써야 한다.

4장에서는 Hello World 예제를 다룰 때 언급했던 파이프라인에 대해 알아본다. 그리고 완벽한 지속적 통합 파이프라인의 배경과 이를 구현하는 방법도 알아본다.

⁞⁞⁞ 연습 문제

3장에서는 젠킨스 구성에 대해 자세히 알아봤다. 배운 것을 확실히 할 수 있도록 젠킨스 이미지를 만드는 것과 젠킨스 환경을 테스트하는 것을 연습해 보자.

1. 젠킨스 마스터와 에이전트 도커 이미지를 만들고, 이를 이용해 루비 프로젝트를 생성하는 젠킨스 인프라를 실행한다.

    1. 도커 플러그인을 자동으로 설치하는 젠킨스 마스터 도커파일을 생성한다.

    2. 마스터 이미지를 빌드하고, 젠킨스 인스턴스를 실행한다.

3. 루비 인터프리터를 설치하는 (동적 에이전트 프로비저닝이 가능한) 에이전트 도커파일을 생성한다.

4. 에이전트 이미지를 빌드한다.

5. 에이전트 이미지를 사용하도록 젠킨스 인스턴스에서 구성을 변경한다.

2. Hello World from Ruby를 출력하는 루비 스크립트용 파이프라인을 생성한다.

1. 신규 파이프라인을 생성한다.

2. 다음 셸 명령어를 사용해 hello.rb 스크립트를 즉시 생성한다.

```
sh "echo \"puts 'Hello World from Ruby'\" > hello.rb"
```

3. 루비 인터프리터로 hello.rb를 실행하는 명령어를 추가한다.

4. 빌드를 실행하고, 콘솔에 출력되는 결과를 확인한다.

⁞⁞ 질문

3장의 복습을 위해 다음 질문에 답해보자.

1. 젠킨스는 도커 이미지 형태로 제공되는가?

2. 젠킨스 마스터와 젠킨스 에이전트(슬레이브) 간의 차이점은 무엇인가?

3. 수평 확장과 수직 확장의 차이점은 무엇인가?

4. 젠킨스 에이전트를 시작할 때 사용할 수 있는 마스터-에이전트 간 연결 방식 두 가지는 무엇인가?

5. 영구 에이전트와 영구 도커 에이전트 간의 차이점은 무엇인가?

6. 젠킨스 에이전트용 커스텀 도커 이미지를 빌드하는 경우는 언제인가?

7. 젠킨스 마스터용 커스텀 도커 이미지를 빌드하는 경우는 언제인가?

8. 젠킨스 블루오션이란 무엇인가?

∷ 더 읽을거리

젠킨스에 대해서 더 알고 싶다면 다음 자료를 참고한다.

- **소니 미테시의 Jenkins Essentials:** https://www.packtpub.com/virtualization-and-cloud/jenkins-essentials-second-edition

- **존 퍼거슨 스마트의 Jenkins: The Definitive Guide:** https://www.oreilly.com/library/view/jenkins-the-definitive/9781449311155/

- **Jenkins Getting Started:** https://jenkins.io/doc/book/getting-started/

2부

애플리케이션 설계 및 테스트

2부에서는 지속적 통합 파이프라인의 스텝과 도커 레지스트리 허브의 개념을 다룬다. 쿠버네티스를 소개하고, 도커 서버 풀pool을 이용해 확장하는 방법을 배운다.

2부에서 다룰 내용은 다음과 같다.

- 4장, 지속적 통합 파이프라인
- 5장, 자동 인수 테스트
- 6장, 쿠버네티스로 하는 클러스터링

04

지속적 통합 파이프라인

3장에서는 젠킨스 구성 방법에 대해 배웠으니, 4장에서는 젠킨스의 핵심 기능인 '파이프라인'을 효과적으로 사용하는 방법을 알아보자. 초기 단계부터 시작해 완전한 지속적 통합 프로세스를 구현해 봄으로써 팀 중심의 코드 개발을 하는 데 필요한 전체 요소들을 다룬다.

4장에서 다룰 내용은 다음과 같다.

- 파이프라인 소개
- 커밋 파이프라인
- 코드-품질 스테이지
- 트리거와 알림
- 팀 개발 전략

기술 요구 사항

4장을 진행하려면 다음과 같은 환경이 필요하다.

- 자바 JDK 8+

- 젠킨스

4장의 예제 코드는 다음 깃허브 주소에서 다운로드할 수 있다.

https://github.com/AcornPublishing/docker-jenkins

파이프라인 소개

파이프라인은 품질 점검이나 소프트웨어 인도와 같은 부분을 자동으로 수행하도록 하는 일련의 과정을 말한다.

파이프라인은 스크립트를 연결해서 작성하며, 다음과 같은 이점을 제공한다.

- **작업 그룹화**: 작업들은 스테이지^{stage}라는 단위로 그룹화할 수 있다. 스테이지로 프로세스에 구조를 부여하며 규칙을 명확하게 정의한다. 스테이지가 실패하면 이후 스테이지는 실행되지 않는다.

- **가시성**^{Visibility}: 프로세스의 모든 요소를 시각화할 수 있다. 즉 실패 원인을 빠르게 분석할 수 있으며, 팀원들 간의 협업이 원활해진다.

- **피드백**: 문제가 발생하면 즉시 팀원들이 알 수 있으며, 좀 더 빠르게 대응할 수 있다.

> **INFO**
>
> 파이프라인의 개념은 대부분 다른 지속적 통합 도구와 유사하다. 그러나 도구들마다 이를 부르는 명칭이 다를 수 있다. 이 책에서는 젠킨스에서 사용하는 용어를 기준으로 한다.

우선 젠킨스 파이프라인의 구조를 알아본 후 실제 동작을 다루도록 한다.

파이프라인의 구조

젠킨스 파이프라인은 **스테이지**stage와 **스텝**step의 두 가지 요소로 구성된다. 기본 개념은 다음과 그림과 같다.

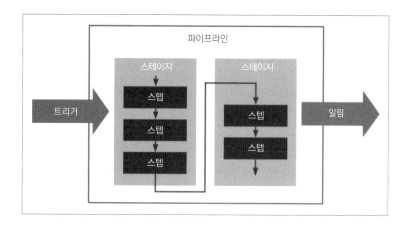

파이프라인의 기본 요소는 다음과 같다.

- **스텝**: 젠킨스가 수행할 것을 알려주는 단일 작업(예: 리포지터리에서 코드 체크아웃, 스크립트 실행)

- **스테이지**: 여러 개의 스텝을 개념적으로 분리해 그룹화한 논리적 구분(예: 젠킨스 파이프라인 진행 상황을 시각화할 목적으로 빌드 단계, 테스트 단계, 배포 단계로 분리).

INFO

> 기술적으로는 병렬로 스텝을 생성할 수도 있다. 그러나 실제 환경에서 최적의 성능을 내려면 병렬 스텝은 예외적인 경우에만 사용하는 것이 좋다.

멀티-스테이지 Hello World

Hello World 파이프라인을 두 개의 스테이지로 확장하는 예제를 작성해 보자.

```
pipeline {
    agent any
    stages {
        stage('First Stage') {
            steps {
                echo 'Step 1. Hello World'
            }
        }
        stage('Second Stage') {
            steps {
                echo 'Step 2. Second time Hello'
                echo 'Step 3. Third time Hello'


            }
        }
    }
}
```

앞의 파이프라인은 특별한 환경을 요구하지 않는다는 것을 알 수 있으며, 두 개의 스테이지에서 3개의 스텝을 실행한다. 사용자가 **Build Now**를 클릭하면 시각적으로 표현된 결과를 볼 수 있다.

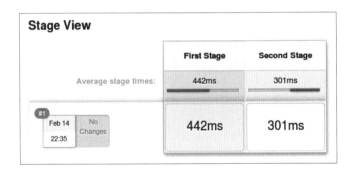

파이프라인이 제대로 실행됐다면 콘솔을 클릭해서 상세 스텝 실행 결과를 볼 수 있다. 스텝 실행 도중 문제가 발생하면 거기서 바로 프로세스가 종료되며 스텝은 더 이상 실행되지 않는다. 사실 파이프라인을 사용하는 목적은 이처럼 순서대로 스텝을 실행하고, 실패 시 문제가 발생한 지점을 시각화하려는 것이다.

파이프라인 구문

앞의 예제에서는 파이프라인 요소를 살펴봤고, 스텝 명령어 중 echo를 사용해 봤다. 그렇다면 파이프라인을 정의할 때 사용할 수 있는 다른 명령어에는 무엇이 있을까?

INFO

이 책은 새로운 프로젝트에 권장되는 방식인 선언형 구문을 사용한다. 선언형이 아닌 구문은 (젠킨스2 이전에 사용하던) 그루비 기반 DSL과 (웹 인터페이스로 생성된) XML이다.

선언형 구문은 코딩에 익숙하지 않은 사람들도 쉽게 이해할 수 있도록 최대한 단순하게 설계됐다. 그래서 선언형 구문은 가장 중요한 키워드로만 구성된다.

상세한 내용을 다루기에 앞서 간단한 실험을 해보자. 다음의 파이프라인 정의 예제를 읽고, 어떤 결과가 나올지를 예측해 보자.

```
pipeline {
    agent any
    triggers { cron('* * * * *') }
    options { timeout(time: 5) }
    parameters {
        booleanParam(name: 'DEBUG_BUILD', defaultValue: true,
        description: 'Is it the debug build?')
    }
    stages {
        stage('Example') {
            environment { NAME = 'Rafal' }
            when { expression { return params.DEBUG_BUILD } }
            steps {
                echo "Hello from $NAME"
                script {
                    def browsers = ['chrome', 'firefox']
                    for (int i = 0; i < browsers.size(); ++i) {
                        echo "Testing the ${browsers[i]} browser."
                    }
                }
            }
        }
    }
    post { always { echo 'I will always say Hello again!' } }
}
```

앞의 파이프라인 코드를 보고 너무 놀라지 않았길 바란다. 코드가 꽤 복잡하긴 하다. 코드가 복잡한 이유는 젠킨스 명령어를 가능한 한 많이 포함시켰기 때문이다. 그러면 파이프라인 명령어를 하나씩 살펴보면서 수수께끼 같은 코드를 이해해 보자.

1. 사용할 에이전트로는 any를 선택한다.

2. 1분마다 자동으로 실행한다.

3. 5분 이상 실행되면 중단한다.

4. 시작하기 전에 불린형 입력 파라미터를 요청한다.

5. NAME 환경 변수를 Rafal로 설정한다.

6. 입력 파라미터가 true인 경우

   - Hello from Rafal을 출력한다.

   - Testing the chrome browser를 출력한다.

   - Testing the firefox browser를 출력한다.

7. 실행 중 오류 발생 여부와 관계없이 I will always say Hello again!을 출력한다.

자, 그럼 지금부터는 젠킨스의 가장 중요한 키워드들을 알아보자. 선언형 파이프라인은 항상 pipeline 블록을 지정해야 하며 블록 내에 섹션, 지시어, 스텝을 포함한다. 각 키워드를 하나씩 살펴보자.

TIP

파이프라인 구문 전체에 대한 설명은 다음의 젠킨스 페이지를 참고한다.

https://jenkins.io/doc/book/pipeline/syntax/

섹션

섹션은 파이프라인의 구조를 정의하며, 일반적으로 한 개 이상의 지시어나 스텝으로 구성된다. 여기서 사용되는 키워드는 다음과 같다.

- **Stage**: 한 개 이상의 연속된 stage 지시어로 구성된다.

- **Step**: 한 개 이상의 연속된 step 명령으로 구성된다.

- **Post**: 파이프라인 빌드 끝에서 실행되는 한 개 이상의 추가 step 명령으로 구성된다.

  포스트는 항상^{always}이나 성공^{success}, 실패^{failure} 등의 조건과 함께 쓰이며, 보통 파이프라인 빌드가 끝날 때 알림을 보내는 용도로 사용된다(자세한 내용은 뒤에 나오는 '트리거와 알림' 부분을 참고한다).

- **Agent**: 파이프라인이나 스테이지가 어디서 실행될지를 결정한다. 파이프라인을 실행하는 환경을 동적으로 프로비저닝할 때 정의된 label값과 일치하는 에이전트 또는 정의된 docker값과 일치하는 컨테이너가 사용되도록 지정한다.

지시어

지시어는 파이프라인 및 하위 요소의 구성을 표시한다.

- **Triggers**: 파이프라인을 자동으로 시작하는 방법을 정의한다. Cron으로 시간별 일정에 따라 실행하거나 pollSCM으로 리포지터리 변경에 따라 시작하도록 할 수 있다(자세한 내용은 뒤에 나오는 '트리거와 알림' 부분을 참고한다).

- **Options**: 파이프라인에서만 사용하는 옵션을 정의한다(예: timeout(파이프라인의 최대 실행 시간), retry(파이프라인 실패 후 다시 실행하는 횟수) 등).

- **Environment**: 빌드에서 사용되는 환경 변수의 키-밸류 쌍을 정의한다.

- **Parameters**: 파이프라인을 시작할 때 제공되는 사용자 파라미터를 정의한다.

- **Stage**: step을 논리적으로 그룹화한다.

- **When**: 스테이지가 어떤 조건에서 실행돼야 하는지를 정의한다.

- **Tools**: 설치할 도구를 정의하고 PATH에 추가한다.

- **Input**: 매개 변수를 입력받는다.

- **Parallel**: 병렬로 실행할 스테이지를 지정한다.

- **Matrix**: 특정 스테이지에서 병렬로 실행할 매개 변수의 조합을 지정한다.

스텝

스텝은 파이프라인의 가장 기본이 되는 요소다. 실제로 젠킨스에서 수행하는 실행 명령을 정의한다.

- **sh**: 셸 명령을 실행한다. 실제로 sh를 이용해 대부분의 작업을 정의할 수 있다.

- **custom**: 젠킨스에서는 스텝 명령으로 활용할 수 있는 많은 동작(예: echo)을 제공한다. 이들 명령의 대부분은 sh 명령의 래퍼다. 또한 플러그인에서도 자체 명령어를 정의할 수 있다.

- **script**: 흐름 제어가 필요한 시나리오에서 사용되는 그루비 기반 코드 블록을 실행한다.

> **TIP**
>
> 전체 스텝 명령들의 목록은 다음 주소를 참고한다.
> https://jenkins.io/doc/pipeline/steps/

참고로 파이프라인 구문은 매우 일반적인 방식으로 표현하기 때문에 기술 관점에서 보면 대부분의 자동화 프로세스에 적용할 수 있다. 그래서 파이프라인이 구조화나 시각화를 위한 기법으로 간주되는 것이다. 물론 가장 많이 사용되는 사례는 지속적 통합[CI] 서버를 구축하는 것이다. 지금부터 이에 대해 자세히 알아보자.

⁝⁝ 커밋 파이프라인

가장 기본적인 지속적 통합 프로세스를 **커밋 파이프라인**이라고 한다. 명칭만 봐도 알 수 있듯이 리포지터리로 커밋 (또는 Git으로 푸시)한 후 빌드 결과를 보고하는 파이프라인이다. 코드가 변경될 때마다 파이프라인이 실행되기 때문에 빌드 시간은 5분을 넘지 않아야 하고 리소스 사용도 합리적인 수준이어야 한다. 커밋 단계는 항상 지속적 인도 프로세스의 시작점이며, 개발 프로세스에서 가장 중요한 피드백 사이클 정보(코드가 정상일 때의 상수 값)를 제공한다.

커밋 단계는 다음과 같다. 개발자가 리포지터리에 코드를 커밋하면 지속적 통합 서버가 이를 알아채고 빌드를 시작한다. 기본적인 커밋 파이프라인은 다음과 같이 세 단계로 구성된다.

- **체크아웃**: 리포지터리에서 소스 코드를 다운로드하는 단계

- **컴파일**: 소스 코드를 컴파일하는 단계

- **단위 테스트**: 단위 테스트를 실행하는 단계

지금부터는 직접 샘플 프로젝트를 만들면서 커밋 파이프라인을 구현해 보자.

> **INFO**
>
> 이번 예제에서는 Git과 자바, 그래들과 스프링 부트를 사용해 파이프라인을 작성할 것이다. 만약 다른 기술을 사용하더라도 파이프라인은 동일하게 사용할 수 있다.

체크아웃

어떤 파이프라인 작업을 하든 첫 번째 동작은 리포지터리에서 소스 코드를 체크아웃하는 것이다. 이 작업을 하려면 파이프라인을 생성할 수 있는 리포지터리가 필요하다.

깃허브 리포지터리 생성

다음 단계를 통해 깃허브 서버에서 리포지터리를 생성한다.

1. https://github.com 페이지로 이동한다.

2. 로그인을 한다. 계정이 없다면 새로 만들어야 한다.

3. **New** 버튼을 클릭하거나 메뉴에서 **New repository**를 선택한다.

4. Repository name 부분에 calculator를 입력한다.

5. Add a README file 항목을 체크한다.

6. **Create repository**를 클릭한다.

이제 리포지터리가 제대로 생성됐는지 주소를 확인하자. 예를 들면 다음과 같다.

https://github.com/leszko/calculator.git

체크아웃 스테이지 생성하기

caculator라는 이름을 가진 파이프라인을 새로 만들었으므로 **파이프라인 스크립트**로 Checkout이라는 이름의 스테이지에 코드를 입력해 보자.

```
pipeline {
    agent any
    stages {
        stage("Checkout") {
            steps {
                git url: 'https://github.com/leszko/
calculator.git', branch: 'main'
            }
        }
    }
}
```

이 파이프라인은 모든 에이전트에서 실행되는데 깃허브 리포지터리에서 코드를 다운로드하는 한 가지 작업만 수행한다. 이제 **Build Now**를 클릭해 실행이 잘 되는지 확인해 본다.

> **INFO**
>
> Git 툴킷은 빌드가 실행되는 노드에 설치해야 한다.

체크아웃을 완료했다면 이제 두 번째 단계를 진행한다.

컴파일

프로젝트를 컴파일하려면 다음 작업을 해야 한다.

1. 소스 코드로 프로젝트를 생성한다.

2. 리포지터리로 푸시한다.

3. 파이프라인에 Compile 스테이지를 추가한다.

자바 스프링 부트 프로젝트 생성하기

그래들로 만든 스프링 부트 프레임워크로 간단한 자바 프로젝트를 생성해 보자.

> **INFO**
>
> 스프링 부트는 엔터프라이즈용 애플리케이션 구축을 단순화해 주는 자바 프레임워크이고, 그래들은 아파치 메이븐의 콘셉트를 기반으로 하는 빌드 자동화 시스템이다.

가장 간단하게 스프링 부트 프로젝트를 생성하려면 다음 단계를 따른다.

1. http://start.spring.io/ 페이지에 접속한다.

2. **Maven Project**가 아니라 **Gradle Project**를 선택한다(메이븐이 익숙한 사용자는 Maven을 선택해도 된다).

3. Group과 Artifact에 값을 입력한다(예: com.leszko와 calculator).

4. **Dependencies** 메뉴에서 Spring Web을 추가한다.

5. **GENERATE**를 클릭한다.

6. 생성된 기본 프로젝트를 다운로드한다(calculator.zip 파일).

다음 그림과 같이 http://start.spring.io/ 페이지에서 설정할 수 있다.

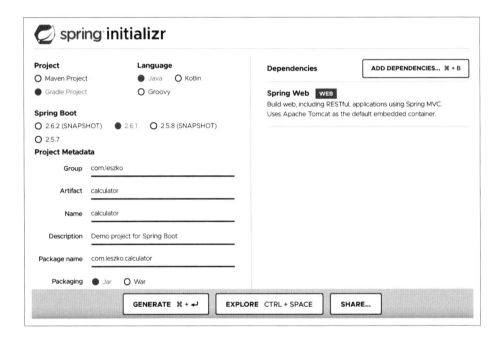

프로젝트가 생성됐다면 이제 깃허브 리포지터리로 푸시할 준비가 된 것이다.

코드를 깃허브로 푸시하기

Git 툴을 이용해 commit과 push 명령을 실행할 것이다.

INFO

git 명령을 사용하려면 Git 툴킷이 설치돼 있어야 한다. 다음 주소에서 다운로드할 수 있다.

https://git-scm.com/downloads

먼저 리포지터리를 파일 시스템에 복제한다.

```
$ git clone https://github.com/leszko/calculator.git
```

http://start.spring.io/에서 다운로드한 프로젝트를 Git에서 생성한 디렉터리에 압축 해제한다.

TIP

인텔리제이나 비주얼스튜디오 코드, 이클립스 같은 통합 개발 환경을 이용해도 된다.

작업이 완료되면 calculator 디렉터리에는 다음 파일들이 있어야 한다.

```
$ ls -a
. .. build.gradle .git .gitignore gradle gradlew gradlew.bat HELP.md
README.md settings.gradle src
```

INFO

그래들 작업을 로컬에서 하려면 자바 JDK가 설치돼 있어야 한다.

다음 명령어로 로컬에서 프로젝트를 컴파일한다.

```
$ ./gradlew compileJava
```

메이븐의 경우에는 ./mvnw compile을 사용한다. 그래들과 메이븐 모두 src 디렉터리에 있는 자바 클래스들을 컴파일한다.

이제 커밋을 한 후 깃허브 리포지터리에 푸시한다.

```
$ git add .
$ git commit -m "Add Spring Boot skeleton"
$ git push -u origin main
```

코드가 깃허브 리포지터리에 저장됐다. 확인을 위해 깃허브 페이지로 이동해서 파일을 찾아보자.

컴파일 스테이지 생성하기

다음과 같은 코드로 파이프라인에 Compile 스테이지를 추가할 수 있다.

```
stage("Compile") {
    steps {
        sh "./gradlew compileJava"
    }
}
```

젠킨스 파이프라인과 로컬에서 정확히 같은 명령어를 사용했다는 것에 주목해 보자. 이는 로컬 개발 프로세스와 지속적 통합 환경이 일치한다는 것을 알려주는 표시다. 빌드가 끝나면 두 개의 녹색 박스가 나타난다. 또한 콘솔 로그를 확인해 프로젝트가 제대로 컴파일됐는지를 알 수 있다.

단위 테스트

마지막 단계인 단위 테스트를 추가할 차례다. 단위 테스트는 의도대로 코드가 동작하는지를 점검하는 과정이다. 이를 위해 다음과 같은 단계를 수행해야 한다.

1. 계산기 로직을 수행하는 소스 코드를 추가한다.

2. 단위 테스트를 작성한다.

3. 단위 테스트를 실행하는 젠킨스 스테이지를 추가한다.

비즈니스 로직 생성하기

계산기의 첫 번째 버전에서는 두 숫자를 더해보도록 하자. src/main/java/com/leszko/calculator/Calculator.java 파일에다 비즈니스 로직에 해당하는 클래스를 추가해 보자.

```
package com.leszko.calculator;
import org.springframework.stereotype.Service;

@Service
```

```
public class Calculator {
    public int sum(int a, int b) {
        return a + b;
    }
}
```

비즈니스 로직을 실행하려면 다른 파일인 src/main/java/com/leszko/calculator/
CalculatorController.java 파일에 웹 서비스 컨트롤러를 추가해야 한다.

```
package com.leszko.calculator;
import org.springframework.beans.factory.annotation.Autowired;
import org.springframework.web.bind.annotation.RequestMapping;
import org.springframework.web.bind.annotation.RequestParam;
import org.springframework.web.bind.annotation.RestController;

@RestController
class CalculatorController {
    @Autowired
    private Calculator calculator;

    @RequestMapping("/sum")
    String sum(@RequestParam("a") Integer a,
               @RequestParam("b") Integer b) {
        return String.valueOf(calculator.sum(a, b));
    }
}
```

이 클래스는 비즈니스 로직을 웹 서비스로 출력한다. 이 애플리케이션을 실행하면 동작
결과를 볼 수 있다.

```
$ ./gradlew bootRun
```

위의 명령어를 실행하면 웹 서비스가 실행된다. 브라우저에서 다음 주소로 접속해 보
자. 그러면 두 개의 숫자(1과 2)의 합인 3이 브라우저에 표시될 것이다.

http://localhost:8080/sum?a=1&b=2

단위 테스트 작성하기

이제 동작하는 애플리케이션을 만들었다. 그렇다면 비즈니스 로직이 기대한 대로 동작하는지 확인할 수 있을까? 앞에서 한 번은 확인했지만 지속적으로 검증하려면 단위 테스트가 필요하다. 지금은 너무 단순한 예제라 필요를 못 느낄 것이다. 그러나 실제 프로젝트에서는 단위 테스트를 통해 버그와 시스템 오류를 예방할 수 있다. src/test/java/com/leszko/calculator/CalculatorTest.java 파일에 단위 테스트를 작성해 보자.

```java
package com.leszko.calculator;
import org.junit.Test;
import static org.junit.Assert.assertEquals;
public class CalculatorTest {
    private Calculator calculator = new Calculator();

    @Test
    public void testSum() {
        assertEquals(5, calculator.sum(2, 3));
    }
}
```

이번 테스트는 JUnit 라이브러리를 사용하기 때문에 build.gradle 파일에 의존성 정보를 추가해야 한다.

```
dependencies {
    ...
    testImplementation 'junit:junit:4.13'
}
```

./gradlew test 명령으로 로컬에서 테스트를 실행해 보자. 그리고 코드를 커밋하고 리포지터리로 푸시한다.

```
$ git add .
$ git commit -m "Add sum logic, controller and unit test"
$ git push
```

단위 테스트 스테이지 생성하기

이제 Unit test 스테이지를 파이프라인에 추가하자.

```
stage("Unit test") {
    steps {
        sh "./gradlew test"
    }
}
```

메이븐을 사용한다면 ./mvnw test를 사용해야 한다.

파이프라인을 다시 빌드하면 3개의 박스가 나타난다. 이렇게 해서 지속적 통합 파이프라인 구현이 모두 끝났다.

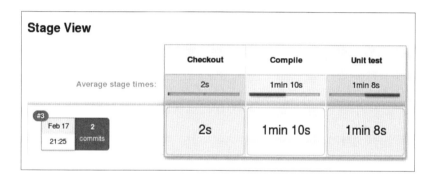

파이프라인을 생성했으니 지금부터는 젠킨스파일을 이용해서 동일한 파이프라인을 얻는 과정을 알아보자.

젠킨스파일

지금까지는 모든 파이프라인 코드를 젠킨스에서 직접 작성했다. 그러나 이런 방법만 있는 것은 아니다. 즉 파이프라인 코드를 Jenkinsfile 파일에 기록하고, 소스 코드와 함께 리포지터리로 커밋하는 방법도 있다. 이 방법은 파이프라인이 프로젝트 내에 확실히 포함된다는 점에서 좀 더 원칙에 맞는다고 할 수 있다.

예를 들어 프로그래밍 언어가 인터프리터 방식이라 코드 컴파일이 필요하지 않다면 Compile 스테이지를 만들지 않아도 될 것이다. 이처럼 사용자가 사용하는 도구는 환경에 따라 달라진다. 이 책에서 다루는 예제는 자바 프로젝트라서 그래들/메이븐을 사용하지만, 만약 파이썬 프로젝트였다면 파이빌더^{PyBuilder}를 사용했을 것이다. 이를 종합하면 코드를 작성하는 개발자가 파이프라인도 작성하는 것이 낫고, 작성된 파이프라인 정의는 코드와 함께 리포지터리에 보관돼야 할 것이다.

이런 방식에는 다음과 같은 이점이 있다.

- 젠킨스에 문제가 발생해도 파이프라인 정의가 없어지지 않는다(이는 코드가 젠킨스가 아닌 리포지터리에 보관되기 때문이다).

- 파이프라인 변경 내역이 보존된다.

- 파이프라인 변경은 코드 개발과 동일한 표준 프로세스를 따른다. 예를 들어 코드 리뷰도 과정을 거친다.

- 파이프라인을 변경하는 것은 소스 코드 변경으로 취급되며, 엄격하게 제한된다.

젠킨스파일 생성하기

이제 Jenkinsfile 파일을 생성해 깃허브 리포지터리로 푸시해 보자. 파일의 내용은 앞에서 작성했던 커밋 파이프라인과 거의 같다. 유일한 차이점은 우선 젠킨스가 (Jenkinsfile을 포함해서) 코드를 체크아웃한 후 (Jenkinsfile로부터) 파이프라인 구조를 읽기 때문에 체크아웃 단계가 중복된다는 점이다. 그리고 젠킨스는 Jenkinsfile을 읽기 전에 리포지터리 주소를 알고 있어야 한다.

그러면 프로젝트의 root 디렉터리에 Jenkinsfile을 만들어 보자.

```
pipeline {
    agent any
    stages {
        stage("Compile") {
            steps {
                sh "./gradlew compileJava"
```

```
            }
        }
        stage("Unit test") {
            steps {
                sh "./gradlew test"
            }
        }
    }
}
```

추가된 파일들을 commit하고, 이를 깃허브 리포지터리로 푸시한다.

```
$ git add Jenkinsfile
$ git commit -m "Add Jenkinsfile"
$ git push
```

젠킨스파일에서 파이프라인 실행하기

Jenkinsfile이 리포지터리에 있다면 파이프라인 구성 메뉴로 이동해 Pipeline 섹션을
다음과 같이 지정한다.

1. Definition을 Pipeline script에서 Pipeline script from SCM으로 변경한다.

2. SCM에서 Git을 선택한다.

3. Repository URL에 https://github.com/leszko/calculator.git을 입력한다.

4. Branch Specifier의 값으로 */main을 사용한다.

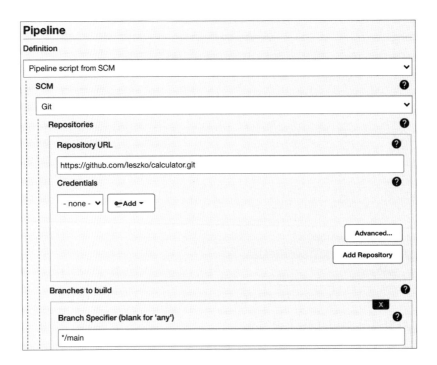

저장을 하고 나면 이제 빌드는 항상 현재 버전의 Jenkinsfile에서 실행된 후 리포지터리로 푸시된다.

이렇게 해서 첫 번째 커밋 파이프라인을 완성했다. 이 파이프라인은 개념적으로는 '최소 기능 제품MVP'이라고 할 수 있고, 실제로는 지속적 통합 프로세스에 충분히 부합한다고 할 수 있다. 다음으로는 커밋 파이프라인의 품질 개선 방법에 대해 알아보자.

코드-품질 스테이지

3개의 스텝으로 이뤄진 기본적인 지속적 통합 단계에 스텝을 추가해 확장할 수도 있다. 가장 많이 사용하는 추가 스텝은 코드 커버리지(검사)와 정적 분석이다. 이에 대해 알아보자.

코드 커버리지

이런 시나리오를 가정해 보자. 잘 구성된 지속적 통합 프로세스가 있다. 그러나 프로젝트 구성원 중 누구도 여기에 단위 테스트를 추가하지 않았다. 그러면 빌드는 문제 없이 수행될 수 있겠지만 코드의 동작도 문제없을 거라는 보장은 할 수 없을 것이다. 이런 문제를 해결하려면 어떻게 해야 할까? 코드가 검증됐다는 사실을 어떻게 보증할 것인가?

이에 대한 해결책은 코드 전체를 대상으로 테스트를 진행하고, 검증이 완료된 부분을 식별하는 코드 커버리지 도구를 추가하는 것이다. 이를 이용하면 테스트가 수행되지 않은 부분에 대한 보고서도 받을 수 있다. 또한 테스트 미수행 영역이 많으면 아예 빌드를 실패한 것으로 만들 수도 있다.

테스트 커버리지 분석을 수행하는 도구는 다양하다. 자바 언어의 경우 가장 대표적인 것은 JaCoCo와 오픈클로버, 코버추라다.

그중 여기서는 JaCoCo를 활용해 커버리지 검사가 어떻게 동작하는지를 알아본다. 수행 절차는 다음과 같다.

1. JaCoCo를 그래들 구성에 추가한다.

2. code coverage 스테이지를 파이프라인에 추가한다.

3. (선택 사항으로) 젠킨스에서 JaCoCo 보고서를 발행한다.

JaCoCo를 그래들에 추가하기

그래들에서 JaCoCo를 실행하려면 다음 줄을 추가해서 jacoco 플러그인을 build.gradle 파일에 추가한다.

```
plugins {
    ...
    id 'jacoco'
}
```

그리고 검증 미수행 부분이 많은 경우 아예 빌드를 중단시키려면 `build.gradle` 파일에 다음 구성을 추가한다.

```
jacocoTestCoverageVerification {
    violationRules {
        rule {
            limit {
                minimum = 0.2
            }
        }
    }
}
```

이렇게 구성하면 코드 커버리지의 최솟값을 20%로 설정하게 된다. 다음 명령을 사용해 실행한다.

```
$ ./gradlew test jacocoTestCoverageVerification
```

이제 코드 커버리지가 최소 20%를 넘는지를 확인하는 코드를 추가했다. 실제로 이 범위보다 낮게 설정해서 빌드가 실패하는지 확인해 보는 것도 좋다. 또한 다음 명령을 사용하면 테스트 커버리지 리포트를 생성할 수 있다.

```
$ ./gradlew test jacocoTestReport
```

테스트 점검 리포트는 build/reports/jacoco/test/html/index.html 파일에서 확인할 수 있다.

calculator

Element	Missed Instructions	Cov.	Missed Branches	Cov.	Missed	Cxty	Missed	Lines
⊞ com.leszko.calculator		33%		n/a	3	6	4	7
Total	18 of 27	33%	0 of 0	n/a	3	6	4	7

Created with JaCoCo 0.8.7.202105040129

코드 커버리지 스테이지 추가하기

파이프라인에 코드 커버리지 스테이지를 추가하는 방법은 앞에서와 동일하다.

```
stage("Code coverage") {
    steps {
        sh "./gradlew jacocoTestReport"
        sh "./gradlew jacocoTestCoverageVerification"
    }
}
```

이 스테이지를 추가하고 나면 이제 충분한 테스트 코드가 포함되지 않은 커밋을 한 경우 빌드가 실패한다.

코드 커버리지 리포트 발행하기

코드 커버리지 문제로 파이프라인이 실패하면 코드 커버리지 리포트를 살펴보고 테스트가 수행되지 않은 부분을 찾아야 한다. 그래들을 로컬에서 실행해 커버리지 리포트를 발행할 수 있다. 그러나 젠킨스에서 리포트를 보여주도록 하는 것이 더 편리하다.

젠킨스에서 코드 커버리지 리포트를 발행하려면 다음과 같이 스테이지를 정의한다.

```
stage("Code coverage") {
    steps {
        sh "./gradlew jacocoTestReport"
        publishHTML (target: [
            reportDir: 'build/reports/jacoco/test/html',
            reportFiles: 'index.html',
            reportName: "JaCoCo Report"
        ])
        sh "./gradlew jacocoTestCoverageVerification"
    }
}
```

이 스테이지는 생성된 JaCoCo 리포트를 젠킨스 출력으로 복사한다. 빌드를 다시 실행하면 코드 커버리지 리포트의 링크가 나타난다(왼쪽 메뉴의 Build Now 아랫 부분).

이상으로 테스트가 되지 않아 버그에 취약한 코드를 보여주는 코드 커버리지 스테이지를 생성했다. 지금부터는 코드 품질을 개선할 수 있는 또 다른 작업을 살펴보자.

정적 코드 분석

코드 커버리지가 완벽하게 동작하는 것으로 끝이 아니다. 코드의 품질은 어떻게 보증할 것인가? 코드가 읽기 쉽고, 유지보수도 좋다는 것을 어떻게 확인해야 할까?

이는 코드를 실행하지 않고도 자동으로 코드를 점검하는 정적 코드 분석으로 가능하다. 일반적으로 정적 코드 분석 도구는 다양한 규칙에 따라 소스 코드를 점검하는 기능을 제공한다. 그리고 규칙의 적용 범위도 광범위하다. 예를 들어 모든 `public` 클래스는 javadoc 주석이 있어야 한다든가, 한 줄에 입력 가능한 최대 글자 수를 120자로 제한한다든가, `equals()` 메서드를 정의하는 클래스는 반드시 `hashCode()` 메서드도 정의해야 한다든가 같은 것이 가능하다.

자바 코드를 대상으로 하는 정적 분석 도구 중에서 가장 많이 사용되는 것은 체크스타일[Checkstyle]과 파인드버그[FindBugs], PMD다. 지금부터 체크스타일을 사용해서 정적 코드 분석 스테이지를 추가하는 예제를 다룬다. 이를 위해 다음 절차를 수행한다.

1. 체크스타일 구성을 추가한다.

2. 체크스타일 스테이지를 추가한다.

3. (선택 사항으로) 젠킨스에서 체크스타일 보고서를 발행한다.

체크스타일 구성 추가하기

체크스타일 구성을 추가하려면 어떤 코드를 체크할지에 대한 규칙을 정의해야 한다. 이
규칙은 config/checkstyle/checkstyle.xml 파일에서 지정한다.

```xml
<?xml version="1.0"?>
<!DOCTYPE module PUBLIC
    "-//Puppy Crawl//DTD Check Configuration 1.2//EN"
    "http://www.puppycrawl.com/dtds/configuration_1_2.dtd">

<module name="Checker">
    <module name="TreeWalker">
        <module name="ConstantName" />
    </module>
</module>
```

이 구성에는 한 개의 규칙만 들어 있다. 그 규칙은 자바의 상수 변수는 대문자로만 이뤄
져야 한다는 명명 규칙이다.

INFO

체크스타일에 대한 전체 문서는 다음 주소에서 찾아볼 수 있다.

http://checkstyle.sourceforge.io/config.html

또한 checkstyle 플러그인을 적용하려면 build.gradle 파일에 다음 줄을 추가해야 한다.

```
plugins {
    ...
    'checkstyle'
}
```

그런 다음 다음 명령어로 체크스타일을 실행한다.

```
$ ./gradlew checkstyleMain
```

우리가 작업 중인 프로젝트에서는 지금까지 상수를 사용하지 않았기 때문에 이 명령을 실행하면 실패 없이 종료된다. 그러므로 검증 실패를 유도하려면 소스 코드에 틀린 상수명을 추가해야 한다. 예를 들어 다음과 같이 src/main/java/com/leszko/calculator/ CalculatorApplication.java 파일에 상수를 추가하면 빌드가 실패한다.

```
@SpringBootApplication
public class CalculatorApplication {
    private static final String constant = "constant";
    public static void main(String[] args) {
        SpringApplication.run(CalculatorApplication.class, args);
    }
}
```

정적 코드 분석 스테이지 추가하기

Static code analysis 스테이지를 파이프라인에 추가한다.

```
stage("Static code analysis") {
    steps {
        sh "./gradlew checkstyleMain"
    }
}
```

이제 상수 변수 명명 규칙을 따르지 않는 코드를 커밋하면 빌드가 실패한다.

정적 코드 분석 리포트 발행하기

JaCoCo에서처럼 체크스타일 리포트를 젠킨스에 추가할 수 있다.

```
publishHTML (target: [
    reportDir: 'build/reports/checkstyle/',
    reportFiles: 'main.html',
```

```
        reportName: "Checkstyle Report"
    ])
```

이렇게 하면 체크스타일 리포트에 대한 링크가 생성된다.

이렇게 해서 팀이나 회사의 코드 스타일을 일관되게 유지하고, 버그 발견에도 도움을 주는 정적 코드 분석 스테이지를 추가했다.

다음으로는 코드 분석을 구현할 때 사용할 수 있는 옵션에 대해서 알아본다.

소나큐브

소나큐브는 가장 많이 사용되는 소스 코드 품질 관리 도구다. 다양한 프로그래밍 언어를 지원하며, 코드 커버리지 및 정적 코드 분석 스텝에서 사용할 수 있는 대체 솔루션 중 하나다. 실제로 이 도구는 체크스타일이나 파인드버그, JaCoCo 같은 코드 분석 프레임워크들을 통합한 별도의 서버라 할 수 있다. 자체 대시보드도 제공하며, 젠킨스와도 문제 없이 통합된다. 파이프라인에다 코드 품질 스텝을 추가하는 대신에 소나큐브를 설치하고 거기에 플러그인을 추가한 후 파이프라인에서 sonar 스테이지로 추가할 수도 있다. 이런 방식으로 구성할 때의 장점은 규칙을 구성하고 코드 취약성을 출력할 때 소나큐브가 제공하는 사용자 친화적인 웹 인터페이스를 사용할 수 있다는 점이다.

INFO

소나큐브에 대해 자세히 알고 싶다면 다음 공식 사이트를 참고한다.

https://www.sonarqube.org/

⁑ 트리거와 알림

지금까지는 항상 **Build Now** 버튼을 클릭해서 수동으로 파이프라인을 빌드했다. 이 방식으로도 동작에는 문제가 없지만 실제로는 편리한 방식이라고 할 수 없다. 왜냐하면 모든 팀원들이 리포지터리로 커밋을 한 후에는, 젠킨스에 접속해서 빌드를 시작해야 한다는 사실을 숙지하고 있어야만 하기 때문이다. 이는 파이프라인 모니터링을 할 때도 마찬가지다. 항상 젠킨스에 접속해서 빌드 상태를 체크해야 한다. 이번 섹션에서는 파이프라인을 자동으로 시작하고, 빌드가 완료되면 팀원들에게 상태를 알려주는 방식으로 절차를 개선하는 방법을 알아본다.

트리거

빌드를 자동으로 시작하는 동작을 파이프라인 트리거라고 한다. 젠킨스에는 많은 트리거가 있으며, 이들은 다음과 같이 세 가지 유형으로 분류할 수 있다.

- 외부 트리거

- 폴링 SCM(소스 제어 관리) 트리거

- 스케줄 빌드 트리거

외부 트리거

외부 트리거는 이해하기 쉽다. **노티파이어**[notifier]가 호출되면 젠킨스가 빌드를 시작하는 방식이다. 노티파이어의 역할을 할 수 있는 것은 다른 파이프라인 빌드나 SCM 시스템(예: 깃허브) 또는 원격 스크립트 등이다.

이를 개념도로 표현하면 다음 그림과 같다.

리포지터리로 푸시가 이뤄지면 깃허브는 젠킨스에게 빌드를 시작하라는 명령을 한다.

이 방식으로 시스템을 구성하려면 다음과 같은 단계를 거친다.

1. 젠킨스에 깃허브 플러그인을 설치한다.

2. 젠킨스용 비밀 키를 생성한다.

3. 깃허브 웹훅webhook을 설정하고 젠킨스의 주소와 키를 지정한다.

잘 알려진 대부분의 SCM 서비스 공급사는 젠킨스 전용 플러그인을 제공한다.

〈젠킨스_주소〉/job/〈작업_이름〉/build?token=〈토큰〉 엔드포인트로 REST 호출을 해 젠킨스를 트리거하는 더 일반적인 방법도 있다. 이 경우 보안상의 이유로 젠킨스에서 token을 설정하고, 이를 원격 스크립트에서 사용해야 한다.

INFO

젠킨스는 SCM 서버에서 접속할 수 있도록 설정이 필요하다. 다시 말해 젠킨스를 트리거하는 데 공개 깃허브를 사용한다면 젠킨스 서버도 공개돼야 한다는 것이다. 또한 REST 호출 방식을 적용하는 경우 트리거를 하는 스크립트가 〈젠킨스_주소〉에 접속할 수 있어야 한다.

폴링 SCM 트리거

폴링 SCM 트리거는 직관적이지는 않다. 개념도는 다음 그림과 같다.

젠킨스는 주기적으로 깃허브를 호출하고, 리포지터리에 푸시가 발생했는지를 체크한다. 그리고 빌드를 시작한다. 이런 방식이 낯설 수도 있겠지만 다음과 같은 경우에 유용하다.

- (깃허브가 접속할 수 없는) 방화벽 네트워크 내에 젠킨스가 있는 경우

- 빌드 시간이 길고 커밋이 자주 발생해 서버에 과부하가 초래되는 경우

젠킨스와 깃허브 연결에 대해서는 이미 다뤘기 때문에 pollSCM을 구성하는 것이 더 간단할 수 있다. 계산기 프로젝트의 경우 파이프라인에다 triggers 선언을 추가해 자동 트리거를 설정할 수 있다.

```
triggers {
    pollSCM('* * * * *')
}
```

파이프라인을 수동으로 한 번 실행하면 자동 트리거가 설정된다. 그러면 1분마다 깃허브를 확인하고 새로운 커밋이 있으면 빌드를 시작한다. 설정에 따라 동작하는지 시험해보려면 아무 내용이나 깃허브로 커밋을 해서 빌드가 시작하는지를 확인해 본다.

앞의 선언 예제에서는 pollSCM용 인자 값으로 * * * * *를 사용했다. 이 값은 젠킨스에서 점검을 얼마나 자주 할 것인지를 정하는 값으로 크론Cron에서 사용하는 문자열 형식이다.

> **TIP**
>
> 크론 기능에서 사용하는 문자열 형식에 대한 설명은 다음 주소를 참고한다.
>
> https://en.wikipedia.org/wiki/Cron

스케줄 빌드 트리거

스케줄 빌드 트리거는 리포지터리로의 커밋이 발생하는지 여부와 관계없이 무조건 정해진 시간에 주기적으로 빌드를 실행하는 방식이다.

다음 개념도에서도 확인할 수 있듯이 이 방식은 다른 시스템과 연동 없이 독립적으로 수행된다.

스케줄 빌드의 구현 방법은 폴링 SCM과 동일하다. 차이가 있다면 pollSCM 대신 cron 키워드가 사용된다는 것이다. 이 트리거 방식은 커밋 파이프라인에서는 거의 사용되지 않으며, 나이틀리 빌드(예: 야간에 실행되는 복잡한 통합 테스트)에 많이 사용된다.

알림

젠킨스에서는 다양한 방식으로 빌드 상태를 알려준다. 그리고 다른 젠킨스 기능들처럼 플러그인으로 새로운 유형의 알림을 추가할 수 있다.

지금부터는 다양한 알림 유형 중 대표적인 것들을 알아본다.

이메일

젠킨스의 빌드 상태를 사용자에게 알려주는 가장 일반적인 방법은 이메일이다. 이메일의 장점은 모든 사람이 갖고 있고 사용 방법도 잘 알고 개인별로 정보가 전달된다는 점이다. 반면 단점은 받는 이메일이 너무 많다 보니 젠킨스에서 오는 메일을 스팸메일로 자동 분류해서 자칫 놓칠 수도 있다는 점이다.

이메일 알림의 구성 방법은 매우 간단하다.

1. SMTP(메일 전송) 서버를 확보한다.

2. Manage Jenkins 메뉴의 Configure System에서 상세하게 설정한다.

3. 파이프라인에 mail to 명령을 추가한다.

파이프라인 구성은 다음과 같다.

```
post {
    always {
        mail to: 'team@company.com',
        subject: "Completed Pipeline: ${currentBuild.fullDisplayName}",
        body: "Your build completed, please check: ${env.BUILD_URL}"
    }
}
```

모든 알림은 일반적으로 파이프라인의 post 섹션에서 호출되며, 이 섹션은 빌드의 성패 여부와 관계없이 모든 스텝이 실행된 후에 호출된다. 앞의 예제에서는 always를 사용했으나 다음과 같이 다른 옵션도 있다.

- always: 완료 상태와 관계없이 실행한다.

- changed: 상태를 변경했을 때만 실행한다.

- fixed: 상태가 실패에서 성공으로 변경됐을 때만 실행한다.

- regression: 상태가 성공에서 실패 또는 중단, 불안정 상태로 변경됐을 때만 실행한다.

- aborted: 수동으로 중단된 경우에만 실행한다.

- failure: 실패했을 때만 실행한다.

- success: 성공했을 때만 실행한다.

- unstable: 파이프라인이 불안정 상태일 때만 실행한다. 불안정 상태는 일반적으로 테스트 실패나 코드 위반일 경우에 발생한다.

- unsuccessful: 상태가 성공 이외의 상태인 경우에만 실행한다.

그룹 채팅

팀원들 간의 의사소통을 주로 그룹 채팅으로 하고 있다면 그룹 채팅에다 자동 빌드 알림을 추가하는 것이 좋다. 어떤 채팅 도구를 사용하든 구성 절차는 항상 동일하다.

1. 사용 중인 그룹 채팅 도구에 맞는 플러그인을 찾아 설치한다(예: Slack Notification 플러그인).

2. 플러그인을 구성한다(서버 URL, 채널, 인증 토큰 등).

3. 파이프라인에 전송 명령을 추가한다.

다음은 빌드가 실패한 경우 슬랙으로 알림을 보내는 파이프라인의 예제다.

```
post {
    failure {
        slackSend channel: '#dragons-team',
        color: 'danger',
        message: "The pipeline ${currentBuild.fullDisplayName} failed."
    }
}
```

팀 사무실

애자일 문화가 도입되면서 팀 내의 모든 일은 같은 사무실에서 공유하자는 개념이 도입됐다. 즉 이메일을 보내기보다는 함께 미팅을 하고, 온라인 채팅보다는 직접 만나서 대화하고, 작업 관리 도구를 쓰는 대신 화이트보드를 활용하는 방식이다. 지속적 인도와 젠킨스에도 같은 개념이 적용됐다. 그래서 요즘은 팀 사무실에 (정보 방열판이라고 부르는) 큰 모니터를 설치하는 것이 유행이다. 만약 팀원이 사무실에 들어오면 모니터에 나타나는 파이프라인의 현황을 먼저 보게 되는 것이다. 정보 방열판은 가장 효과적인 알림 전략이라 할 수 있다. 왜냐하면 빌드가 실패한 것을 모두가 쉽게 알 수 있고, 부가적으로 팀워크와 팀원 간의 직접적인 의사소통도 촉진하기 때문이다.

창의력이 넘치는 어떤 개발자들은 정보 방열판 역할을 하는 다른 아이디어들을 생각해 냈다. 예를 들어 어떤 팀은 커다란 스피커를 설치해 두고, 파이프라인이 실패하면 소리가 나도록 하기도 했다. 그중 필자가 가장 좋아하는 방법은 파이프라인 상태 UFO인데 이는 오픈 소스로 깃허브에 올라와 있다. 이 프로젝트 페이지에 들어가면 UFO를 출력해서 천장에 매달고 파이프라인 상태를 표시하는 방법이 설명돼 있다. 좀 더 자세한 내용은 다음 주소를 참고한다.

https://github.com/Dynatrace/ufo

INFO

> 젠킨스 기능을 확상할 수 있는 플러그인 기능을 활용해 빌드 상태를 알려주는 다양한 방법들이 개발됐다. 예를 들어 RSS 피드나 SMS 통지, 모바일 앱이나 데스크톱 알림 등이다.

이상으로 트리거와 알림에 대해서 알아봤다. 지금부터는 좀 더 중요한 분야인 팀 개발 전략에 대해서 알아보자.

⁞⁝ 팀 개발 전략

지금까지 지속적 통합 파이프라인에 대해 전반적으로 살펴봤다. 그러나 정확히 언제 파이프라인을 실행해야 할까? 앞에서는 리포지터리에 커밋이 되자마자 바로 실행한다고 했는데 그렇다면 커밋을 할 브랜치는 어디일까? 트렁크로만 커밋을 하는 것일까, 브랜치마다 해야 할까? 커밋 후가 아니라 커밋 전에 실행을 하는 것일까? 아니면 아예 브랜치를 없애면 어떨까?

이들 질문에 대한 단 하나의 정답은 존재하지 않는다. 실제로 어떻게 지속적 통합 프로세스를 적용할지는 팀의 개발 워크플로우에 따라 달라진다. 그러면 진도를 더 나가기에 앞서 먼저 개발 워크플로우를 알아보자.

개발 워크플로우

개발 워크플로우란 팀이 코드를 리포지터리에 저장하는 방식을 말한다. 물론 이는 소스 관리 도구나 프로젝트 특성, 팀 구성원의 수 같은 많은 요소들의 영향을 받는다.

결과적으로 팀마다 코드를 개발하는 방식이 조금씩 달라질 수밖에 없다. 그러나 일반적으로 **트렁크-기반 워크플로우, 브랜치 워크플로우, 포크 워크플로우**의 세 가지 유형으로 분류할 수 있다.

TIP

다음 주소를 방문하면 모든 워크플로우에 대한 설명과 예제를 볼 수 있다.

https://www.atlassian.com/git/tutorials/comparing-workflows

트렁크-기반 워크플로우

트렁크-기반 워크플로우는 가장 단순한 전략이다. 다음을 그림을 보자.

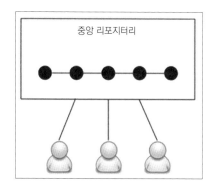

트렁크 또는 **마스터**라고 불리는 하나의 중앙 리포지터리에 프로젝트의 모든 변경 사항이 저장된다. 모든 팀원들은 중앙 리포지터리를 복제해 자신의 컴퓨터에 로컬 복사본을 만든다. 변경된 내용은 중앙 리포지터리로 직접 커밋된다.

브랜치 워크플로우

브랜치라는 이름에서 알 수 있듯이 코드는 각기 다른 브랜치에 저장된다. 이 방식은 다음 그림처럼 표현된다.

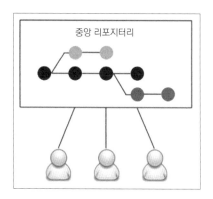

개발자가 신규 기능을 개발하는 경우 트렁크에서 분기된 전용 브랜치를 생성하고, 그 브랜치에 기능 구현과 관련된 모든 변경 사항을 저장한다. 이 방식은 메인 코드를 건드

리는 부담 없이 각 개발자가 기능을 개발할 수 있다. 그러므로 브랜치 워크플로우의 경우 마스터를 운영할 때 별다른 문제가 생기지 않는다. 기능 구현이 끝나면 개발자는 마스터에서 기능 브랜치를 리베이스하고, 기능과 관련된 변경 내역이 반영될 수 있도록 풀리퀘스트를 요청한다. 그러면 개발 팀은 코드 리뷰를 하고, 마스터에 문제를 일으키는 부분이 없는지 점검한다. 코드의 승인이 끝나고 자동 시스템 검사도 통과되면 브랜치는 메인 코드 베이스로 병합된다. 빌드는 마스터에서 다시 한 번 실행되지만 이미 브랜치에서 빌드 과정을 거쳤기 때문에 거의 문제가 되는 경우는 없다.

포크 워크플로우

포크 워크플로우는 오픈 소스 커뮤니티에서 가장 보편적인 방식이다. 다음 그림과 같이 표현할 수 있다.

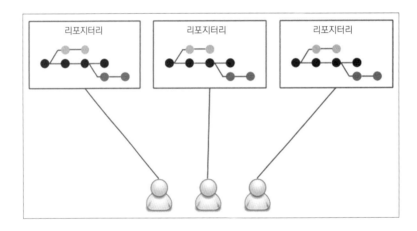

각 개발자는 각자의 서버 리포지터리를 갖고 있다. 이 리포지터리는 공식 리포지터리일 수도 있고 아닐 수도 있지만 기술적으로 보면 각 리포지터리는 모두 동일하다.

포크Fork의 문자적 의미는 다른 곳에다 새로운 리포지터리를 생성하는 것이다. 개발자는 자신의 리포지터리로 푸시를 하고, 이 코드를 통합하고 싶을 때는 다른 리포지터리에다 풀리퀘스트를 요청한다.

포크 워크플로우의 주요 장점은 중앙 리포지터리를 통하지 않고도 통합을 할 수 있다는 것이다. 또한 쓰기 권한을 주지 않고도 풀리퀘스트를 수락할 수 있기 때문에 소유권을 관리하는 것도 편하다.

요구 사항이 많은 상용 프로젝트에서는 일반적으로 한 팀이 하나의 제품을 개발하기 때문에 중앙 리포지터리를 하나만 두는데 이 리포지터리에 접근할 수 있는 소유권을 적절히 부여하고, 브랜치 워크플로우처럼 운영한다. 예를 들어 프로젝트 리더만 풀리퀘스트를 중앙 리포지터리로 머지하는 권한을 갖는 식이다.

지속적 통합 적용하기

이상으로 세 가지 종류의 개발 워크플로우를 살펴봤다. 지금부터는 개발 워크플로우가 지속적 통합 구성에 어떤 영향을 주는지를 알아보자.

브랜치 전략

각 개발 워크플로우는 각기 다른 지속적 통합 방식을 의미한다.

- **트렁크-기반 워크플로우**: 이 방식은 종종 파이프라인이 깨지는 문제에 대응해야 한다. 즉 누구나 메인 코드 베이스에 커밋을 할 수 있기 때문에 파이프라인이 실패하는 경우가 자주 발생한다. 기존의 지속적 통합 규칙에 따르면 파이프라인이 실패하는 문제가 발생할 경우 개발 팀은 모든 작업을 즉시 중단하고, 빌드 실패 문제부터 해결해야 한다.

- **브랜치 워크플로우**: 이 방식은 트렁크-기반 워크플로우의 문제를 해결해 주지만 다른 문제를 일으킨다. 즉 모든 사람이 자신만의 브랜치에서 개발을 하고 있고, 기능 하나를 개발하는 데도 몇 주에서 몇 달이 걸리므로 개발이 진행되는 동안에는 브랜치가 메인 코드에 통합되지 않는다. 그러므로 코드 머지를 해달라는 요구와 코드 간에 충돌 문제가 발생한다. 따라서 이를 지속적 통합이라고 부르기는 어렵다.

- **포크 워크플로우**: 이 방식은 각 리포지터리를 소유한 개발자가 지속적 통합 프로세스를 관리한다는 것을 의미한다. 각자의 리포지터리를 관리한다는 사실이 문제가 되는 것은 아니지만 브랜치 워크플로우와 동일한 문제가 발생할 수 있다.

이런 문제들을 한번에 해결하는 만병통치약은 없기 때문에 조직별로 다른 전략을 선택하게 된다. 그나마 가장 좋은 전략은 트렁크-기반 워크플로우의 철학을 염두에 두고, 브랜치 워크플로우로 운영하는 것이다. 즉 최대한 작은 단위의 브랜치로 작업하고, 자주 마스터에 통합하는 것을 말한다. 이 방식은 두 가지 워크플로우의 장점을 취하는 것처럼 보이지만 이를 위해서는 기능을 잘게 쪼개거나 기능 토글을 사용해야 한다. 기능 토글은 지속적 통합 및 지속적 인도에 매우 잘 어울리는 개념이므로 간단히 살펴보도록 하자.

기능 토글

기능 토글은 구현을 완료해서 릴리스하기 전에 미리 기능 테스트를 해볼 수 있도록 여러 개의 소스 코드 브랜치를 유지하는 기법이다. 즉 어떤 기능을 일반 사용자에게는 보여주지 않고, 테스트를 진행하는 개발자에게만 활성화시키는 기법이다. 기본적으로 기능 토글은 조건문과 변수를 활용한다.

가장 단순한 형태의 기능 토글은 if문에서 플래그를 사용한다. 기능 브랜치로 개발하는 것과 다르게 기능 토글은 다음과 같이 개발이 진행된다.

1. 새로운 기능을 개발한다.

2. 새로운 플래그나 구성 변수(예: feature_toggle)를 정의한다.

3. 이 기능과 관련된 모든 코드에 다음과 같은 if문을 추가한다. (feature 브랜치로 커밋하는 것이 아니다.)

   ```
   if (feature_toggle) {
       // 실행 코드
   }
   ```

4. 기능 개발 중에는 다음과 같이 처리한다.

   - 코딩 중에는 마스터 브랜치에서 feature_toggle = true로 설정하고 작업한다. (feature 브랜치에서 코딩하는 것이 아니다.)

- 릴리스를 할 때는 마스터 브랜치에서 `feature_toggle = false`로 설정한다.

5. 기능 개발이 완료되면 모든 `if`문과 `feature_toggle`을 구성에서 제거한다. (feature 브랜치를 마스터에 머지한 후 feature 브랜치를 삭제하는 방식이 아니다.)

기능 토글의 이점은 모든 개발이 트렁크에서 진행되기 때문에 지속적 통합이 가능하고 코드 통합 시 발생하는 충돌 문제도 완화시킬 수 있다는 것이다.

젠킨스 멀티-브랜치

어떤 방식을 선택할지 여부와 관계없이 일단 브랜치를 사용하기로 결정했다면 코드를 마스터에 통합하기 전에 코드의 정상 상태 여부를 알고 있어야 한다. 이를 위해 지금부터는 젠킨스에서 쉽게 적용할 수 있고, 항상 메인 코드 베이스를 정상 상태로 유지할 수 있는 방법을 설명한다.

계산기 프로젝트에 멀티-브랜치를 적용하려면 다음 단계를 따라한다.

1. 젠킨스 메인 페이지를 연다.

2. **New Item**을 클릭한다.

3. 아이템 이름으로 `calculator-branches`를 입력하고 Multibranch Pipeline을 선택한 후 **OK**를 클릭한다.

4. Branch Sources 섹션에서 **Add source**를 클릭하고 Git을 선택한다.

5. Project Repository 항목에 리포지터리 주소를 입력한다.

6. Scan Multibranch Pipeline Triggers 섹션에서 Periodically if not otherwise run을 체크하고 Interval은 1minute으로 설정한다.

7. **Save** 버튼을 클릭한다.

이 구성은 1분마다 추가 (또는 삭제)된 브랜치가 있는지와 `Jenkinsfile`에서 정의한 전용 파이프라인을 생성 (또는 삭제)했는지 여부를 확인한다.

그러면 새로운 브랜치를 직접 생성해서 동작을 확인해 보자. feature라는 이름의 브랜 치를 생성하고, 리포지터리로 푸시한다.

```
$ git checkout -b feature
$ git push origin feature
```

잠시 후 새로운 브랜치 파이프라인이 자동으로 생성되고 실행되는 것을 볼 수 있다.

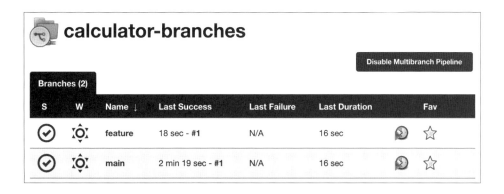

이제 기능 브랜치를 마스터에 통합하기 전에 정상 빌드를 의미하는 녹색등이 들어왔는지 확인할 수 있다. 이 방식을 사용하면 마스터 빌드가 깨지지 않도록 유지할 수 있다.

이와 비슷하게 브랜치별 파이프라인이 아니라 풀리퀘스트별로 빌드하는 방법도 있다. 이 경우에도 동일하게 메인 코드 베이스는 항상 정상적으로 유지된다.

비기술 요구 사항

마지막으로 다룰 중요한 내용은 지속적 통합이 기술에 대한 것만은 아니라는 사실이다. 기술은 오히려 우선순위에 있어 두 번째다. 제임스 쇼어는 그의 글 "하루 만에 1달러로 구축하는 지속적 통합"에서 기술이나 소프트웨어를 전혀 사용하지 않고도 지속적 통합 프로세스를 구축하는 방법을 설명했다. 그가 사용한 방법은 종과 장난감 러버 치킨이었다. 방법은 다음과 같다. 모든 팀원이 같은 사무실에서 일하는 경우 여분의 빈자리에 컴퓨터를 설치해 두고, 그 앞에다가 러버 치킨과 종을 둔다. 코드 체크인을 하려는 개발자는 우선 러버 치킨을 자기 자리로 가져온 후 코드를 체크인한다. 그리고 다시 빈자리의 컴퓨터로 가서 코드를 체크아웃하고 전체 테스트를 수행한다. 만약 문제 없이 빌드가 잘 된다면 다시 러버 치킨을 제자리로 가져다 두고 종을 울려서 사무실에 있는 모든 사람들에게 리포지터리에 코드 변경이 있다는 사실을 알리는 것이다.

INFO

제임스 쇼어의 "하루 만에 1달러로 구축하는 지속적 통합"은 다음 주소를 참고한다.

http://www.jamesshore.com/v2/blog/2006/continuous-integration-on-a-dollar-a-day

이 아이디어는 조금 과장되게 단순화된 사례일 뿐이며, 자동화 도구가 확실히 도움이 되는 것은 사실이다. 그러나 앞의 사례가 주는 핵심 교훈은 팀원들의 참여가 없다면 아무리 최고의 도구가 있어도 무용지물이라는 것이다. 제즈 험블은 그의 책에서 지속적 통합의 전제 조건으로 다음과 같은 것을 언급했다.

- **정기적으로 점검할 것**: 마이크 로버트의 말을 인용하자면 '지속적'이란 용어의 의미는 통상적인 생각보다 더 자주를 의미한다. 즉 적어도 하루에 한 번 이상을 말한다.

- **포괄적인 단위 테스트를 생성할 것**: 이는 단지 테스트 커버리지를 높이라는 의미만은 아니다. 코드에 assertion 키워드를 추가하지 않고도 100% 커버리지를 유지할 수 있다.

- **기민한 프로세스를 유지할 것**: 지속적 통합은 5분 이내의 짧은 시간에 완료돼야 한다. 10분도 너무 길다고 할 수 있다.

- **빌드를 모니터링할 것**: 이 역할은 공동으로 할 수 있고, 한 주에 한 명씩 빌드 마스터 역할을 맡는 방식도 있다.

⁙▷ 요약

4장에서는 지속적 인도의 첫 번째 단계인 지속적 통합 파이프라인에 대해 알아봤다. 그 중 핵심 내용을 요약하면 다음과 같다.

- 파이프라인은 자동화 프로세스를 구축하는 일반적인 방법을 제공한다. 그러나 지속적 통합과 인도 프로세스에서 가장 많이 사용된다.

- 젠킨스에서 파이프라인을 정의하는 방법은 다양하지만 대부분의 경우 선언형 구문을 권장한다.

- 커밋 파이프라인은 지속적 통합 프로세스 중 가장 기본이며, 이름에서 알 수 있듯이 리포지터리에 코드가 커밋될 때마다 빌드가 실행된다.

- 파이프라인은 Jenkinsfile 파일에 작성하며, 이 파일은 코드 리포지터리에 저장해야 한다.

- 커밋 파이프라인에 코드-품질 스테이지를 추가해 확장할 수 있다.

- 어떤 프로젝트 빌드 도구를 사용하든 젠킨스 명령어와 로컬 개발 명령어는 항상 일관돼야 한다.

- 젠킨스는 광범위한 트리거와 알림을 제공한다.

- 팀이나 회사는 개발 워크플로우가 지속적 통합 프로세스에 영향을 주고, 코드 개발 방식도 결정한다는 것을 충분히 고려하면서 선택해야 한다.

5장에서는 지속적 인도 프로세스의 다음 단계로 '자동 인수 테스트'를 알아본다. 이는 대부분의 프로젝트에서 가장 중요한 단계이자 동시에 가장 구현이 어려운 단계다. 또한 인수 테스트의 개념을 알아보고, 도커를 사용해 샘플도 작성해 본다.

⁂ 연습 문제

4장에서 배운 지속적 통합 프로세스를 구성하는 방법을 확실히 알 수 있도록 다음 연습 문제를 풀어보자.

1. 명령행 인자로 두 개의 숫자를 전달하고, 이를 곱하는 파이썬 프로그램을 작성한다. 단위 테스트를 추가하고, 깃허브의 프로젝트로 발행한다.

    1. 파일은 두 개를 생성한다. 파일명은 calculator.py와 test_calculator.py로 한다.

2. https://docs.python.org/3/library/unittest.html에서 제공하는 unittest 라이브러리를 사용한다.

3. 프로그램과 단위 테스트를 실행한다.

2. 파이썬 계산기 프로젝트용 지속적 통합 파이프라인을 빌드한다.

1. Jenkinsfile을 사용해 파이프라인을 지정한다.

2. 리포지터리에 커밋이 발생하면 자동으로 파이프라인이 실행되도록 트리거를 구성한다.

3. 파이썬은 인터프리터 언어이므로 이 파이프라인에서 Compile 스텝은 필요하지 않다.

4. 파이프라인을 실행하고, 결과를 확인한다.

5. 파이프라인의 각 스테이지를 중단시키는 코드를 작성하고, 이를 젠킨스에서 어떻게 시각화하는지를 확인한다.

⸬▷ 질문

4장 복습을 위해 다음 질문에 답해보자.

1. 파이프라인이란 무엇인가?

2. 파이프라인에서 스테이지와 스텝의 차이점은 무엇인가?

3. 젠킨스 파이프라인에서 post 섹션은 무엇인가?

4. 커밋 파이프라인에서 가장 기초가 되는 3개의 스테이지는 무엇인가?

5. Jenkinsfile이란 무엇인가?

6. 코드 커버리지 스테이지의 목적은 무엇인가?

7. 외부 트리거와 폴링 SCM 트리거의 차이점은 무엇인가?

8. 젠킨스 알림 중 가장 많이 사용되는 세 가지는 무엇인가?

9. 개발 워크플로우 중 가장 많이 사용되는 세 가지는 무엇인가?

10. 기능 토글이란 무엇인가?

⁖ 더 읽을거리

지속적 통합에 대해서 더 알고 싶다면 다음 자료를 참고한다.

- 제즈 험블, 데이비드 팔리의 Continuous Delivery: https://continuousdelivery.com/

- 앤드루 글로버, 스티브 마티아스, 폴 듀발의 『지속적인 통합』(위키북스, 2008)

05

자동 인수 테스트

앞에서는 지속적 인도 프로세스 중 커밋 단계까지 구성을 했다. 지금부터는 가장 어려운 단계라고 여겨지는 인수 테스트에 대해 알아본다. 파이프라인을 순차적으로 확장하는 과정을 통해 제대로 실행되는 인수 테스트의 자동화가 무엇인지를 알게 될 것이다.

5장에서 다룰 내용은 다음과 같다.

- 인수 테스트 소개
- 도커 레지스트리
- 젠킨스 파이프라인에서의 인수 테스트
- 인수 테스트 작성하기

⠿ 기술 요구 사항

5장을 진행하려면 다음과 같은 환경이 필요하다.

- 도커

- 젠킨스

- 자바 JDK 8+

5장의 예제 코드는 다음 깃허브 주소에서 다운로드할 수 있다.

https://github.com/AcornPublishing/docker-jenkins

⠿ 인수 테스트 소개

인수 테스트는 요구 사항대로 기능이 구현됐는지를 확인하는 과정이다. 이 테스트에는 전체 시스템을 사용자 관점에서 시험하는 블랙박스 테스트가 포함되는데 테스트를 통과해야 비로소 소프트웨어를 인도할 수 있는 상태가 된다. 때로는 **사용자 인수 테스트**[UAT], 최종 사용자 테스트, 베타 테스트라고도 부르며, 소프트웨어가 실제 사용자를 만나게 되는 개발 단계 중 하나다.

많은 프로젝트에서 **기능 및 비기능 요구 사항**을 검증하는 작업을 QA 담당자나 사용자의 수작업에 의존하고 있는 상황인데 이런 작업들은 프로그램을 이용해서 자동화하는 것이 더 합리적이다.

그러나 사용자 인수 테스트를 자동화하는 것은 다음과 같은 특징 때문에 어려운 작업이다.

- **사용자 참여**: 실사용자와 함께 테스트를 작성해야 하며, 기술적 측면과 비기술적 측면이라는 두 가지 상이한 영역을 모두 고려해야 한다.

196

- **의존성 통합**: 시스템이 전체적으로 잘 동작하는지를 확인해야 하므로 테스트할 애플리케이션은 모든 의존성을 포함해 실행돼야 한다.

- **스테이징 환경**: 기능·비기능 테스트를 확실히 수행하려면 스테이징(테스트) 환경은 프로덕션 환경과 동일해야 한다.

- **애플리케이션 동일성**: 애플리케이션은 한 번만 빌드해야 하고 프로덕션에서도 동일한 바이너리를 사용해야 한다. 이는 실행 환경들이 서로 달라서 발생하는 문제를 제거한다.

- **릴리스 준비**: 애플리케이션이 인수 테스트를 통과하면 사용자에게 바로 제공할 수 있도록 릴리스 준비가 돼야 한다.

앞에서 언급한 문제에 대해서는 5장을 설명하며 하나씩 다뤄볼 예정이다. 참고로 애플리케이션 동일성 문제는 한 개의 도커 이미지를 생성하고, 도커 레지스트리에서 저장 및 관리하면 해결할 수 있다. 사용자가 참여해 테스트를 작성하는 것은 '인수 테스트 작성하기' 항목에서 설명한다. 스테이징 환경의 동일성 문제는 도커 툴 자체로 해결이 가능하며, 6장에서 다루는 다른 도구들로도 개선할 수 있다.

INFO

> 인수 테스트가 상황에 따라 다르게 이해되기도 한다. 이 책에서의 인수 테스트는 성능이나 부하, 복구와 같은 비기능 요구 사항을 제외한 사용자 관점에서의 전체 통합 테스트를 의미한다.

이제까지 인수 테스트의 목표와 개념에 대해 알아봤다. 지금부터는 첫 번째 항목인 **도커 레지스트리**를 알아보자.

도커 레지스트리

도커 레지스트리는 도커 이미지 저장소라 할 수 있다. 좀 더 정확하게 말하면 도커 이미지를 발행하거나(푸시) 가져올 수 있는(풀) 스테이트리스stateless 서버 애플리케이션이다. 앞에서 다룬 hello-world 같은 공식 도커 이미지를 실행할 때 도커 허브에서 이미지를 가져왔는데 이는 클라우드 기반의 공식 도커 레지스트리였다. 보통은 별도의 서버를 마련해 소프트웨어 패키지를 저장하고 불러오거나 검색하는데 이를 소프트웨어 리포지터리 또는 아티팩트(산출물) 리포지터리라고 부른다. 이에 대해서 좀 더 알아보자.

아티팩트 리포지터리

소스 코드를 저장할 때 소스 코드 리포지터리를 사용하듯이 아티팩트 리포지터리는 컴파일된 라이브러리나 컴포넌트 같은 소프트웨어 바이너리 산출물을 저장해 나중에 완전한 애플리케이션을 빌드할 때 활용한다. 그렇다면 왜 바이너리 산출물을 별도의 서버에 별도의 도구를 사용해서 저장해야 할까? 그 이유는 다음과 같다.

- **파일 크기**: 산출물은 파일 크기가 크기 때문에 업로드/다운로드에 최적화된 시스템이 필요하다.

- **버전 관리**: 업로드된 산출물들을 편리하게 검색, 활용하려면 버전 관리가 필요하다. 그러나 모든 산출물을 무조건 관리하는 것은 아니다. 예를 들어 버그가 있는 버전이 발견되면 관련된 산출물을 삭제할 수도 있다.

- **리비전 매핑**: 각 산출물은 소스 관리 도구 내의 한 개의 리비전과 정확히 매핑돼야 하며, 바이너리는 반복적으로 생성될 수 있어야 한다.

- **패키징**: 산출물은 컴파일돼 압축된 형식으로 저장된다. 그러므로 시간이 걸리는 작업을 반복할 필요가 없다.

- **접근 제어**: 소스 코드에 접근할 수 있는 사용자와 바이너리에 접근할 수 있는 사용자를 다르게 구성할 수 있다.

- **고객 편의**: 팀이나 회사 외부에 있는 고객도 아티팩트 리포지터리에 접근할 수 있으므로 공개 API를 통해 라이브러리를 활용할 수 있다.

- **사용 편의**: 아티팩트 바이너리는 모든 환경에서 정확히 동일한 빌드 버전을 배포할 수 있으므로 문제 발생 시 쉽게 롤백 절차를 진행할 수 있다.

아티팩트 리포지터리는 파이프라인의 모든 단계에서 동일한 바이너리가 사용되는 것을 보장하므로 지속적 인도 프로세스에서 매우 중요한 역할을 한다.

다음 그림을 통해 아티팩트 리포지터리의 동작 방식을 살펴보자.

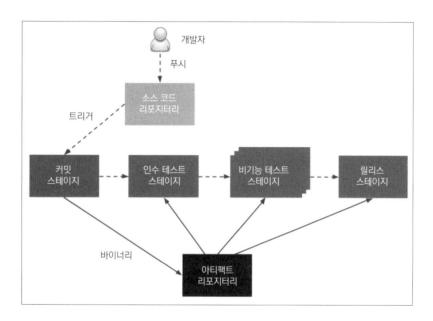

개발자가 변경 사항을 **소스 코드 리포지터리**로 푸시하면 파이프라인 빌드가 시작된다. **커밋 스테이지**의 마지막 단계에서 생성된 바이너리는 **아티팩트 리포지터리**에 저장된다. 이후 인도 프로세스의 모든 단계에서 동일한 바이너리를 가져와서 사용한다.

프로그래밍 언어와 기술에 따라 바이너리 형식이 달라진다. 예를 들어 자바의 경우에는 JAR 파일이 저장되고, 루비의 경우에는 gem 파일이 저장된다. 여기서는 도커로 작업을 하기 때문에 도커 이미지가 산출물이며, 도커 이미지는 **도커 레지스트리**에 저장한다.

도커 레지스트리 설치하기

우선 도커 레지스트리를 설치해 보자. 여러 가지 옵션을 사용할 수 있지만 그중에서 많이 사용되는 클라우드 방식 도커 레지스트리와 자체 호스팅 방식 도커 레지스트리에 대해서 알아보자.

클라우드 방식 도커 레지스트리

클라우드 방식의 서비스는 직접 설치하거나 유지관리할 필요가 없다는 것이 장점이고, 선택할 수 있는 서비스의 개수도 매우 많다. 이 책에서는 그중 가장 대표적인 서비스인 도커 허브를 기준으로 설명한다.

도커 허브

도커 허브는 클라우드 방식 서비스로 도커 레지스트리를 제공할 뿐만 아니라 이미지 빌드 및 테스트, 코드 리포지터리에서 직접 코드 가져오기 등의 기능을 추가로 제공한다. 도커 허브는 클라우드에서 호스팅되는 방식이라 별도의 설치 과정이 필요 없다. 단지 도커 허브 계정을 생성하기만 하면 된다.

1. 브라우저에서 https://hub.docker.com/에 접속한다.

2. 회원 가입으로 들어가 패스워드, 이메일 주소, 도커 아이디를 입력한다.

3. 이메일을 수신한 후 활성화 링크를 클릭하면 계정을 사용할 수 있다.

도커 허브로 시작하는 것이 확실히 간단하긴 하다. 또한 공용 이미지 외에 개인용 이미지도 저장할 수 있다.

도커 허브 대체 서비스

도커 허브와 같은 기능을 제공하는 클라우드 서비스들이 많다. 그중에서도 자체 도커 레지스트리를 제공하는 주요한 3개의 플랫폼은 다음과 같다.

- 아마존 엘라스틱 컨테이너 레지스트리[ECR]
- 구글 아티팩트 레지스트리
- 마이크로소프트 애저 컨테이너 레지스트리

이 외에도 많이 사용되는 솔루션은 다음과 같다.

- 키[Quay] 컨테이너 레지스트리
- 제이프로그[JFrog] 아티팩토리
- 깃랩[GitLab] 컨테이너 레지스트리

지금까지 소개한 레지스트리는 모두 같은 도커 레지스트리 프로토콜을 사용한다. 가장 좋은 점은 독자가 어떤 서비스를 선택하더라도 모두 동일한 명령을 사용한다는 사실이다.

자체 호스팅 방식 도커 레지스트리

도커 허브를 사용할 수 없는 경우도 있다. 기업 고객이 도커 허브를 사용할 때는 무료가 아니라는 이유도 있지만 더 큰 이유는 많은 회사들이 사내 네트워크가 아닌 외부에 소프트웨어를 보관하는 것을 금지하는 정책을 갖고 있기 때문이다. 이 경우 선택할 수 있는 유일한 방법은 사체 호스팅 방식 노커 레지스트리를 설치하는 것이다.

도커 레지스트리는 쉽고 빠르게 설치할 수 있지만 여러 명의 사용자가 안전하게 사용하려면 접근 제어 및 도메인 인증서를 설정해야 한다. 그러면 편의상 이 설정 방법을 다음과 같이 3개의 파트로 나누고 하나씩 자세히 알아보자.

- 도커 레지스트리 애플리케이션 설치

- 도메인 인증서 추가하기

- 접속 제한 추가하기

도커 레지스트리 애플리케이션 설치

도커 레지스트리는 도커 이미지로 제공된다. 시작하려면 다음 명령을 입력한다.

```
$ docker run -d -p 5000:5000 --restart=always --name registry registry:2
```

TIP

> 기본적으로 레지스트리 데이터는 호스트의 기본 파일 시스템 내 디렉터리에 데이터 볼륨으로 저장된다. 그러나 저장 위치를 변경하고 싶다면 -v 〈호스트_디렉터리〉:/var/lib/registry 옵션을 사용한다. 그 외에도 볼륨 컨테이너를 사용하는 방법이 있다.

이 명령을 실행하면 레지스트리가 시작되며 5000번 포트로 접속할 수 있다. Registry 컨테이너는 레지스트리 이미지(버전 2)에서 실행된다. --restart=always 옵션은 컨테이너가 다운될 때마다 자동으로 다시 시작되도록 한다.

TIP

> 사용자가 상당히 많은 경우에는 로드 밸런서를 설치하고 여러 개의 도커 레지스트리 컨테이너를 시작하는 것도 고려해야 한다. 이때 컨테이너들이 저장소를 공유하고 동기화되도록 설정할 필요가 있다.

도메인 인증서 추가하기

레지스트리를 로컬 호스트에서 실행한다면 추가 설정을 하지 않아도 동작에 전혀 문제가 없다. 그러나 대부분의 경우는 별도의 전용 서버에서 레지스트리를 운영해 다수의 사용자가 이미지를 이용하길 바란다. 이 경우 도커에서는 레지스트리 보안을 위해 SSL/TLS를 사용한다. 이는 퍼블릭 웹 서버를 구성하는 것과 매우 비슷하며 인증서는 가급적 인증 기관[CA]에서 서명한 인증서를 이용하도록 한다. 그러나 CA 인증서를 이용할 수 없다면 자체 인증서를 이용하거나 --insecure-registry 플래그를 사용할 수도 있다.

어떤 방식으로든 인증서를 준비했다면 domain.crt와 domain.key를 **certs** 디렉터리로 이동시킨 후 레지스트리를 시작한다.

```
$ docker run -d -p 443:443 --restart=always --name registry -v
 'pwd'/certs:/certs -e REGISTRY_HTTP_ADDR=0.0.0.0:443 -e
REGISTRY_HTTP_TLS_CERTIFICATE=/certs/domain.crt -e
 REGISTRY_HTTP_TLS_KEY=/certs/domain.key registry:2
```

--insecure-registry 플래그를 사용하면 인증서 검증을 제대로 수행하지 않으므로 이 방식은 추천하지 않는다.

접속 제한 추가하기

앞서 언급했듯이 완벽히 사설 네트워크에서 운영되는 레지스트리가 아니라면 인증을 구성해야 한다. 가장 단순한 인증 방법은 registry 이미지의 htpasswd 도구를 이용해 사용자와 비밀번호를 추가하는 것이다.

```
$ mkdir auth
$ docker run --entrypoint htpasswd registry:2 -Bbn <사용자이름> <비밀번호>
  auth/passwords
```

이 명령은 htpasswd 도구를 실행해 (한 명의 사용자가 추가된) auth/passwords 파일을 생성한다. 그런 다음 추가된 사용자가 접속하게 될 레지스트리를 실행한다.

```
$ docker run -d -p 443:443 --restart=always --name registry -v
'pwd'/auth:/auth -e "REGISTRY_AUTH=htpasswd" -e
"REGISTRY_AUTH_HTPASSWD_REALM=Registry Realm" -e
REGISTRY_AUTH_HTPASSWD_PATH=/auth/passwords -v 'pwd'/certs:/certs -e
HTTP_ADDR=0.0.0.0:443 -e REGISTRY_HTTP_TLS_CERTIFICATE=/certs/domain.crt -e
REGISTRY_HTTP_TLS_KEY=/certs/domain.key registry:2
```

이 명령은 인증서를 설정할 뿐만 아니라 auth/passwords 파일 내에 지정한 사용자 외에는 접속할 수 없도록 제한한다.

그러므로 클라이언트 측에서 레지스트리에 접속하기 전에 사용자 이름과 비밀번호를 설정해 둬야 한다.

> **INFO**
>
> ―insecure―registry 플래그를 사용한 경우에는 접속 제한 기능이 동작하지 않는다.

도커 레지스트리 사용하기

레지스트리 구성이 끝났다면 이제 다음 세 가지 스테이지를 구성해 보자.

- 이미지 빌드하기

- 레지스트리로 이미지 푸시하기[push]

- 레지스트리에서 이미지 가져오기[pull]

이미지 빌드하기

'2장, 도커 소개'에서 예로 들었던 우분투와 파이썬 인터프리터가 설치된 이미지를 빌드해 보자. 일단 새로운 디렉터리에서 도커파일을 생성한다.

```
FROM ubuntu:20.04
RUN apt-get update && \
    apt-get install -y python
```

이제 다음 명령어로 이미지를 빌드한다.

```
$ docker build -t ubuntu_with_python .
```

레지스트리로 이미지 푸시하기

생성된 이미지를 푸시하려면 명명 규칙에 따라 태그를 붙여야 한다.

```
<레지스트리_주소>/<이미지_이름>:<태그>
```

〈레지스트리_주소〉로 사용하는 값은 다음 중 하나여야 한다.

- 도커 허브의 경우: 사용자 이름

- 사설 레지스트리의 경우: 도메인 네임이나 IP 주소에 포트 번호를 추가한 값(예:
  localhost:5000)

> **INFO**
>
> 대부분의 경우 〈태그〉는 'image/〈애플리케이션 버전〉'의 형식을 사용한다.

도커 허브에서 사용할 수 있도록 이미지에 태그를 붙여보자.

```
$ docker tag ubuntu_with_python leszko/ubuntu_with_python:1
```

독자가 실습할 때는 leszko 대신 자신의 도커 허브 계정을 사용해야 한다.

> **TIP**
>
> 다음과 같이 build 명령어로 태그를 붙일 수도 있다.
>
> $ docker build −t leszko/ubuntu_with_python:1

리포지터리에 접속 제한을 설정한 경우에는 우선 권한 인증부터 해야 한다.

```
$ docker login --username <사용자이름> --password <비밀번호>
```

INFO

도커 허브 외에 도커 레지스트리를 사용하는 경우에는 login 명령에 URL도 추가해야 한다. 예: docker login quay.io

이제 push 명령을 사용해서 레지스트리로 이미지를 저장할 수 있다.

```
$ docker push leszko/ubuntu_with_python:1
```

도커에서는 이미지 명명 규칙에 따라 이름에 레지스트리 주소가 들어가므로 별도로 주소를 지정할 필요는 없다. 일단 이미지가 저장됐다면 도커 허브 웹 인터페이스로 저장 여부를 확인할 수 있다. 주소는 https://hub.docker.com이다.

레지스트리에서 이미지 가져오기

레지스트리 동작 방식을 알아보려면 로컬에 저장된 이미지를 삭제하고 레지스트리에서 가져오도록 하자.

```
$ docker rmi ubuntu_with_python leszko/ubuntu_with_python:1
```

이미지가 제대로 삭제됐는지 docker images 명령어로 확인해 보자. 그리고 다음 명령으로 레지스트리에서 이미지를 다시 가져와 보자.

```
$ docker pull leszko/ubuntu_with_python:1
```

TIP

도커 허브 무료 사용자라면 docker pull 명령을 내리기 전에 ubuntu_with_python 리포지터리를 공개 (Public) 상태로 변경해 두어야 한다.

이제 docker images 명령으로 이미지를 제대로 불러왔는지 확인해 보자.

지금까지 레지스트리의 구성과 동작 방식에 대해 알아봤다. 계속해서 지속적 인도 파이프라인에서 인수 테스트 스테이지를 작성해 보자.

⸫ 젠킨스 파이프라인에서의 인수 테스트

이미 인수 테스트의 개념을 이해했고 도커 레지스트리의 구성 방법도 배웠으니 지금부터는 젠킨스 파이프라인 내에서 직접 구현을 해보자.

적용할 프로세스는 다음 그림과 같다.

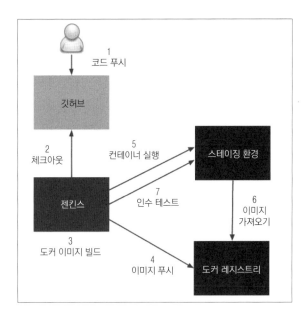

프로세스를 순서대로 설명하면 다음과 같다.

1. 개발자가 변경한 코드를 깃허브로 푸시한다.

2. 젠킨스는 변경을 감지하고 빌드를 시작해 현재 코드를 점검한다.

3. 젠킨스는 커밋 단계를 실행하고 도커 이미지를 빌드한다.

4. 젠킨스는 이미지를 도커 **레지스트리**로 푸시한다.

5. 젠킨스는 스테이징 환경에서 도커 컨테이너를 실행한다.

6. 스테이징 환경의 도커 호스트는 도커 레지스트리에서 이미지를 가져온다.

7. 젠킨스는 스테이징 환경에서 실행 중인 애플리케이션에 대해 인수 테스트를 실행한다.

'4장, 지속적 통합 파이프라인'에서 만든 파이프라인으로 시작해 보자. 다음 3개의 스테이지를 추가할 것이다.

- 도커 빌드Docker build 스테이지

- 도커 푸시Docker push 스테이지

- 인수 테스트Acceptance test 스테이지

도커 이미지를 빌드하려면 도커를 실행할 기기(에이전트 또는 에이전트 구성을 하지 않는 경우라면 마스터)에 도커 툴이 설치돼 있어야 한다.

도커 빌드 스테이지

도커 컨테이너로 계산기 프로젝트를 실행해 보자. 이를 위해 도커파일을 생성하고, 젠킨스파일에 Docker build 스테이지를 추가한다.

도커파일 추가하기

계산기 프로젝트의 루트 디렉터리에 도커파일을 생성한다.

```
FROM openjdk:11-jre
COPY build/libs/calculator-0.0.1-SNAPSHOT.jar  app.jar
ENTRYPOINT ["java", "-jar", "app.jar"]
```

INFO

> 앞의 명령을 보면 그레들의 기본 빌드 디렉터리는 build/libs/이고, calculator-0.0.1-SNAPSHOT.jar는
> JAR 파일로 패키징된 애플리케이션이다. 또한 그레들은 메이븐-스타일의 버전 0.0.1-SNAPSHOT으로 애플리케이션의 버전을 자동으로 변경했다.

도커파일은 JRE 11(openjdk:11-jre)이 포함된 베이스 이미지를 사용한다. 또한 (그레들이 생성한) 애플리케이션 JAR 파일을 복사하고 실행한다. 이제 애플리케이션이 빌드 및 실행되는지를 확인해 보자.

```
$ ./gradlew build
$ docker build -t calculator .
$ docker run -p 8080:8080 --name calculator calculator
```

위의 명령을 사용해 애플리케이션을 빌드하고 도커 이미지를 만든 후 도커 컨테이너를 실행했다. 잠시 후 브라우저를 열어 http://localhost:8080/sum?a=1&b=2를 입력하고 3이라는 결과가 나오는지 확인하자.

이제 컨테이너를 중지하고, 다음과 같이 도커파일을 깃허브 리포지터리로 푸시하자.

```
$ git add Dockerfile
$ git commit -m "Add Dockerfile"
$ git push
```

도커 빌드를 파이프라인에 추가하기

마지막 단계는 젠킨스파일에 Docker build 스테이지를 추가하는 것이다. 또한 JAR 패키징도 별도의 Package 스테이지로 선언하는 것이 일반적이다.

```
stage("Package") {
    steps {
        sh "./gradlew build"
    }
}

stage("Docker build") {
    steps {
        sh "docker build -t leszko/calculator ."
    }
}
```

이미지 태그에서 도커 레지스트리 이름을 이미 사용했기 때문에 calculator와 leszko/
calculator로 두 번 태그할 필요가 없다.

젠킨스파일을 커밋하고 푸시했다면 파이프라인 빌드가 자동으로 시작될 것이고, 곧 모
든 박스가 녹색으로 표시되는 것을 볼 수 있다. 이는 도커 이미지 빌드 작업이 성공했다
는 것을 뜻한다.

도커 푸시 스테이지

이미지가 준비되면 레지스트리에 저장할 수 있다. Docker push 스테이지는 매우 간단하
다. Jenkinsfile에 다음 코드를 추가하면 끝이다.

```
stage("Docker push") {
    steps {
        sh "docker push leszko/calculator"
    }
}
```

변경 사항을 깃허브 리포지터리로 푸시하면 젠킨스가 빌드를 시작하고, 작업이 끝나면 레지스트리에 이미지가 자동으로 저장된다.

인수 테스트 스테이지

인수 테스트는 애플리케이션을 스테이징 환경에 배포한 이후에 실행해야 한다.

스테이징 배포를 파이프라인에 추가하기

calculator 컨테이너를 실행하는 스테이지를 추가한다.

```
stage("Deploy to staging") {
    steps {
        sh "docker run -d --rm -p 8765:8080 --name calculator
        leszko/calculator"
    }
}
```

이 스테이지를 실행한 후 calculator 컨테이너는 8765 포트를 리스닝하는 데몬으로 실행되며, 실행이 중단되면 자동으로 삭제된다.

인수 테스트를 파이프라인에 추가하기

인수 테스트는 일반적으로 시스템의 동작을 점검하는 용도의 블랙박스 테스트를 실행해야 한다. 이에 대해서는 '인수 테스트 작성하기'에서 다룬다. 간단한 진행을 위해 curl 도구로 웹 서비스의 엔드포인트를 호출하고, 나온 결과를 test 명령어로 결과를 확인하는 방식으로 인수 테스트를 실행해 보자.

프로젝트의 루트 디렉터리에서 다음 내용이 들어간 acceptance_test.sh 파일을 생성한다.

```bash
#!/bin/bash
test $(curl localhost:8765/sum?a=1\&b=2) -eq 3
```

a=1과 b=2라는 파라미터를 갖는 sum 엔드포인트를 호출하면 3값이 나와야 한다.

그런 다음 Acceptance test 스테이지를 다음과 같이 작성한다.

```
stage("Acceptance test") {
    steps {
        sleep 60
        sh "chmod +x acceptance_test.sh && ./acceptance_test.sh"
    }
}
```

docker run -d 명령은 비동기 방식으로 실행되므로, sleep 명령을 사용해서 서비스가 확실히 실행될 때까지 기다려야 한다.

TIP

> 서비스가 이미 실행 중인지 여부를 알 수 있는 확실한 방법은 없다. sleep 명령을 쓰는 대신 매 초마다 서비스 시작 여부를 점검하는 스크립트를 사용할 수도 있다.

이상으로 파이프라인이 자동 인수 테스트를 수행하게 됐다. 이제 마지막 작업인 클린업 스테이지를 추가하도록 하자.

클린업 스테이지 추가하기

인수 테스트의 마지막 단계로 스테이징 환경을 정리하는 단계를 추가한다. 이 작업을 수행하기 가장 좋은 곳은 post 섹션이며, 이 섹션은 실사 빌드가 실패하더라도 반드시 실행되는 위치다.

```
post {
    always {
        sh "docker stop calculator"
    }
}
```

이 문장은 도커 호스트에서 calculator 컨테이너가 더 이상 실행되지 않도록 한다.

인수 테스트 작성하기

지금까지 curl 명령을 사용해 일련의 인수 테스트를 수행했다. curl 명령을 사용하면 테스트가 확실히 단순해진다. 기술적 측면만 보면 REST 웹 서비스를 작성한 경우 curl 호출 방식으로도 모든 블랙박스 테스트를 구성할 수 있다. 그러나 이런 방식의 솔루션은 읽고 이해하기가 어려우며, 유지보수에도 좋지 않다. 게다가 개발자가 아닌 사용자들은 내용을 전혀 이해할 수 없다. 그러면 어떻게 이 문제를 해결할 수 있을까? 사용자들이 쉽게 이해하고, 테스트 목표도 달성하는 훌륭한 구조의 테스트를 생성할 수 있을까? 지금부터는 이 질문에 대한 해답을 알아보자.

사용자-대면 테스트 작성하기

인수 테스트는 사용자와 함께 작성하고 사용사가 이해힐 수 있어야 한다. 그러므로 고객에 따라 다른 작성 방법을 선택해야 한다.

예를 들어 사용자가 개발자라고 가정해 보자. 개발자가 데이터베이스 스토리지를 최적화하는 웹 서비스를 개발하는데 이 서비스는 다른 시스템들에 의해 사용되고, 그 외 개발자들은 읽기 권한만 있는 서비스라면 이 테스트는 마치 단위 테스트처럼 작성해도 문제가 없을 것이다. 이는 원칙대로 개발자와 사용자가 모두 이해할 수 있는 좋은 사례라 할 수 있다.

그러나 실생활에서 사용되는 대부분의 소프트웨어는 특정한 목적(사업적 가치)을 제공하고자 개발되며, 그 목적은 개발자가 아닌 사업 담당자가 정의한다. 따라서 개발자와 사업 담당자가 협업을 하려면 공통의 언어가 필요할 것이다. 한쪽에는 사업의 필요를 알고 있으나 구현 방법을 모르는 사업 부서가 있고, 다른 쪽에는 구현 방법을 알고 있으나 사업의 필요를 모르는 개발 부서가 있다. 다행히도 이 두 분야를 연결해 주는 큐컴버, 피트니스, JBehave, Capybara와 같이 많은 프레임워크들이 있다. 이들은 각기 특장점이 있고, 다루는 분야도 조금씩 다르지만 인수 테스트 작성과 관련된 기본 개념은 동일하다. 이를 그림으로 표현하면 다음과 같다.

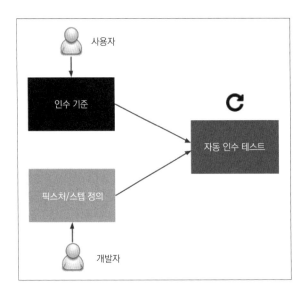

인수 기준은 개발자의 도움을 받아 사용자 (또는 사용자를 대표하는 프로덕트 오너)가 작성한다. 일반적으로 다음과 같은 시나리오 형태로 작성한다.

```
Given I have two numbers: 1 and 2
When the calculator sums them
Then I receive 3 as a result
```

214

개발자는 **픽스처** 또는 **스텝 정의**라고 부르는, 사용자 친화적인 **도메인 특화 언어**[DSL]와 프로그래밍 언어를 통합해서 테스트를 작성한다. 그 결과 지속적 인도 파이프라인과 쉽게 통합할 수 있는 자동 인수 테스트를 작성한다.

인수 테스트를 작성하는 것은 폭포수 개발 방식이 아니라 당연히 지속적 애자일 방식의 한 부분이다. 이 방식은 개발 부서 및 사업 부서가 함께 테스트 사양을 개선하고 유지해야 하는데 그 과정에서 끊임없는 상호 협력을 요구한다.

INFO

> 사용자 인터페이스를 제공하는 애플리케이션의 경우 (셀레늄 스크립트 레코딩 방식처럼) 이를 직접 이용해서 테스트를 하고 싶을 것이다. 그러나 이런 방식은 인터페이스 의존성이 높고, 수행 속도도 느리기 때문에 제대로 수행하기가 쉽지 않다.

그러면 이제 실제로 인수 테스트를 작성하는 방법과 이를 CD 파이프라인에 결합하는 방법을 알아보자.

인수 테스트 프레임워크 사용하기

큐컴버 프레임워크를 사용해 계산기 프로젝트에 대한 인수 테스트를 생성해 보자. 앞에서 언급했듯이 다음과 같이 세 단계가 필요하다.

1. 인수 기준 생성하기

2. 스텝 정의 생성하기

3. 자동 인수 테스트 실행하기

인수 기준 생성하기

`src/test/resources/feature/calculator.feature` 파일에 다음과 같이 비즈니스 사양을 적는다.

```
Feature: Calculator
  Scenario: Sum two numbers
    Given I have two numbers: 1 and 2
    When the calculator sums them
    Then I receive 3 as a result
```

이 파일은 개발자의 도움을 받아 사용자가 생성해야 한다. 비개발자도 이해할 수 있는 언어로 작성하도록 한다.

스텝 정의 생성하기

다음 단계는 기능 사양을 실행할 수 있는 자바 바인딩을 생성하는 것이다. 이를 위해 src/test/java/acceptance/StepDefinitions.java 파일을 생성한다.

```java
package acceptance;

import cucumber.api.java.en.Given;
import cucumber.api.java.en.Then;
import cucumber.api.java.en.When;
import org.springframework.web.client.RestTemplate;

import static org.junit.Assert.assertEquals;

/** 계산기 기능 구현용 스텝 정의 */
public class StepDefinitions {
    private String server = System.getProperty("calculator.url");

    private RestTemplate restTemplate = new RestTemplate();

    private String a;
    private String b;
    private String result;

    @Given("^I have two numbers: (.*) and (.*)$")
    public void i_have_two_numbers(String a, String b) throws Throwable {
        this.a = a;
        this.b = b;
    }

    @When("^the calculator sums them$")
```

216

```
    public void the_calculator_sums_them() throws Throwable {
        String url = String.format("%s/sum?a=%s&b=%s", server, a, b);
        result = restTemplate.getForObject(url, String.class);
    }

    @Then("^I receive (.*) as a result$")
    public void i_receive_as_a_result(String expectedResult) throws
Throwable {
        assertEquals(expectedResult, result);
    }
}
```

기능 스펙 파일의 각 줄(Given, When 그리고 Then)은 자바 코드 내의 해당 메서드를 갖는 정규 표현식과 쌍을 이룬다. 와일드카드(*)는 파라미터로 전달된다. 서버 주소는 자바 프로퍼티인 calculator.url로 전달된다. 메서드는 다음 액션들을 수행한다.

- i_have_two_numbers: 파라미터를 필드로 저장한다.

- the_calculator_sums_them: 원격 계산기 서비스를 호출하고 결과를 필드에 저장한다.

- i_receive_as_a_result: 결과가 기댓값과 일치하는지를 확인한다.

자동 인수 테스트 실행하기

자동 인수 테스트를 실행하려면 몇 가지 구성을 해야 한다.

1. 자바 큐컴버 라이브러리를 추가한다. build.gradle 파일에서 dependencies 섹션에 다음 코드를 추가한다.

```
testImplementation("io.cucumber:cucumber-java:7.2.0")
testImplementation("io.cucumber:cucumber-junit:7.2.0")
```

2. 그래들 target을 추가한다. 앞과 동일한 파일에 다음 코드를 추가한다.

```
task register('acceptanceTest', Test) {
    include '**/acceptance/**'
```

```
        systemProperties System.getProperties()
    }

    test {
        useJUnitPlatform()
        exclude '**/acceptance/**'
    }
```

이는 테스트를 유닛 테스트(./gradlew test로 실행)와 인수 테스트(./gradlew acceptanceTest로 실행)
로 분리한다.

3. Junit 테스트 러너를 추가한다. 즉, 다음과 같이 src/test/java/acceptance/
AcceptanceTest.java라는 새 파일을 추가한다. 여기가 인수 테스트의 진입점이다.

```
package acceptance;

import io.cucumber.junit.CucumberOptions;
import io.cucumber.junit.Cucumber;
import org.junit.runner.RunWith;

/** 인수 테스트  */
@RunWith(Cucumber.class)
@CucumberOptions(features = "classpath:feature")
public class AcceptanceTest { }
```

이렇게 구성한 후 서버가 로컬에서 실행 중이라면 다음 코드를 실행해서 테스트를 할
수 있다.

```
$ ./gradlew acceptanceTest -Dcalculator.url=http://localhost:8765
```

분명한 것은 acceptance_test.sh 대신 이 명령을 추가할 수도 있다는 것이다. 이제 젠킨
스 파이프라인에서 큐컴버 인수 테스트가 실행될 것이다.

인수 테스트-주도 개발

인수 테스트도 지속적 인도 프로세스의 다른 단계들처럼 기술보다는 사람이 중심이다.

테스트 품질은 사용자와 개발자의 참여에 달려 있다는 것이 명확하지만 테스트를 작성하는 시기가 언제여야 하는지는 결정하기가 쉽지 않다.

그러므로 5장의 마지막 질문은 바로 소프트웨어 개발 수명 주기 중 어느 단계에서 인수 테스트를 준비해야 하는가 여부다. 또는 다르게 표현하면 인수 테스트를 코딩 전에 작성할지, 아니면 코딩 후에 작성할지를 묻는 것이다.

기술적으로는 두 시기의 차이는 없다. 왜냐하면 어차피 단위 테스트나 인수 테스트에서 모두 검증되기 때문이다. 그렇지만 테스트를 먼저 작성하는 방식이 좀 더 매력적이긴 할 것이다. 특히 **테스트-주도 개발**^{TDD} 방식은 인수 테스트에 적합하다. 만약 단위 테스트를 코딩 전에 작성한다면 결과적으로 코드가 명확하고 구조적으로도 나을 것이다. 마찬가지로 인수 테스트도 시스템 기능 구현 전에 작성된다면 결과적으로 고객의 요구에 잘 맞는 기능이 될 것이다.

인수 테스트-주도 개발이라고 불리는 이 프로세스는 다음 그림과 같이 표현된다.

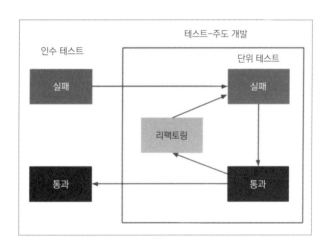

사용자(와 개발자)는 사용자 진화적인 DSL 형태로 인수 기준 사양을 작성한다. 개발자는 픽스처를 작성하며, 이때는 테스트를 통과하지 못한다. 이후에 TDD 방법을 사용해 내부 기능 개발을 시작한다. 그런 다음 기능 구현이 완료되고 인수 테스트를 통과하면 비로소 기능 구현이 완료된다.

꽤 괜찮은 방법 중 하나는 이슈 추적 도구(예: 지라)에서 발행하는 요청 티켓에 큐컴버 기능 사양을 첨부하는 것이다. 그러면 기능 구현 요구와 인수 테스트가 항상 동반되도록 할 수 있다. 일부 개발 팀들은 좀 더 강력한 방법을 쓰기도 하는데 바로 인수 테스트가 없으면 개발도 착수하지 않는 식이다. 이 방식은 나름 타당한 이유가 있다. 즉 고객이 테스트도 할 수 없는 기능을 개발할 수는 없기 때문이다.

⁝⁝ 요약

5장에서는 지속적 인도 프로세스의 핵심이라 할 수 있는 완벽히 동작하는 인수 테스트 스테이지를 작성하는 방법을 다뤘다. 5장의 핵심 내용은 다음과 같다.

- 인수 테스트를 작성하는 것은 쉽지 않은데 이는 기술적 문제(애플리케이션 의존성, 환경 설정)와 인간적 문제(개발 부서와 사업 부서 간 협업)가 결합된 것이기 때문이다.
- 인수 테스트 프레임워크는 비개발자도 이해할 수 있는 사용자 친화적인 언어로 테스트를 작성하도록 해준다.
- 도커 레지스트리는 도커 이미지용 아티팩트 리포지터리를 말한다.
- 도커 레지스트리는 여러 스테이지와 환경에서 정확히 동일한 도커 이미지를 제공하기 때문에 지속적 인도 프로세스에 잘 어울리는 도구다.

6장에서는 완벽한 지속적 인도 파이프라인을 생성하는 단계로써 클러스터링 및 서비스 의존성에 대해서 알아본다.

⁝⁝ 연습 문제

5장에서는 많은 내용을 다뤘다. 다음의 연습 문제를 풀고 배운 것을 확실히 하자.

1. 책 정보를 저장하는 루비-기반의 웹 서비스인 book-library를 만들어 본다.

인수 기준은 다음처럼 큐컴버 기능의 형태로 제공된다.

```
Scenario: Store book in the library
  Given Book "The Lord of the Rings" by "J.R.R. Tolkien"
with ISBN number "0395974682"
  When I store the book in library
  Then I am able to retrieve the book by the ISBN number
```

다음 순서대로 진행해보자.

1. 큐컴버 테스트용 스텝 정의를 작성한다.

2. 웹 서비스를 작성한다. 가장 쉬운 방법은 시나트라 프레임워크(http://www. sinatrarb.com/)를 사용하는 것이지만, 루비온레일즈를 사용할 수도 있다.

3. 책은 다음과 같은 속성을 제공해야 한다. name, author, ISBN(국제표준도서번호)

4. 웹 서비스에는 다음과 같은 엔드포인트가 있어야 한다.

   ○ POST/books – 책 정보 추가

   ○ GET/book/<isbn> – 책 정보 입수

5. 데이터는 메모리에 저장해도 된다.

6. 마지막으로 인수 테스트가 녹색인지 확인한다.

2. book-library를 도커 이미지로 도커 레지스트리에 추가해 본다.

   1. 도커 허브에 계정을 생성한다.

   2. 애플리케이션용 도커파일을 생성한다.

   3. 도커 이미지를 빌드하고, 명명 규칙에 따라 태그를 붙인다.

   4. 이미지를 도커 허브로 푸시한다.

3. 도커 이미지를 빌드하는 젠킨스 파이프라인을 생성하고, 도커 레지스트리로 푸시한 후 인수 테스트를 수행한다.

   1. Docker build 스테이지를 생성한다.

2. Docker login과 Docker push 스테이지를 생성한다.

3. 파이프라인에 Acceptance test 스테이지를 추가한다.

4. 파이프라인을 실행하고, 결과를 확인한다.

⫸ 질문

5장의 복습을 위해 다음 질문에 답해보자.

1. 도커 레지스트리란 무엇인가?

2. 도커 허브란 무엇인가?

3. (도커 레지스트리로 푸시하게 될) 도커 이미지의 이름을 짓는 명명 규칙은 무엇인가?

4. 스테이징 환경은 무엇인가?

5. 이미지를 빌드하고 도커 허브로 푸시할 때 사용하는 도커 명령은 무엇인가?

6. 큐컴버나 피트니스 같은 인수 테스트 프레임워크의 주요 목적은 무엇인가?

7. 큐컴버 테스트의 세 가지 주요 부분은 무엇인가?

8. 인수 테스트-주도 개발은 무엇인가?

⫸ 더 읽을거리

도커 레지스트리와 인수 테스트, 큐컴버에 대해서 더 알고 싶다면 다음 자료를 참고한다.

- **Docker Registry Documentation**: https://docs.docker.com/registry/

- 제즈 험블, 데이비드 팔리의 **Continuous Delivery**: https://continuousdelivery.com/

- **Cucumber Framework**: https://cucumber.io/

06

쿠버네티스로 하는 클러스터링

지금까지 인수 테스트 프로세스를 진행하는 데 필요한 기본 사항을 다뤘다. 6장에서는 한 대의 호스트에서 운영하던 도커 환경을 여러 대의 클러스터로 구성하는 방법과 단일 애플리케이션을 여러 개의 애플리케이션으로 구성된 시스템으로 변경하는 방법을 알아본다.

6장에서 다룰 내용은 다음과 같다.

- 서버 클러스터링
- 쿠버네티스 소개
- 쿠버네티스 설치
- 쿠버네티스의 고급 기능
- 애플리케이션 의존성
- 대체 클러스터 관리 시스템

∷ 기술 요구 사항

6장을 진행하려면 다음과 같은 하드웨어와 소프트웨어 환경이 필요하다.

- 최소 4GB의 램

- 최소 1GB의 여유 저장 공간

- 자바 JDK 8+

6장의 예제 코드는 다음 깃허브 주소에서 다운로드할 수 있다.

https://github.com/AcornPublishing/docker-jenkins

∷ 서버 클러스터링

5장까지의 예제에서는 각 기기를 독립적으로 다뤘다. 즉 지금까지는 localhost 도커 데 몬 서버에 접속해 작업을 했다. docker run 명령에서 -H 옵션을 사용해서 원격 도커의 주 소를 지정할 수도 있지만 이 역시 단일 도커 호스트 머신에 애플리케이션을 배포하는 것이었다. 그러나 실제 환경에서는 같은 물리적 위치에서 운영되고 있는 서버들 중 어 떤 기기에 서비스가 배포되는지에는 관심을 갖지 않는다. 오히려 중요한 것은 많은 인 스턴스를 복제해 고가용성을 가능케 하는 일이다. 그렇다면 다수의 기기들이 이런 작업 을 하려면 어떻게 설정을 해야 할까? 이것이 바로 클러스터링의 역할이다.

지금부터 서버 클러스터링의 개념을 살펴보고, 클러스터 관리 소프트웨어의 대표주자 인 쿠버네티스에 대해 알아본다.

서버 클러스터링 소개

서버 클러스터는 공동 작업을 위해 여러 대의 컴퓨터를 연결한 것으로 마치 하나의 시스템처럼 사용할 수 있다. 서비스가 여러 대의 서버 컴퓨터에 분산돼 실행돼도 충분히 빠른 속도를 낼 수 있도록 서버 간의 연결은 주로 로컬 네트워크를 사용한다. 다음 그림은 간단한 서버 클러스터를 개념적으로 나타낸 것이다.

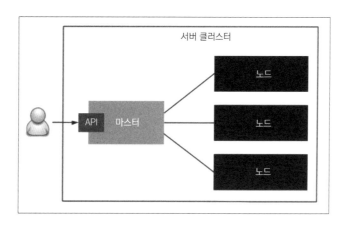

사용자는 클러스터 API를 제공하는 마스터 호스트를 통해 클러스터에 접속한다. 클러스터에는 컴퓨팅 자원의 역할을 하는 수 많은 노드들이 있으며, 이들은 애플리케이션 실행을 책임진다. 반면 마스터는 그 외의 작업들, 즉 오케스트레이션 프로세스, 서비스 검색, 로드 밸런싱, 노드의 오류 감지 등을 담당한다.

⁑ 쿠버네티스 소개

쿠버네티스는 원래 구글이 개발한 오픈 소스 클러스터 관리 시스템이다. 현재는 도커 스웜Swarm이나 아파치 Mesos 같은 경쟁 제품을 세치고 가장 많이 사용되고 있다. 또한 대부분의 클라우드 플랫폼 서비스를 기본적으로 지원하고 있다. 쿠버네티스는 도커용으로 개발된 것은 아니지만 도커 환경에서 무리 없이 동작하게 만들어 주는 다양한 도구들이 제공된다. 예를 들어 **kompose** 도구는 도커 Compose 파일을 쿠버네티스 구성으로 바꿔준다.

다음 그림은 쿠버네티스의 아키텍처를 단순화한 것이다.

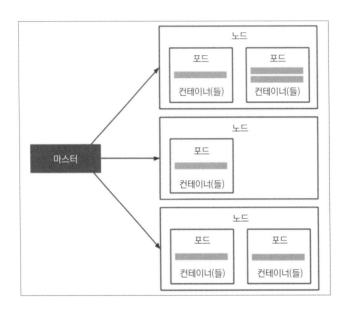

쿠버네티스 **컨트롤 플레인**(마스터)은 사실 클러스터 서비스 집합이며, 애플리케이션이 원하는 상태를 만드는 역할을 한다. 즉 사용자가 배포 설정을 선언형 방식(예: 8080 포트의 웹 서비스 복제본 4개)으로 지정하면 실제 작업은 컨트롤 플레인이 수행한다. 한편 쿠버네티스 노드는 작업을 수행하는 워커의 역할을 한다. 이는 쿠블렛[kubelet]이라 불리는 특별한 쿠버네티스 프로세스가 설치된 (도커) 컨테이너 호스트라고 볼 수 있다.

사용자 관점에서 보면 YAML 파일의 형태로 선언형 배포 구성을 작성하고, API를 통해 이 파일을 쿠버네티스 컨트롤 플레인에 전달한다. 그러면 컨트롤 플레인은 구성 파일을 읽고, 이에 따라 배포를 한다. 쿠버네티스가 채택한 배포 단위는 **포드**[pod]다. 포드에는 여러 개의 도커 **컨테이너**가 들어갈 수 있고 함께 동작한다. 그러나 실제 환경에서는 포드 한 개에 컨테이너 한 개가 포함되는 것이 일반적이다. 포드는 YAML로 구성된 요구 사항이 변경될 때마다 동적으로 빌드되거나 제거된다.

쿠버네티스에 대한 실제 사례는 6장의 뒷부분에서 다룰 예정이다. 지금은 쿠버네티스의 주요 기능을 우선 알아보자.

쿠버네티스 기능 개요

쿠버네티스는 흥미로운 기능을 많이 제공한다. 중요한 것부터 하나씩 살펴보자.

- **컨테이너 밸런싱**: 쿠버네티스는 포드의 로드 밸런싱을 수행한다. 사용자가 몇 개의 애플리케이션을 복제할 것인지만 알려주면 나머지는 쿠버네티스가 처리한다.

- **트래픽 로드 밸런싱**: 다수의 애플리케이션 복제본이 있을 때 쿠버네티스는 트래픽의 로드 밸런싱을 수행한다. 즉 사용자가 단일 IP (또는 DNS)를 갖는 서비스를 생성하면 쿠버네티스는 애플리케이션 복제본으로 전달되는 트래픽을 스스로 조정한다.

- **동적 수평 스케일링**: 인스턴스 수를 동적으로 확장하거나 감축할 수 있다. 사용자가 (오토스케일링 규칙이나) 애플리케이션의 인스턴스 개수를 지정하면 쿠버네티스는 포드 복제본을 시작하거나 정지시킨다.

- **오류 복구**: 포드(와 노드)를 지속적으로 모니터링하고, 장애가 발생하면 새 포드를 실행해 지정된 복제본 수를 유지한다.

- **롤링 업데이트**: 구성 업데이트는 점진적으로 적용할 수 있다. 예를 들어 10개의 복제본이 있고, 이를 업데이트해야 하는 경우 지연 시간을 정의해 순차적으로 배포할 수 있다. 이 경우 문제가 발생하더라도 제대로 동작하지 않는 복제본을 제외시키는 식으로 서비스를 정상 유지할 수 있다.

- **스토리지 오케스트레이션**: 쿠버네티스에서는 사용자가 원하는 애플리케이션에 스토리지 시스템을 마운트할 수 있다. 포드는 원래 스테이트리스 방식이므로 쿠버네티스는 아마존 EBS나 구글 GCE 퍼시스턴트 디스크, 애저 데이터 디스크 등 다수의 스토리지 공급자와 연동할 수 있다.

- **서비스 디스커버리**: 쿠버네티스 포드는 태생적으로 수명이 짧고, IP도 동적으로 할당된다. 쿠버네티스는 이를 관리하기 위해 DNS 기반의 서비스 디스커버리 기능을 제공한다.

- **다양한 실행 환경 지원**: 쿠버네티스는 오픈 소스로 회사 내부에 직접 구축할 수도 있고 클라우드에서 운영할 수도 있고 이 둘을 혼합한 하이브리드 방식도 가능하다.

이제 쿠버네티스에 대한 기초 사항을 알아봤다. 지금부터는 설치를 하고, 실습을 진행해 보자.

쿠버네티스 설치

쿠버네티스는 도커와 마찬가지로 클라이언트와 서버의 두 부분으로 구성된다. 클라이언트는 kubectl이라는 명령행 도구로 쿠버네티스의 API를 사용해 서버에 접속한다. 앞에서 언급했듯이 서버는 훨씬 복잡한 구성을 갖는다. 분명한 것은 쿠버네티스로 무슨 작업을 하든 두 가지가 모두 필요하다는 것이다. 그러면 먼저 클라이언트부터 알아보자.

쿠버네티스 클라이언트

쿠버네티스 클라이언트, 즉 kubectl은 쿠버네티스 클러스터의 명령행 애플리케이션이다. 설치 과정은 운영체제에 따라 각기 다르므로 다음 주소로 접속해 공식 쿠버네티스 웹사이트의 설명을 보고 설치하자.

https://kubernetes.io/docs/tasks/tools/

kubectl을 설치했다면 다음 명령을 실행해 보자.

```
$ kubectl version --client
Client Version: version.Info{Major:"1", Minor:"22",
GitVersion:"v1.22.4", ...
```

문제가 없다면 쿠버네티스 클라이언트의 구성이 완료된 것이다. 이어서 서버로 넘어가 보자.

쿠버네티스 서버

쿠버네티스 서버를 설정하는 방법에는 여러 가지가 있다. 어떤 방법을 선택할지는 사용자의 필요에 따라 달라지겠지만 완전 초보자라면 로컬 환경에서 시작하는 것을 추천한다.

로컬 환경

쿠버네티스는 상당히 복잡한 클러스터링 시스템이지만 로컬 개발 환경을 간단히 구축할 수 있는 도구들이 있다. 이 도구들 중 도커 데스크톱, 카인드, 미니큐브에 대해 알아보자.

도커 데스크톱

도커 데스크톱은 맥OS나 윈도우에서 로컬 도커 환경을 설정할 때 사용하는 애플리케이션이다. 5장에서 이미 다뤘듯이 도커 데몬은 네이티브 리눅스에서만 실행할 수 있기 때문에 다른 운영체제에서 사용하려면 VM이 필요하다. 그러나 도커 데스크톱을 사용하면 매우 쉽고 직관적으로 다룰 수 있으며, 특히 쿠버네티스 클러스터 생성도 할 수 있다.

사용자의 컴퓨터에 도커 데스크톱이 설치돼 있다면 다음 그림과 같이 설정 메뉴에서 Enable Kubernetes 항목만 체크하면 된다. 그러면 쿠버네티스가 시작되면서 kubectl 이 구성된다.

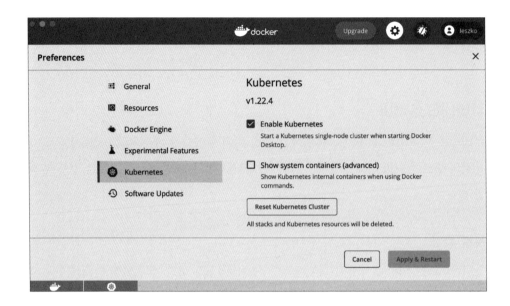

카인드

리눅스 운영체제를 사용하고, 도커 데스크톱을 사용할 수 없거나 사용하고 싶지 않을 때 두 번째로 선택할 수 있는 간단한 옵션은 카인드[kind. 쿠버네티스 인 도커의 약자]다. 도커만 설치 돼 있다면 카인드를 사용할 수 있다.

카인드를 설치한 후 다음 명령어로 로컬 쿠버네티스를 구성하고 시작할 수 있다.

```
$ kind create cluster
```

> **INFO**
>
> 카인드 설치 방법에 대해서는 다음 링크를 참고한다.
>
> https://kind.sigs.k8s.io/docs/user/quick-start

미니큐브

미니큐브[minikube]는 VM에서 완벽한 쿠버네티스 환경을 제공하는 명령행 도구다. 이 도구를 사용하려면 VM 하이퍼바이저가 필요하므로 사용자의 컴퓨터에 버추얼박스나 하이퍼-V, VMware 같은 제품이 설치돼 있어야 한다. 설치 과정은 운영체제에 따라 각기 다르므로 다음 주소로 접속해 안내문을 보고 설치하자.

https://minikube.sigs.k8s.io/docs/start

> **INFO**
>
> 미니큐브는 오픈 소스로 공개되며, 다음 주소에서 다운로드할 수 있다.
>
> https://github.com/kubernetes/minikube

미니큐브를 설치했다면 다음 명령으로 쿠버네티스 클러스터를 시작한다.

```
$ minikube start
```

미니큐브는 쿠버네티스 클러스터를 시작하고, 자동으로 클러스터 URL과 자격 증명을 갖는 쿠버네티스 클라이언트를 구성한다. 미니큐브를 설치한 독자는 시간 절약을 위해 '쿠버네티스 설정 검증' 섹션으로 바로 이동해서 진행할 수 있다.

클라우드 플랫폼

쿠버네티스는 대부분의 클라우드 플랫폼 공급사가 기본으로 제공한다. 그중에서도 선두주자는 구글 클라우드 플랫폼GCP으로 단 몇 분 만에 쿠버네티스 클러스터를 생성할 수 있다. 그 외 마이크로소프트 애저나 아마존 웹 서비스AWS, IBM 클라우드도 쿠버네티스를 상품으로 제공한다. 여기서는 이들 서비스 중 가장 많이 사용되는 세 가지 플랫폼인 GCP, 애저, AWS를 기준으로 살펴보자.

구글 클라우드 플랫폼

GCP를 이용하려면 https://cloud.google.com/로 접속한다. 계정을 생성하면 웹 콘솔 (https://console.cloud.google.com) 화면이 나타나는데 여기서 구글이 제공하는 쿠버네티스 서비스인 **구글 쿠버네티스 엔진**GKE을 이용할 수 있다.

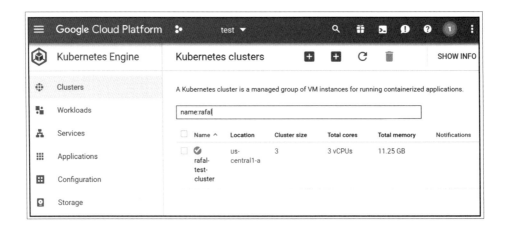

사용자 인터페이스를 클릭하거나 gcloud라고 불리는 GCP 명령행 도구를 통해 쿠버네티스 클러스터를 생성할 수 있다.

INFO

각 운영체제에 gcloud를 설치하는 방법은 다음의 공식 GCP 웹사이트를 참고한다.

https://cloud.google.com/sdk/docs/install

명령행 도구로 쿠버네티스 클러스터를 생성하는 것은 다음과 같이 한 줄의 명령이면 된다.

```
$ gcloud container clusters create test-cluster
```

쿠버네티스 클러스터를 생성하는 것과 별도로 kubectl도 자동으로 구성한다.

마이크로소프트 애저

애저 서비스에서는 **애저 쿠버네티스 서비스**[AKS]를 이용해 빠르게 쿠버네티스 설정을 할 수 있다. 또한 GCP처럼 웹 인터페이스나 명령행 도구를 사용해서 클러스터를 생성할 수 있다.

INFO

애저 웹 콘솔의 접속 주소는 https://portal.azure.com/다. 애저 명령행 도구를 설치하려면 다음 주소의 공식 설치 가이드를 참고한다.

https://docs.microsoft.com/en-us/cli/azure/install-azure-cli

사용자가 이미 애저 리소스 그룹을 생성했다고 가정하면 애저 명령행 도구로 쿠버네티스 클러스터를 생성하는 것은 다음 명령만으로도 충분하다.

```
$ az aks create -n test-cluster -g test-resource-group
```

잠시 후에 쿠버네티스 클러스터가 생성된다. kubectl을 구성하려면 다음 명령을 실행한다.

```
$ az aks get-credentials -n rtest-cluster -g test-resource-group
```

이런 식으로 쿠버네티스 클러스터의 설치와 kubectl을 구성할 수 있다.

아마존 웹 서비스

AWS는 아마존 **엘라스틱 쿠버네티스 서비스**[EKS]라는 이름의 관리형 쿠버네티스 서비스를 제공한다. 이 서비스는 https://console.aws.amazon.com/eks에 접속하거나 AWS 명령행 도구를 이용해서 사용할 수 있다.

INFO

AWS의 명령행 도구와 설치 방법에 대한 자세한 설명은 다음의 공식 웹사이트에서 확인할 수 있다.
https://docs.aws.amazon.com/cli/

이처럼 클라우드 환경에서 쿠버네티스를 사용하는 것은 비교적 쉽다. 그러나 경우에 따라서는 회사 내부 서버에 쿠버네티스 환경을 설치해야 할 수도 있다. 지금부터는 사내 설치에 대해서 알아보자.

사내 설치

처음부터 사내 서버에 쿠버네티스를 설치하는 것은 외부 클라우드 플랫폼에 의존하고 싶지 않거나 회사 보안 정책상 클라우드 설치가 허용되지 않을 경우에만 추진하는 것이 좋다. 쿠버네티스를 설정하는 것은 상당히 복잡하고, 이 책에서 다루는 범위를 넘어선다. 대신 다음 쿠버네티스 공식 문서에서 상세한 정보를 얻을 수 있다.

https://kubernetes.io/docs/setup/production-environment/

지금까지의 설명에 따라 쿠버네티스 환경을 구성했다면 이어서 kubectl이 클러스터에 정상적으로 연결되고, 애플리케이션을 배포할 준비가 됐는지 알아보자.

쿠버네티스 설정 검증

어떤 방식으로든 쿠버네티스의 설치와 구성을 완료했다면 쿠버네티스 클라이언트도 클러스터 URL과 자격 증명을 갖도록 설정해야 한다. 다음 명령으로 확인해 보자.

```
$ kubectl cluster-info
Kubernetes control plane is running at https://kubernetes.
docker.internal:6443
CoreDNS is running at https://kubernetes.docker.internal:6443/
api/v1/namespaces/kube-system/services/kube-dns:dns/proxy
```

이 결과는 도커 데스크톱을 사용하는 경우이므로 로컬 환경에 맞는 문구가 출력됐다. 설정 방식에 따라 출력 결과는 조금씩 다를 수 있으며, 더 많은 항목이 나타나기도 한다. 어떤 경우든 에러가 없다면 제대로 설정됐다고 할 수 있다. 이제 쿠버네티스를 사용해서 애플리케이션을 실행해 보자.

쿠버네티스 사용하기

이제 쿠버네티스 실행 환경과 kubectl을 사용할 준비가 됐다. 이는 첫 번째 애플리케이션을 배포함으로써 쿠버네티스의 역량을 보여줄 기회가 왔다는 것을 의미한다. 5장에서 빌드했던 leszko/calculator 도커 이미지를 쿠버네티스의 다중 복제본[replicas] 위에서 실행해 보자.

애플리케이션 배포

쿠버네티스에서 도커 컨테이너를 시작하려면 YAML 파일 형식으로 배포 구성을 해야 한다. 다음 내용이 들어간 deployment.yaml이라는 이름의 파일을 준비한다.

```
apiVersion: apps/v1
kind: Deployment                    (1)
```

```
metadata:
  name: calculator-deployment     (2)
  labels:
    app: calculator
spec:
  replicas: 3                     (3)
  selector:                       (4)
    matchLabels:
      app: calculator
  template:                       (5)
    metadata:
      labels:                     (6)
        app: calculator
    spec:
      containers:
      - name: calculator          (7)
        image: leszko/calculator  (8)
        ports:                    (9)
        - containerPort: 8080
```

이 YAML 구성을 설명하면 다음과 같다.

1. 쿠버네티스 API 버전은 apps/v1이고, 리소스 타입은 Deployment로 정의한다.

2. 고유 배포명은 calculator-deployment다.

3. 3개의 동일한 포드가 생성되도록 값을 정의한다.

4. selector는 Deployment가 관리할 포드를 찾는 방법을 정의한다. 이 예제에서는 label로 정의한다.

5. template에서는 생성될 포드의 사양을 정의한다.

6. 각 포드의 레이블은 app: calculator다.

7. 각 포드는 calculator라는 이름의 도커 컨테이너를 갖는다.

8. 도커 컨테이너는 leszko/calculator 이미지에서 생성된다.

9. 포드는 컨테이너의 8080 포트를 오픈한다.

이 배포 파일을 적용하려면 다음 명령을 실행한다.

```
$ kubectl apply -f deployment.yaml
```

도커 컨테이너를 한 개씩 갖는 3개의 포드가 생성된 것을 확인할 수 있다.

```
$ kubectl get pods
NAME                                        READY STATUS   RESTARTS AGE
calculator-deployment-dccdf8756-h2l6c 1/1     Running  0        1m
calculator-deployment-dccdf8756-tgw48 1/1     Running  0        1m
calculator-deployment-dccdf8756-vtwjz 1/1     Running  0        1m
```

각 포드는 도커 컨테이너를 실행한다. 다음 명령으로 로그를 확인할 수 있다.

```
$ kubectl logs pods/calculator-deployment-dccdf8756-h2l6c
```

그러면 스프링 로그와 계산기 웹 서비스의 로그를 볼 수 있다.

INFO

> kubectl 명령의 개요를 보고 싶다면 다음의 공식 가이드를 참고한다.
>
> https://kubernetes.io/docs/reference/kubectl/

이상으로 쿠버네티스로의 첫 번째 배포를 완료했고, 단 몇 줄의 코드만으로 계산기 웹 서비스 애플리케이션의 세 가지 복제본을 만들었다. 지금부터는 배포한 애플리케이션을 어떻게 사용하는지를 알아보자. 이를 위해서는 쿠버네티스 서비스의 개념을 먼저 이해해야 한다.

쿠버네티스 서비스 배포

각 포드에는 쿠버네티스 네트워크의 내부 IP 주소가 할당된다. 즉 같은 쿠버네티스 클러스터에서 실행되고 있다면 다른 포드의 계산기 인스턴스에도 접속이 가능하다. 그러나 외부에서 애플리케이션에 접속하려면 어떻게 해야 할까? 이를 지원하는 것이 바로 쿠버네티스 서비스다.

포드와 서비스는 언제든 종료되거나 재실행될 수 있다는 기본 개념을 이해하는 것이 중요하다. 쿠버네티스 오케스트레이터는 포드 자체가 아니라 복제된 포드의 개수만 다룬다. 그러므로 비록 각 포드에 (내부) IP 주소가 할당돼 있더라도 이 주소를 사용해서 직접 접속하는 것은 적절치 않다. 반면 서비스는 포드의 관문이라 할 수 있다. 서비스는 접속이 가능한 IP 주소 (및 DNS 이름)을 갖는다. 다음 그림은 포드와 서비스의 개념을 보여준다.

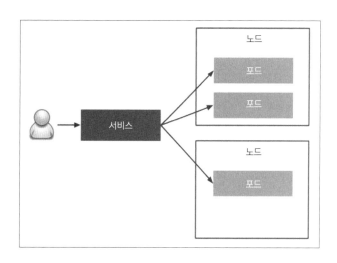

포드가 물리적으로 각기 다른 노드에 배치되는 것을 염려하지 않아도 된다. 이는 쿠버네티스에서 포드와 서비스를 추상화하고 알아서 관리해 주기 때문이다. 사용자는 서비스에 접속해 작업을 하게 되며, 서비스는 포드 복제본으로 향하는 트래픽의 로드 밸런싱을 수행하는 역할을 한다. 그러면 이제 계산기 애플리케이션용 서비스를 생성하는 예제를 살펴보자.

앞의 Deployment에서와 마찬가지로 YAML 구성 파일로부터 시작한다. 파일 이름은 service.yaml이라고 하자.

```
apiVersion: v1
kind: Service
metadata:
  name: calculator-service
spec:
```

```
  type: NodePort
  selector:
    app: calculator
  ports:
  - port: 8080
```

이 구성 파일은 꽤 단순하며, 그 역할은 selector에서 지정한 포드들로 향하는 트래픽의 로드 밸런싱을 수행하는 것이다.

서비스를 설치하려면 다음 명령을 실행한다.

```
$ kubectl apply -f service.yaml
```

서비스가 제대로 배포됐는지를 확인하려면 다음 명령을 실행한다.

```
$ kubectl get service calculator-service
NAME                    TYPE      CLUSTER-IP     EXTERNAL-IP  PORT(S)        AGE
calculator-service NodePort 10.19.248.154 <none>        8080:32259/TCP 13m
```

서비스가 앞에서 생성한 3개의 포드 복제본을 제대로 가리키는지를 확인하려면 다음 명령을 실행한다.

```
$ kubectl describe service calculator-service | grep Endpoints
Endpoints: 10.16.1.5:8080, 10.16.2.6:8080, 10.16.2.7:8080
```

앞에서 실행한 두 개의 명령문을 통해서 알 수 있는 사실은, 서비스는 IP 주소 10.19. 248.154로 접속할 수 있고 IP 주소가 10.16.1.5, 10.16.2.6, 10.16.2.7인 3개의 포드로 트래픽을 전달한다는 것이다. 서비스와 포드가 사용하는 IP 주소는 모두 쿠버네티스 클러스터의 내부 네트워크 IP다.

INFO

> 쿠버네티스 서비스에 대한 자세한 내용을 보려면 공식 쿠버네티스 웹사이트를 방문한다.
>
> https://kubernetes.io/docs/concepts/services−networking/service/

지금부터는 쿠버네티스 클러스터 외부에서 서비스에 접속하는 방법을 알아보자.

애플리케이션 노출

외부에서 애플리케이션에 접속하는 방법을 알아보기 전에 먼저 쿠버네티스 서비스의 유형을 알아야 한다. 서비스 유형에는 다음처럼 네 가지 종류가 있다.

- ClusterIP: 기본 설정값으로 서비스는 내부 IP만 갖는다.

- NodePort: 각 클러스터 노드마다 동일한 포트를 갖도록 서비스를 노출한다. 즉 각 물리적 기기(쿠버네티스 노드)는 서비스로 전달되는 포트를 오픈한다. 그러면 〈노드-IP〉:〈노드-포트〉로 접속할 수 있다.

- LoadBalancer: 외부 로드 밸런서를 생성한 후 서비스에 별도의 외부 IP를 할당한다. 이 유형을 사용하려면 쿠버네티스 클러스터가 반드시 외부 로드 밸런서를 지원해야 하는데 이는 클라우드 플랫폼에서는 문제 없이 동작하지만 미니큐브는 지원하지 않는다.

- ExternalName: (ExternalName 항목에서 지정한) DNS 이름을 사용해 서비스를 노출한다.

클라우드 플랫폼(예: GKE)에 배포된 쿠버네티스 인스턴스를 사용하는 경우 서비스를 노출하는 가장 단순한 방식은 **LoadBalancer**를 선택하는 것이다. 그러면 GCP에서는 서비스에서 사용할 수 있는 외부 공용 IP를 자동으로 할당한다. 이는 kubectl get service 명령으로 확인할 수 있다. 이 경우 만약 앞의 예제 구성을 사용했다면 계산기 서비스는 http://〈외부_IP〉:8080으로 접속할 수 있다.

얼핏 LoadBalancer 유형을 사용하는 것이 가장 단순한 방법처럼 보이나 두 가지 단점이 있다.

- 첫째, 항상 이용할 수 있는 방법이 아니다. 예를 들어 사내 설치된 쿠버네티스나 미니큐브에서는 이용할 수 없다.

- 둘째, 외부 공용 IP를 사용하려면 비용 부담이 크다. 그래서 앞의 예제에서처럼 NodePort 서비스를 대안으로 사용하는 것이다.

지금부터는 서비스로의 접속 방법을 알아보자.

먼저 앞에서 이미 실행해 봤던 명령을 다시 한 번 실행한다.

```
$ kubectl get service calculator-service
NAME                   TYPE      CLUSTER-IP     EXTERNAL-IP PORT(S)        AGE
calculator-service NodePort 10.19.248.154 <none>         8080:32259/TCP 13m
```

32259 포트가 노드의 포트로 선택된 것을 볼 수 있다. 이는 계산기 서비스가 어떤 쿠버네티스 노드에서 실행되든 IP와 포트를 이용해 접속할 수 있다는 것을 의미한다.

쿠버네티스 노드의 IP 주소는 설치 방법에 따라 달라진다. 사용자가 도커 데스크톱을 사용한다면 노드 IP는 localhost가 된다.

미니큐브의 경우에는 minikube ip 명령으로 확인해 봐야 한다. 클라우드 플랫폼이나 사내 설치의 경우에는 다음 명령으로 IP 주소를 알아낼 수 있다.

```
$ kubectl get nodes -o \
jsonpath='{$.items[*].status.addresses[?(@.type=="ExternalIP")].address}'
35.192.180.252 35.232.125.195 104.198.131.248
```

외부에서 계산기에 접속할 수 있는지 여부를 확인하려면 다음 명령을 실행한다.

```
$ curl <노드-IP>:32047/sum?a=1\&b=2
3
```

이 명령을 보면 HTTP 요청을 계산기 컨테이너 인스턴스 중 하나로 보내고, 3이라는 정상 응답을 받았다. 이는 애플리케이션을 쿠버네티스에 제대로 배포했다는 것을 의미한다.

INFO

> YAML을 사용하지 않고도 kubectl 명령을 사용해 서비스를 즉시 생성할 수 있다. 즉 앞에서 사용한 구성 방식 대신에 다음 명령을 실행할 수 있다.
>
> $ kubectl expose deployment calculator-deployment --type=NodePort --name=calculator-service

이상으로 쿠버네티스에 관한 필수 기초 지식을 배웠다. 그러므로 이제 배운 내용을 스테이징 및 프로덕션 환경에 적용하고, 지속적 인도 프로세스에 반영할 수 있다. 그러나 이 작업을 하기 전에 쿠버네티스를 더욱 유용하게 만들어 주는 고급 기능을 알아보자.

⁝⁝⁝ 쿠버네티스의 고급 기능

쿠버네티스에서는 실행 중에도 배포본을 동적으로 수정할 수 있다. 이는 애플리케이션이 이미 프로덕션에서 실행 중이고, 서비스 중단 없이 배포를 해야 하는 경우에 특히 중요하다. 그러므로 우선 애플리케이션을 수평 확장하는 방법을 살펴보고, 이어서 쿠버네티스에서 배포 변경 사항을 처리하는 일반적 방법을 알아보자.

애플리케이션 확장

계산기 애플리케이션의 사용자가 점점 더 늘어나고 있다고 가정해 보자. 사용자가 늘어나면서 트래픽이 증가해 현재 3개의 포드 복제본이 과부하 상태가 되고 있다. 지금부터는 이런 경우의 대처 방법에 대해 알아보자.

다행히도 kubectl은 scale 키워드를 통해 배포본을 확장/감축하는 간단한 방법을 제공한다. 계산기 배포본을 5개의 인스턴스로 확장해 보자.

```
$ kubectl scale --replicas 5 deployment calculator-deployment
```

위의 명령이 전부다. 이렇게 애플리케이션의 확장 작업이 끝났다.

```
$ kubectl get pods
NAME                                     READY STATUS   RESTARTS AGE
calculator-deployment-dccdf8756-h2l6c 1/1   Running 0        19h
calculator-deployment-dccdf8756-j87kg 1/1   Running 0        36s
calculator-deployment-dccdf8756-tgw48 1/1   Running 0        19h
calculator-deployment-dccdf8756-vtwjz 1/1   Running 0        19h
calculator-deployment-dccdf8756-zw748 1/1   Running 0        36s
```

이렇게 만들어진 서비스는 즉시 5개의 계산기 포드로 트래픽을 나눠 보내는 로드 밸런 싱을 수행한다. 그리고 이런 작업은 쿠버네티스 오케스트레이터가 알아서 수행하므로 각 포드가 실제로 어떤 물리적 기기에서 실행되는지 알 필요가 없다. 사용자는 애플리 케이션의 인스턴스를 몇 개로 유지할지만 고민하면 된다.

INFO

쿠버네티스는 메트릭을 기반으로 포드 오토스케일링 기능을 제공한다. 이 기능을 **Horizontal Pod Autoscaler**(수평 포드 오토스케일러)라고 부르는데 이에 대한 자세한 내용은 다음 주소를 참고한다.

https://kubernetes.io/docs/tasks/run-application/horizontal-pod-autoscale/

이제까지 애플리케이션 확장 방법에 대해 알아봤다. 지금부터는 쿠버네티스 배포본의 일부를 업데이트하는 좀 더 일반적인 방법을 살펴본다.

애플리케이션 업데이트하기

쿠버네티스는 배포본의 업데이트를 관리한다. `deployment.yaml`을 수정하고, 포드 템플 릿에 새로운 레이블을 추가해 보자.

```
apiVersion: apps/v1
kind: Deployment
metadata:
  name: calculator-deployment
  labels:
    app: calculator
spec:
  replicas: 5
  selector:
    matchLabels:
      app: calculator
  template:
    metadata:
      labels:
        app: calculator
        label: label
    spec:
      containers:
```

242

```
    - name: calculator
      image: leszko/calculator
      ports:
      - containerPort: 8080
```

이제 앞서 사용했던 동일한 명령을 동일한 배포본에 적용하고, 포드에 어떤 일이 발생하는지 살펴보자.

```
$ kubectl apply -f deployment.yaml
$ kubectl get pods
NAME                                          READY STATUS      RESTARTS AGE
pod/calculator-deployment-7cc54cfc58-5rs9g 1/1   Running     0        7s
pod/calculator-deployment-7cc54cfc58-jcqlx 1/1   Running     0        4s
pod/calculator-deployment-7cc54cfc58-lsh7z 1/1   Running     0        4s
pod/calculator-deployment-7cc54cfc58-njbbc 1/1   Running     0        7s
pod/calculator-deployment-7cc54cfc58-pbthv 1/1   Running     0        7s
pod/calculator-deployment-dccdf8756-h2l6c   0/1   Terminating 0        20h
pod/calculator-deployment-dccdf8756-j87kg   0/1   Terminating 0        18m
pod/calculator-deployment-dccdf8756-tgw48   0/1   Terminating 0        20h
pod/calculator-deployment-dccdf8756-vtwjz   0/1   Terminating 0        20h
pod/calculator-deployment-dccdf8756-zw748   0/1   Terminating 0        18m
```

쿠버네티스가 기존의 모든 포드를 종료하고, 새 포드를 시작하는 것을 알 수 있다.

INFO

이번 예제에서는 애플리케이션이 아니라 YAML 구성의 배포본을 수정했다. 그러나 애플리케이션을 수정해도 똑같은 결과를 얻는다. 만약 애플리케이션의 소스 코드를 변경하면 우선 새로운 버전에 맞는 새로운 도커 이미지가 빌드되고 deployment.yaml에서 이 버전으로 업데이트하는 작업이 진행된다.

사용자가 변경 작업을 하고 kubectl apply를 실행하면 쿠버네티스는 기존 상태 값과 YAML 구성값 사이에 변경이 있는지를 확인한다. 그리고 필요하다면 앞에서 설명한 것처럼 업데이트 작업을 수행한다.

그런데 모든 작업이 순조롭게 진행되리라는 기대와 달리 쿠버네티스가 갑자기 모든 포드를 종료하면 어떤 일이 벌어질까? 그러면 기존 포드는 모두 종료됐으나 새 포드는 아직 실행될 준비가 되지 않은 상황이 생긴다. 즉 잠시 동안 애플리케이션에 접속을 할 수 없어 서비스가 중단되는 일이 발생하는 것이다. 그러면 잠시라도 서비스가 중단되는 일이 없도록 하려면 어떻게 해야 할까? 이에 대한 해답이 바로 롤링 업데이트다.

롤링 업데이트

롤링 업데이트는 기존 인스턴스를 순차적으로 종료하고, 새 인스턴스를 시작한다. 즉 다음과 같은 워크플로우로 진행된다.

1. 기존 포드 중 한 개를 종료한다.

2. 새 포드를 시작한다.

3. 새 포드가 준비될 때까지 대기한다.

4. 기존 포드들이 모두 종료될 때까지 1, 2, 3번 단계를 계속 반복한다.

INFO

> 롤링 업데이트는 새 애플리케이션이 기존 애플리케이션과의 하위 호환성을 가질 때 사용하는 것을 전제로 한다. 그렇지 않으면 기존 애플리케이션과 호환되지 않는 버전이 동시에 서비스되는 위험을 감수해야 한다.

롤링 업데이트를 구성하려면 기존 deployment에 rollingUpdate라는 전략을 추가하고, 포드가 준비됐는지를 쿠버네티스가 알 수 있도록 readinessProbe도 지정해야 한다.

그러면 다음과 같이 deployment.yaml을 수정해 보자.

```
apiVersion: apps/v1
kind: Deployment
metadata:
  name: calculator-deployment
  labels:
    app: calculator
spec:
  replicas: 5
  strategy:
    type: RollingUpdate
```

```
      rollingUpdate:
        maxUnavailable: 25%
        maxSurge: 0
  selector:
    matchLabels:
      app: calculator
  template:
    metadata:
      labels:
        app: calculator
    spec:
      containers:
      - name: calculator
        image: leszko/calculator
        ports:
        - containerPort: 8080
        readinessProbe:
          httpGet:
            path: /sum?a=1&b=2
            port: 8080
```

앞의 구성에서 사용된 파라미터에 대해 알아보자.

- maxUnavailable: 업데이트 도중 사용할 수 없는 포드의 최댓값이다. 앞의 예제에서는 한 개(25% × 목표 복제본 5개) 이상의 쿠버네티스 포드가 동시에 종료되지는 않는다.

- maxSurge: 목표 복제본 개수를 넘겨서 생성할 수 있는 포드의 최대 허용값이다. 앞의 예제에서는 이 값이 0이므로 기존 포드를 없앨 때까지 새 포드를 생성하지 않는다.

- path와 port: 포드가 준비됐는지를 확인할 때 사용할 컨테이너의 엔드포인트다. HTTP GET 요청을 <POD-IP>:8080/sum?a=1&b=2에 보내면 포드가 준비됐을 경우에는 HTTP 상태 코드 200을 반환한다.

이제 배포본을 적용하면 포드가 한 개씩 업데이트되는 것을 볼 수 있다.

```
$ kubectl apply -f deployment.yaml
$ kubectl get pods
NAME                                    READY STATUS      RESTARTS AGE
calculator-deployment-78fd7b57b8-npphx 0/1   Running     0        4s
calculator-deployment-7cc54cfc58-5rs9g 1/1   Running     0        3h
calculator-deployment-7cc54cfc58-jcqlx 0/1   Terminating 0        3h
calculator-deployment-7cc54cfc58-lsh7z 1/1   Running     0        3h
calculator-deployment-7cc54cfc58-njbbc 1/1   Running     0        3h
calculator-deployment-7cc54cfc58-pbthv 1/1   Running     0        3h
```

이제 모든 작업을 끝냈다. 즉 롤링 업데이트를 구성해 계산기 애플리케이션을 중단 없
이 배포 완료했다.

INFO

쿠버네티스에서는 다른 방식으로 애플리케이션을 실행할 수도 있다. Deployment 대신 StatefulSet을
사용할 수 있으며, (다른 특별한 전략을 사용하지 않는다면) 항상 롤링 업데이트는 활성화돼야 한다.

지속적 인도 프로세스에서는 배포를 자주 하기 때문에 서비스 중단이 발생하지 않는 롤
링 업데이트는 매우 중요하다.

TIP

쿠버네티스 작업을 완료한 후에는 작업 중에 생성한 리소스를 모두 정리하는 것이 좋다. 앞의 예제에서
는 다음 명령을 실행해 서비스와 배포에서 발생한 리소스를 모두 제거할 수 있다.

$ kubectl delete -f service.yaml

$ kubectl delete -f deployment.yaml

이상으로 지속적 인도 프로세스에 필요한 쿠버네티스 기능을 모두 다뤘다. 지금부터는
배운 내용을 요약해 보고, 유용한 기능 몇 가지를 더 살펴보자.

쿠버네티스 객체와 워크로드

쿠버네티스의 실행 단위는 항상 포드다. 이 포드는 한 개 이상의 (도커) 컨테이너를 갖는다. 포드를 관리하는 리소스 유형에는 다음과 같은 종류가 있다.

- **Deployment**: 가장 일반적인 워크로드다. 포드 복제본의 수명을 관리해 목표 포드 수를 유지한다.

- **StatefulSet**: 포드의 순서와 고유성을 보장하는 특수 포드 컨트롤러다. 이는 일반적으로 데이터-기반 애플리케이션과 관련이 있다. (즉 Deployment의 경우에는 일반적으로 목표 복제본의 수는 3개라는 식으로 개수만 정하지만, StatefulSet의 경우에는 정확히 3개 포드를 생성하고 각 포드마다 이름을 붙이고 항상 순서대로 실행할 수 있다.)

- **DaemonSet**: 쿠버네티스의 각 노드별로 한 개의 포드 복제본만 실행하는 특수 포드 컨트롤러다.

- **Job/CronJob**: 과업-기반의 작업을 위한 전용 워크플로우로 과업이 끝나면 컨테이너도 함께 종료된다.

INFO

쿠버네티스 리소스 중에는 **ReplicationController**라는 것도 있다. 이 유형은 더 이상 사용되지 않으며, Deployment로 대체됐다.

쿠버네티스 객체에는 포드 관리 외에 다른 것들도 있다. 그중 유용한 것들은 다음과 같다.

- **Service**: 포드용 내부 로드 밸런서의 역할을 하는 컴포넌트다.

- **ConfigMap**: 컨테이너 이미지에서 구성 정보를 분리한다. 이미지와 분리해 정의할 수 있다면 어떤 데이터도 저장할 수 있고, 이를 컨테이너의 파일 시스템으로 마운트할 수 있다.

- **Secret**: 비밀번호 같은 민감 정보를 저장할 수 있다.

- **PersistentVolume/PersistentVolumeClaim**: 영구 볼륨을 (스테이트리스) 컨테이너 파일 시스템에 마운트할 수 있다.

이 객체들은 실무에서 가장 많이 사용되는 것들을 언급한 것으로 실제로 이용할 수 있는 객체는 더 많다. 그리고 사용자가 직접 리소스 정의를 생성할 수도 있다.

이상으로 쿠버네티스로 하는 클러스터링을 알아봤다. 그러나 쿠버네티스는 단지 분산 처리와 스케일링만을 위한 솔루션이 아니다. 그 외에 애플리케이션 간의 의존성 문제를 해결하는 데도 도움을 줄 수 있다. 그래서 지금부터는 쿠버네티스 및 지속적 인도 프로세스의 맥락에서 애플리케이션의 의존성 문제를 다뤄보자.

⁝⁝· 애플리케이션 의존성

의존성 문제가 생기지 않는다면 편하겠지만 실제 환경에서는 거의 모든 애플리케이션이 데이터베이스나 캐시, 메시징 시스템 등에 의존한다. (마이크로)서비스 아키텍처에서는 각 서비스가 작업을 수행할 때 수많은 다른 서비스들을 필요로 한다. 물론 모놀리딕 아키텍처라고 해서 이 문제를 피하지는 못한다. 대부분의 애플리케이션들이 최소한 데이터베이스 의존성은 가지고 있기 때문이다.

새로운 팀원이 개발 팀에 합류했다고 가정해 보자. 이 팀원이 실행 환경을 구축하고 의존성을 해결한 후 첫 애플리케이션을 실행하기까지 시간이 얼마나 걸릴까?

자동 인수 테스트에 있어서 의존성 문제는 단지 편리함의 문제가 아니라 필수 요소라 할 수 있다. 단위 테스트에서는 모의 모듈을 통해 의존성 문제에 대응할 수 있지만 인수 테스트의 경우는 완벽한 환경이 필요하다. 그렇다면 어떻게 완벽한 환경을 신속하게 반복해서 준비할 수 있을까? 다행히도 쿠버네티스는 서비스 및 포드용으로 준비된 내장 DNS 확인DNS Resolution 기능을 제공한다.

쿠버네티스 DNS 확인

실제 사례에서 쿠버네티스의 DNS 확인 기능을 다뤄보자. 캐시 서비스를 별도의 애플리케이션으로 배포해 다른 서비스들에게 제공한다고 가정해 보자. 그리고 캐시 서비스로는 최고의 인메모리 캐시 솔루션 중 하나인 Hazelcast를 사용하기로 한다. 계산기 애플리케이션의 경우 Deployment와 Service가 필요하다. 이 두 가지를 hazelcast.yaml이라는 파일에 정의해 보자.

```yaml
apiVersion: apps/v1
kind: Deployment
metadata:
  name: hazelcast
  labels:
    app: hazelcast
spec:
  replicas: 1
  selector:
    matchLabels:
      app: hazelcast
  template:
    metadata:
      labels:
        app: hazelcast
    spec:
      containers:
      - name: hazelcast
        image: hazelcast/hazelcast:5.0.2
        ports:
        - containerPort: 5701
---
apiVersion: v1
kind: Service
metadata:
  name: hazelcast
spec:
  selector:
    app: hazelcast
  ports:
  - port: 5701
```

이전에 계산기 애플리케이션 작업과 비슷하게 Hazelcast를 구성했다. 이제 다음 명령어로 시작해 보자.

```
$ kubectl apply -f hazelcast.yaml
```

몇 초 후에 Hazelcast 캐시 애플리케이션이 실행된다. kubectl logs 명령으로 포드의 로그를 확인할 수 있다. 또한 서비스는 기본값(ClusterIP, 동일 쿠버네티스 클러스터 내에서만 노출되는 방식)으로 생성한다.

이상은 기존의 계산기 애플리케이션에서 다룬 것과 동일하다. 흥미로운 부분은 지금부터다. 쿠버네티스는 서비스 이름으로 서비스 IP를 확인하는 방법을 제공한다. 게다가 더욱 흥미로운 점은 우리가 이미 Service 이름을 안다는 것이다. 즉 앞 예제의 경우 서비스 이름은 hazelcast다. 그러므로 애플리케이션에서 이 값을 캐시 주소로 사용한다면 의존성은 자동으로 해결된다.

INFO

실제로 쿠버네티스 DNS 확인 기능은 훨씬 강력하며, 다른 쿠버네티스 네임스페이스에서도 서비스를 확인할 수 있다. 자세한 내용은 다음 링크를 참고한다.

https://kubernetes.io/docs/concepts/services-networking/dns-pod-service/

멀티 애플리케이션 시스템 개요

앞에서는 Hazelcast 서버를 쿠버네티스에 배포했다. 이제 계산기 애플리케이션이 캐시 제공자의 역할을 할 수 있도록 수정하기에 앞서, 목표 시스템의 개념도를 살펴보자.

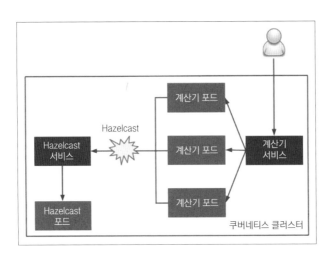

250

사용자는 **계산기 서비스**를 사용하며, 이 서비스는 **계산기 포드**들로 트래픽을 전달한다. 계산기 포드는 (hazelcast라는 이름을 사용해) **Hazelcast 서비스**에 연결한다. Hazelcast 서비스는 **Hazelcast 포드**로 리다이렉트된다.

개념도를 보면 방금 전 배포한 Hazelcast 부분(Hazelcast 서비스와 Hazelcast 포드)이 있다. 그리고 계산기 부분(계산기 서비스와 계산기 포드)은 앞부분에서 이미 배포를 했었다. 여기서 빠져 있는 부분은 Hazelcast를 사용하는 계산기 코드다. 그러므로 이 코드를 구현해 보자.

멀티 애플리케이션 시스템 구현

계산기 애플리케이션에서 Hazelcast로 캐시를 구현하려면 다음 작업을 해야 한다.

1. 그래들에 Hazelcast 클라이언트 라이브러리 추가하기

2. Hazelcast 캐시 구성 추가하기

3. 스프링 부트 캐시 추가하기

4. 도커 이미지 빌드하기

그러면 단계별로 하나씩 살펴보자.

그래들에 Hazelcast 클라이언트 라이브러리 추가하기

build.gradel 파일의 dependencies 섹션 부분에 다음 구성을 추가한다.

```
implementation 'com.hazelcast:hazelcast:5.0.2'
```

이는 Hazelcast 서버와의 통신을 담당하는 자바 라이브러리를 추가하는 것이다.

Hazelcast 캐시 구성 추가하기

src/main/java/com/leszko/calculator/CalculatorApplication.java 파일에 다음 부분을 추가한다.

```
package com.leszko.calculator;
import com.hazelcast.client.config.ClientConfig;
import org.springframework.boot.SpringApplication;
import org.springframework.boot.autoconfigure.SpringBootApplication;
import org.springframework.cache.annotation.EnableCaching;
import org.springframework.context.annotation.Bean;

@SpringBootApplication
@EnableCaching
public class CalculatorApplication {

    public static void main(String[] args) {
        SpringApplication.run(CalculatorApplication.class, args);
    }

    @Bean
    public ClientConfig hazelcastClientConfig() {
        ClientConfig clientConfig = new ClientConfig();
        clientConfig.getNetworkConfig().addAddress("hazelcast");
        return clientConfig;
    }
}
```

이는 표준 형태의 스프링 캐시 구성이다. Hazelcast 서버의 주소 값으로는 hazelcast를 사용하는데 이는 쿠버네티스 DNS 확인 기능을 통해 자동으로 적용된다.

TIP

> 그러나 실제 서비스에서 Hazelcast를 캐시 솔루션으로 사용하면 서비스 이름을 지정할 필요도 없다. 이는 Hazelcast가 쿠버네티스 환경에 특화된 autodiscovery 플러그인을 제공하기 때문이다. 자세한 내용은 다음 링크를 참고한다.
>
> https://docs.hazelcast.com/hazelcast/latest/deploy/deploying-in-kubernetes.html

이제 스프링 부트 서비스에다 캐시를 추가해 보자.

스프링 부트 캐시 추가하기

이제 캐시가 구성됐으므로 웹 서비스에 캐시를 추가할 수 있다. 이 작업을 위해서는 src/main/java/com/leszko/calculator/Calculator.java 파일을 다음과 같이 변경해야 한다.

```
package com.leszko.calculator;

import org.springframework.cache.annotation.Cacheable;
import org.springframework.stereotype.Service;

@Service
public class Calculator {
    @Cacheable("sum")
    public int sum(int a, int b) {
        try {
            Thread.sleep(3000);
        }
        catch (InterruptedException e) {
            e.printStackTrace();
        }
        return a + b;
    }
}
```

코드를 보면 스프링 프레임워크에서 sum() 메서드가 호출하는 모든 것을 자동으로 캐시할 수 있도록 @Cacheable 어노테이션을 추가했다. 그리고 캐시가 제대로 동작하는지 테스트할 목적으로 3초간 대기하는 코드도 추가했다.

이제부터는 합계 계산의 결과가 Hazelcast에 캐시된다. 그러므로 계산기 서비스의 /sum 엔드포인트를 호출하면 우선 캐시에서 결과를 가져올 것이다.

그러면 이제 애플리케이션 빌드를 시작해 보자.

도커 이미지 빌드하기

이번에는 우선 Hazelcast의 의존성 문제가 발생하지 않도록 다음 스프링의 기본 컨텍스트 테스트 파일인 src/test/java/com/leszko/calculator/CalculatorApplicationTests.java를 삭제해야 한다.

그러면 이제 새 태그를 이용해 계산기 애플리케이션과 도커 이미지를 다시 빌드할 수 있다. 그런 다음 이를 도커 허브로 한 번 더 전송할 것이다.

참고로 다음 명령에서 leszko 부분을 독자의 도커 허브 계정으로 바꾸도록 하자.

```
$ ./gradlew build
$ docker build -t leszko/calculator:caching .
$ docker push leszko/calculator:caching
```

이제 애플리케이션 준비가 끝났다. 이 모든 것을 쿠버네티스에서 테스트해 보자.

멀티 애플리케이션 시스템 테스트

Hazelcast 캐시 서버를 이미 쿠버네티스에 배포했으므로 다음 할 일은 계산기 애플리케이션용 배포본을 leszko/calculator:caching 도커 이미지로 변경하는 것이다. 이 작업을 하려면 deployment.yaml 파일에서 image 부분을 수정해야 한다.

```
image: leszko/calculator:caching
```

그런 다음 계산기 deployment와 service를 적용한다.

```
$ kubectl apply -f deployment.yaml
$ kubectl apply -f service.yaml
```

이전에 수행했던 curl 작업을 반복한다.

```
$ curl <노드-IP>:<노트-포트>/sum?a=1\&b=2
```

처음 실행할 때는 3초 후에 응답이 오지만 이후로 캐시가 정상적으로 동작하면 즉각 응답이 이뤄질 것이다.

> **TIP**
>
> 계산기 포드의 로그도 확인해 본다면 꽤 흥미로울 것이다. 애플리케이션이 Hazelcast 서버에 연결됐다는 것을 확인할 수 있는 로그들을 볼 수 있다.
>
> Members [1] {
>
>   Member [10.16.2.15]:5701 – 3fca574b–bbdb–4c14–ac9d–73c45f56b300
>
> }

앞에서 이미 멀티 컨테이너 시스템에서 인수 테스트를 수행하는 방법을 학습했다. 그러므로 이제 필요한 것은 시스템 전체에 대한 인수 테스트뿐이다. 즉 전체 시스템을 쿠버네티스 스테이징 환경에 배포하고, 인수 테스트를 수행한다. 이에 대해서는 '8장, 지속적 인도 파이프라인'에서 자세히 다룬다.

INFO

> 이번 예제에서는 의존성에 캐시 서비스가 새로 추가됐다. 그러나 이는 '5장, 자동 인수 테스트'에서 생성한 기능 인수 테스트에는 영향을 미치지 않는다.

이상으로 지속적 인도의 관점에서 의존성을 갖는 애플리케이션들을 쿠버네티스로 배포하는 방법을 살펴봤다. 이제 마지막으로 쿠버네티스와 경쟁 관계에 있는 대체 클러스터 관리 시스템에 대해 간단히 알아보자.

⸭ 대체 클러스터 관리 시스템

도커 컨테이너의 클러스터링을 지원하는 시스템은 쿠버네티스만 있는 것이 아니다. 물론 쿠버네티스가 가장 인기 있는 솔루션이긴 하나 다른 솔루션을 사용해야 하는 경우도 있다. 이들 제품에 대해 알아보자.

도커 스윔

도커 스윔은 도커의 기본 클러스터링 시스템으로 여러 개의 도커 호스트를 스윔^{Swarm}이라 부르는 한 개의 클러스터로 변환한다. 스윔에 연결된 각 호스트는 매니저나 워커의 역할을 수행한다(클러스터에는 적어도 한 개 이상의 매니저가 필요하다). 기술적인 측면만 보면 기기들의 물리적 위치는 중요하지 않다. 그러나 모든 도커 호스트를 하나의 로컬 네트워크에 두는 것이 합리적이다. 그렇지 않으면 관리 작업 (또는 다중 매니저 간의 합의)에 상당한 시간이 소요될 수 있다.

도커 스웜 클러스터링의 개념도는 다음 그림과 같다.

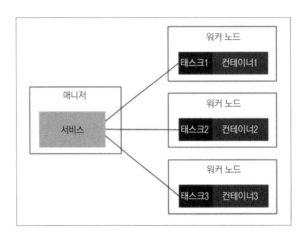

도커 스웜 모드에서는 단일 도커 호스트에서 실행되는 **컨테이너**^{Container}와 다르게 실행 이미지를 **서비스**^{Service}라고 부른다. 각 서비스는 지정된 수만큼의 **태스크**^{Task}를 실행한다. 태스크는 컨테이너에서 실행되는 명령어와 컨테이너에 대한 정보를 갖고 있는 스웜의 최소 스케줄링 단위다. **복제본**^{replica}은 노드에서 실행되는 개별 컨테이너를 말하며, 복제본의 개수는 해당 서비스에서 실행되는 예상 컨테이너의 총 개수다.

도커 스웜을 시작하려면 서비스와 도커 이미지, 복제본 개수를 지정한다. 매니저는 태스크를 워커 노드에 자동으로 할당한다. 당연히 복제된 각 컨테이너는 동일한 도커 이미지에서 실행된다. 앞의 개념도에서 도커 스웜은 컨테이너 오케스트레이션을 담당하는 도커 엔진 메커니즘의 최상위 레이어라 할 수 있다.

또 다른 쿠버네티스 대체재로는 아파치 Mesos가 있다.

아파치 Mesos

아파치 Mesos는 도커가 출시되기 한참 전인 2009년에 캘리포니아 버클리대학에서 시작된 오픈 소스 스케줄링 및 클러스터링 시스템이다. 이 시스템은 램과 디스크 공간, CPU에 대한 추상화를 제공한다. Mesos의 가장 큰 장점 중 하나는 모든 리눅스 애플리케이션을 지원한다는 것과 컨테이너가 반드시 도커일 필요가 없다는 것이다. 그러므로 수천 대의 기기로 클러스터를 생성할 때도, 도커 컨테이너와 다른 프로그램(예: 하둡 기반 연산)을 동시에 사용하는 것이 가능하다.

Mesos 아키텍처의 개념도는 다음 그림과 같다.

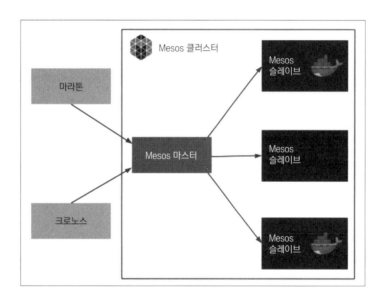

아파치 Mesos도 다른 클러스터링 시스템처럼 마스터-슬레이브 구조다. 즉 통신을 위해 모든 노드에 설치된 노드 에이전트를 사용하며, 다음과 같이 두 가지 유형의 스케줄러를 제공한다.

- **크로노스**: 크론-스타일의 반복 작업을 수행한다.

- **마라톤**: 서비스와 컨테이너를 관리하는 REST API를 제공한다.

아파치 Mesos는 다른 클러스터링 시스템에 비해 오랫동안 검증된 시스템으로 트위터나 우버, CERN을 포함해 매우 많은 기관이 사용하고 있다.

기능 비교

쿠버네티스, 도커 스윔, 아파치 Mesos는 모두 훌륭한 클러스터링 시스템이다. 이들은 모두 오픈 소스이며 무료로 제공된다. 또한 로드 밸런싱, 서비스 디스커버리, 분산 리포지터리, 오류 복구, 모니터링, 시크릿 관리, 롤링 업데이트와 같은 중요 클러스터링 기능을 제공한다. 게다가 큰 차이 없이 모두 지속적 인도 프로세스에 적용할 수 있다. 이는 솔루션들이 모두 도커 컨테이너 클러스터링을 잘 지원하기 때문이다. 그러나 모든 시스템이 동일하다고 할 수는 없다. 각 솔루션의 차이점을 다음 표로 정리했다.

	쿠버네티스	도커 스윔	아파치 Mesos
도커 지원	포드에서 컨테이너 유형의 하나로 도커 지원	네이티브	Mesos 에이전트(슬레이브)가 호스트 도커 컨테이너로 구성될 수 있음
애플리케이션 유형	컨테이너화된 애플리케이션 (도커, rkt, hyper)	도커 이미지	(컨테이너 포함) 리눅스에서 실행이 가능한 모든 애플리케이션
애플리케이션 정의	Deployments, Statefulsets, Services	도커 컴포즈 구성	트리 구조에서 형성된 애플리케이션 그룹
설치 과정	인프라에 따라 다름. 한 개 명령으로 될 수도 있고, 복잡한 명령이 필요할 수도 있음	매우 간단함	꽤 복잡함. Mesos, 마라톤, 크로노스, 주키퍼를 구성해야 하고 도커 지원도 필요
API	REST API	도커 REST API	크로노스와 마라톤 REST API
사용자 인터페이스	콘솔 도구, 네이티브 웹 UI(쿠버네티스 대시보드)	도커 콘솔 클라이언트와 서드파티 애플리케이션 (예: Shipyard)	Mesos, 마라톤, 크로노스용 공식 웹 인터페이스
클라우드 통합	대부분의 클라우드 공급사가 네이티브 방식으로 지원(애저, AWS, GCP 등)	수동 설치 필요	대부분의 클라우드 공급사가 지원
최대 클러스터 크기	1,000노드	1,000노드	50,000노드

	쿠버네티스	도커 스웜	아파치 Mesos
오토스케일링	측정값에 기반한 수평 포드 오토스케일링	이용 불가	마라톤에서 자원(CPU/메모리) 소모 및 초당 요청 수, 큐 길이에 기반한 오토스케일링 제공

시중에는 쿠버네티스나 도커 스웜, 아파치 Mesos 외에도 이용할 수 있는 다른 클러스터링 시스템들이 있다. 특히 클라우드 플랫폼의 시대인 만큼 아마존 ECS처럼 유명한 특정 플랫폼용 시스템도 있다. 다행인 것은 도커 컨테이너의 클러스터링 개념을 이해하면 다른 시스템을 사용하는 것이 그리 어렵지 않다는 것이다.

⁞⁝ 요약

6장에서는 완전한 스테이징 및 프로덕션 환경을 설정할 수 있는 도커 환경의 클러스터링 방법을 알아봤다. 6장의 핵심 내용을 정리하면 다음과 같다.

- 클러스터링이란 여러 대의 기기를 묶어서 단일 시스템으로 취급할 수 있도록 구성하는 방법이다.

- 도커용 클러스터링 시스템 중 가장 인기 있는 제품은 쿠버네티스다.

- 쿠버네티스는 쿠버네티스 서버와 쿠버네티스 클라이언트(kubectl)로 구성된다.

- 쿠버네티스 서버는 (미니큐브나 도커 데스크톱을 통해) 로컬 컴퓨터나 클라우드 플랫폼(AKS, GKE, EKS)에 설치할 수 있고 여러 개의 서버에 수동으로 직접 설치할 수도 있다.

- 쿠버네티스는 YAML 구성을 사용해 애플리케이션을 배포한다.

- 쿠버네티스는 스케일링이나 롤링 업데이트 같은 기능을 기본으로 제공한다.

- 쿠버네티스는 DNS 확인 기능을 제공하며, 이는 의존성이 있는 여러 애플리케이션으로 구성된 시스템을 배포할 때 유용하다.

- 도커를 지원하는 가장 인기 있는 클러스터링 시스템으로는 쿠버네티스, 도커 스웜, 아파치 Mesos가 있다.

7장에서는 지속적 인도 파이프라인 중에서 구성 관리 부분을 알아본다.

꞉ 연습 문제

6장에서는 쿠버네티스와 클러스터링 절차를 자세히 다뤘다. 다음의 연습 문제를 풀고 배운 것을 확실히 하자.

1. 쿠버네티스 클러스터에서 hello world 애플리케이션을 실행한다.

    1. hello world 애플리케이션은 '2장, 도커 소개'의 연습 문제와 완전히 동일하게 보일 수 있다.

    2. 3개의 복제본으로 애플리케이션을 배포한다.

    3. 애플리케이션을 NodePort 서비스에 노출한다.

    4. (curl을 사용해) 애플리케이션으로 요청을 보낸다.

2. Goodbye World!라는 새로운 기능을 구현하고, 롤링 업데이트 방식으로 배포한다.

    1. 이 기능은 새로운 엔드포인트로 /bye를 제공하며, 항상 Goodbye World!를 반환한다.

    2. 새로운 버전 태그를 붙여 도커 이미지를 다시 빌드한다.

    3. rollingUpdate 전략과 readinessProbe를 사용한다.

    4. 롤링 업데이트 과정을 관찰한다.

    5. (curl을 사용해) 애플리케이션으로 요청을 보낸다.

⁝⁚ 질문

6장의 복습을 위해 다음 질문에 답해보자.

1. 서버 클러스터란 무엇인가?

2. 쿠버네티스 컨트롤 플레인과 쿠버네티스 노드의 차이점은 무엇인가?

3. 즉시 사용이 가능한 쿠버네티스 환경을 제공하는 클라우드 플랫폼을 3개 이상 말해보자.

4. 쿠버네티스 deployment와 service의 차이점은 무엇인가?

5. scaling deployments를 하는 쿠버네티스 명령은 무엇인가?

6. 쿠버네티스로 젠킨스 에이전트를 확장하는 두 가지 방법은 무엇인가?

7. 쿠버네티스 외에 클러스터 관리 시스템을 두 가지 이상 말해보자.

⁝⁚ 더 읽을거리

쿠버네티스에 대해서 더 알고 싶다면 다음 자료들을 참고한다.

- **Kubernetes official documentation**: https://kubernetes.io/docs/home/
- **나이젤 풀톤의 The Kubernetes Book**: https://leanpub.com/thekubernetesbook

3부

애플리케이션 배포

3부에서는 셰프와 앤서블 같은 구성 관리 도구를 사용해 도커 프로덕션 서버에 애플리케이션을 릴리스하는 방법을 다룬다.

또한 파이프라인을 모두 구축한 후에는 좀 더 어려운 실제 사례도 다룬다.

3부에서 다룰 내용은 다음과 같다.

- 7장, 앤서블로 하는 구성 관리
- 8장, 지속적 인도 파이프라인
- 9장, 지속적 인도 – 고급편

07

앤서블로 하는 구성 관리

앞부분에서는 이미 지속적 인도의 가장 중요한 두 가지 단계인 커밋 단계와 자동 인수 테스트를 다뤘다. 또한 애플리케이션과 젠킨스 에이전트용 환경을 클러스터링으로 구성하는 방법도 배웠다. 7장에서는 가상으로 컨테이너화된 환경을 실제 서버 인프라와 연결하는 구성 관리를 중점적으로 알아본다.[1]

7장에서 다룰 내용은 다음과 같다.

- 구성 관리 소개

- 앤서블 설치

- 앤서블 사용하기

- 앤서블을 이용한 배포

---

1   Configuration Management는 보통 구성 관리 또는 형상 관리라고 번역되는데 이 책에서는 구성 관리를 사용한다. – 옮긴이

- 도커 및 쿠버네티스와 앤서블

기술 요구 사항

7장을 진행하려면 다음과 같은 하드웨어와 소프트웨어 환경이 필요하다.

- 자바 8+

- 파이썬

- 우분투OS와 SSH 서버가 설치된 원격 컴퓨터

7장의 예제 코드는 다음 깃허브 주소에서 다운로드할 수 있다.

https://github.com/AcornPublishing/docker-jenkins

구성 관리 소개

구성 관리는 시간이 흘러도 시스템의 완전성을 유지할 수 있도록 구성 변경 사항을 통제하는 절차를 말한다. 이 용어는 IT 산업에서 유래된 것이 아니지만 현재는 소프트웨어와 하드웨어를 대상으로 널리 사용된다. 이 용어는 다음과 같은 의미로 사용된다.

- **애플리케이션 구성**: 시스템의 동작을 결정하는 소프트웨어 속성으로 플래그나 파일 형태로 애플리케이션에 전달된다. 예를 들어 데이터베이스 주소, 파일 처리용 최대 청크chunk 크기, 로깅 레벨 등이다. 속성들은 빌드나 패키지 단계, 배포나 실행 단계 등 다른 개발 단계에 각각 다르게 적용될 수 있다.

- **인프라 구성**: 배포 프로세스를 총괄하는 서버 인프라와 환경 구성을 말한다. 각 서버별로 설치할 의존성 모듈을 정의하고, 애플리케이션의 동작을 관리한다. 예를 들어 어떤 서버에서 어떤 애플리케이션을 실행할 것인지 또는 몇 개의 인스턴스를 실행할 것인지 등이다.

예를 들어 Hazelcast 서버를 사용하는 계산기 웹 서비스를 떠올려 보자. 이 경우 구성 관리 도구의 동작 방식은 다음 개념도와 같다.

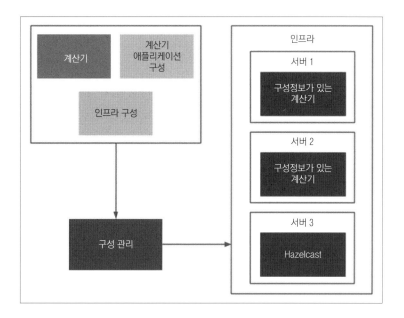

구성 관리 도구는 구성 파일을 읽고, 각각의 환경을 준비한다(의존성 도구와 라이브러리를 설치하고 애플리케이션을 여러 인스턴스에 배포한다).

앞의 예제에서 **인프라 구성**은 계산기 서비스가 두 개의 인스턴스(서버 1과 서버 2)에 배포되고 Hazelcast 서비스는 서버 3에 설치되도록 지정한다. **계산기 애플리케이션 구성**은 Hazelcast 서버의 주소와 포트를 지정해 서비스가 통신할 수 있도록 만든다.

INFO

> 구성은 환경 유형(QA, 스테이징, 프로덕션)에 따라 다를 수 있다. 예를 들어 서버마다 각기 다른 주소가 할당되는 식이다.

구성 관리 방식은 다양하므로 특정 방식을 선택하기에 앞서 좋은 구성 관리 도구의 특징을 먼저 알아보자.

좋은 구성 관리 도구의 특징

최신 구성 관리 솔루션이 갖춰야 하는 주요 요소를 알아보자.

- **자동화**: 운영체제, 네트워크 구성, 설치된 소프트웨어, 배포된 애플리케이션 등을 포함해 모든 환경을 자동으로 재구축할 수 있어야 한다. 즉 프로덕션에서 문제가 발생하면 환경을 재구축하는 방식으로 쉽게 해결할 수 있어야 한다. 또한, 간단히 서버 복제를 해야 하며 스테이징 및 프로덕션 환경을 완전히 똑같이 구성할 수 있어야 한다.

- **버전 관리**: 구성에서 발생한 모든 변경 사항을 누가, 언제, 왜 변경했는지 추적할 수 있어야 한다. 이를 위해 구성 관리 정보를 코드와 함께 소스 코드 리포지터리에 저장하거나 아니면 별도의 장소에 저장한다. 구성 정보의 수명은 애플리케이션과는 다르기 때문에 보통은 코드와 함께 저장하는 것을 권장한다. 소스 코드 리포지터리의 버전 관리 솔루션을 이용하면 프로덕션 문제를 해결할 때 유용하다. 이는 항상 이전 버전으로 복원이 가능하고, 환경이 자동으로 리빌드되기 때문이다. 버전 관리 솔루션을 사용하지 않는 유일한 예외는 자격 증명 정보나 민감 정보의 경우다. 이들 정보는 저장되지 않아야 한다.

- **증분 변경 관리**: 구성 변경을 적용할 때 환경 전체를 리빌드하는 식으로 동작하면 안된다. 즉, 구성의 일부만 변경된 경우에는 해당 부분의 인프라만 변경돼야 한다.

- **서버 추가**: 신규 서버를 추가하는 것이 (명령어 하나만 실행해) 구성에 주소를 추가하는 것만큼 빠르게 자동화돼야 한다.

- **보안**: 구성 관리 도구 및 기기에 대한 접속은 안전하게 보호돼야 한다. 통신에 SSH 프로토콜을 사용하는 경우 키 값이나 자격 증명에 대한 접근 보호가 돼야 한다.

- **단순성**: 모든 팀원이 구성을 읽고 변경하고 적용할 수 있어야 한다. 속성 자체도 가능한 한 단순하게 유지해야 하며, 변경되면 안 되는 속성은 하드코딩돼야 한다.

구성을 생성할 때 이런 점을 명심하는 것이 중요하며, 처음부터 적절한 구성 관리 도구를 선택하는 것이 좋다.

구성 관리 도구 개요

가장 인기 있는 구성 관리 도구에는 앤서블과 퍼핏, 셰프가 있다. 이 셋은 모두 오픈 소스로 무료 기본 버전과 유료 기업용 엔터프라이즈 에디션을 제공한다. 가장 중요한 차이점은 다음과 같다.

- **구성 언어**: 셰프는 루비를 사용하고, 퍼핏은 자체 DSL(루비 기반)을 사용하며, 앤서블은 YAML을 사용한다.

- **에이전트 유무**: 퍼핏 및 셰프는 에이전트를 사용해 통신한다. 즉 관리되는 각 서버마다 별도의 도구를 설치해야 한다는 것이다. 반면 앤서블은 에이전트가 없으며 표준 SSH 프로토콜로 통신한다.

에이전트가 필요 없는 앤서블은 서버에 어떤 설치도 할 필요가 없으며 이는 매우 큰 장점이라 할 수 있다. 게다가 앤서블은 상당히 빠르게 확산되는 추세다. 그래서 이 책에서는 앤서블을 기준으로 구성 관리를 설명할 예정이다. 그러나 다른 도구들도 지속적 인도 프로세스용으로 사용하는 데 전혀 문제가 없다.

한편 클라우드 기술이 발전하면서 구성 관리의 의미가 확장돼 **코드형 인프라**IaC라는 것이 포함되기 시작했다. 그래서 더 이상 IP 주소셋을 입력할 필요가 없고, 사용하는 클라우드 공급자에게 자격 증명을 제공하는 것으로 충분하다. 그러면 IaC 도구가 서버를 프로비저닝할 수 있다. 게다가 클라우드 공급사들은 다양한 상품군을 제공하기 때문에 대부분의 경우 베어메탈 서버를 프로비저닝할 필요가 없으며, 클라우드 서비스를 직접 사용할 수 있다. 이런 목적으로 앤서블, 퍼핏, 셰프를 계속 사용할 수 있지만 IaC 전용으로 테라폼Terraform을 사용할 수 있다. 이 책에서는 앤서블을 사용해 구성 관리를 하는 기존의 접근 방식을 설명하며, 테라폼에 대해서는 이 책의 향후 버전에서 다룰 예정이다.

> **TIP**
>
> 테라폼에 대한 상세한 내용을 알고 싶다면 다음의 공식 테라폼 문서를 참고한다.
>
> https://www.terraform.io/docs

앤서블 설치

오픈 소스 소프트웨어인 앤서블은 에이전트가 없는 자동화 엔진으로 소프트웨어 프로비저닝과 구성 관리, 애플리케이션 배포 등에 사용된다. 2012년에 최초로 출시됐으며, 기본 버전은 개인용이건 상용이건 모두 무료다. 엔터프라이저 에디션은 **앤서블 타워**라고 불리며, GUI 관리 및 대시보드, REST API, 역할 기반 접근 제어 등 더 많은 기능을 제공한다. 지금부터는 설치 과정뿐만 아니라 앤서블을 독립적으로 사용하는 방법 및 도커와 연결하는 방법을 모두 설명한다.

앤서블 서버 요구 사항

앤서블은 SSH 프로토콜로 통신하며, 관리 대상 기기에 대한 특별한 요구 사항은 없다. 또한 중앙 마스터 서버도 없으므로 앤서블 클라이언트 도구를 기기에 설치만 하면 전체 인프라를 관리할 수 있다.

> **INFO**
>
> 단 한 가지 요구 사항은 관리 대상 컴퓨터에 파이썬 도구(와 SSH 서버)가 설치돼 있어야 한다는 것이다. 그러나 이들 도구는 보통 모든 서버에 기본적으로 설치돼 있다.

앤서블 설치

설치 과정은 운영체제에 따라 다르다. 우분투의 경우에는 다음 명령어만으로도 설치할 수 있다.

```
$ sudo apt-get install software-properties-common
$ sudo apt-add-repository ppa:ansible/ansible
$ sudo apt-get update
$ sudo apt-get install ansible
```

설치가 끝나면 ansible 명령을 실행해 제대로 설치됐는지를 확인한다.

```
$ ansible version
ansible [core 2.12.2]
config file = /etc/ansible/ansible.cfg
...
```

앤서블 사용하기

앤서블을 사용하려면 먼저 사용이 가능한 자원을 보여주는 인벤토리를 정의해야 한다. 그런 다음 앤서블 플레이북을 사용해 일련의 태스크를 정의하거나 단일 명령을 실행한다.

인벤토리 생성하기

인벤토리는 앤서블에서 관리하는 모든 서버의 목록이다. 각 서버에는 파이썬 인터프리터와 SSH 서버만 설치돼 있으면 된다. 앤서블은 기본적으로 SSH 키가 인증용으로 사용된다고 가정한다. 그러나 앤서블 명령에 --ask-pass 옵션을 추가하면 사용자 이름과 비밀번호 방식도 사용할 수 있다.

TIP

SSH 키는 ssh-keygen 도구로 생성할 수 있으며, 일반적으로 ~/.ssh 디렉터리에 저장된다.

인벤토리가 정의되는 기본 파일은 /etc/ansible/hosts이며 -i 매개 변수를 사용하면 위치를 변경할 수도 있다. 이 파일은 다음과 같은 구조를 갖는다.

```
[group_name]
<server1_주소>
<server2_주소>
...
```

인벤토리 파일에는 많은 그룹이 존재할 수 있다. 예를 들어 한 개의 서버 그룹에 두 개의
기기를 정의해 보자.

```
[webservers]
192.168.0.241
192.168.0.242
```

서버에 별명을 붙이고 원격 사용자를 지정하는 구성도 가능하다.

```
[webservers]
web1 ansible_host=192.168.0.241 ansible_user=ubuntu
web2 ansible_host=192.168.0.242 ansible_user=ubuntu
```

앞의 파일은 두 개의 서버로 구성된 webservers라는 이름의 그룹을 정의한다. 앤서블 클
라이언트는 두 개 모두 ubuntu라는 사용자로 로그인한다. 이제 인벤토리를 생성했으니
지금부터는 여러 서버에서 동일한 명령을 실행하는 방법을 알아보자.

애드훅 명령

가장 간단한 명령인 ping을 모든 서버를 대상으로 실행해 보자. SSH 서버가 구성된 두 개의 원격 기기(192.168.0.241과 192.168.0.242)와 (앞에서 정의한) 인벤토리 파일이 있다고 가정하고 ping 명령을 실행해 보자.

```
$ ansible all -m ping
web1 | SUCCESS => {
    "ansible_facts": {
        "discovered_interpreter_python": "/usr/bin/python3"
    },
    "changed": false,
    "ping": "pong"
}
web2 | SUCCESS => {
    "ansible_facts": {
        "discovered_interpreter_python": "/usr/bin/python3"
    },
    "changed": false,
    "ping": "pong"
}
```

-m ⟨모듈_이름⟩ 옵션을 사용하면 원격 호스트에서 실행돼야 하는 모듈을 지정할 수 있다. 결과가 성공이라면 서버 접속이 가능하고 인증도 제대로 구성됐다는 것을 의미한다.

> **TIP**
>
> 앤서블에서 사용이 가능한 전체 모듈 목록은 다음 주소에서 확인할 수 있다.
>
> https://docs.ansible.com/ansible/latest/modules/list_of_all_modules.html

앞에서는 all을 사용함으로써 모든 서버를 대상으로 ping을 실행했지만 webservers라는 그룹 이름을 사용해 호출할 수도 있다. 두 번째 예제에서는 한 개의 서버에 대해서만 셸 명령을 실행해 보자.

```
$ ansible web1 -a "/bin/echo hello"
web1 | CHANGED | rc=0 >>
hello
```

-a <모듈_인자> 옵션은 앤서블 모듈에 전달할 인자 값을 지정한다. 앞의 예제에서는 모듈을 지정하지 않았으므로 인자는 셸 유닉스 명령으로 실행된다. 결과는 성공이고 hello가 출력된다.

단순한 형태의 앤서블 애드혹 명령 구문은 다음과 같다.

```
ansible <타깃> -m <모듈_이름 > -a <모듈_인자>
```

애드혹 명령의 목적은 반복할 필요가 없는 명령을 신속히 수행하는 것이다. 예를 들어 서버가 살아 있는지 확인하거나 연휴를 앞두고 모든 서버를 종료하는 경우다. 이 방식은 모듈이 제공하는 추가 구문을 이용해 기기 그룹에 대해 명령을 실행하는 것이라 할 수 있다. 그러나 앤서블 자동화의 진정한 힘은 지금부터 설명하는 플레이북이라고 할 수 있다.

플레이북

앤서블 플레이북은 서버의 설정 방법을 기술한 구성 파일이다. 각 서버에서 수행해야 하는 일련의 작업을 이 파일에다 정의한다. 플레이북은 사람이 읽고 이해할 수 있도록 YAML 구성 언어를 사용한다. 지금부터 플레이북의 예제를 살펴보고 사용 방법을 알아보자.

플레이북 정의하기

플레이북은 하나 이상의 플레이로 구성된다. 각 플레이에는 호스트 그룹의 이름과 수행할 태스크, 구성 상세 정보(예를 들어 원격 사용자 이름이나 접근 권한 등)가 들어간다. 플레이북 예제는 다음과 같다.

```
---
- hosts: web1
  become: yes
  become_method: sudo
  tasks:
  - name: ensure apache is at the latest version
    apt: name=apache2 state=latest
  - name: ensure apache is running
    service: name=apache2 state=started enabled=yes
```

이 구성은 다음과 같은 항목을 수행하는 한 개의 플레이로 이뤄진다.

- 호스트 web1에서만 실행된다.

- sudo 명령으로 루트 권한을 얻는다.

- 다음 두 개의 태스크를 수행한다.

  ○ **apache2의 최신 버전을 설치**: 앤서블 모듈 apt(name=apache2와 state=latest라는 두 개의 파라미터로 호출함)는 apache2 패키지가 서버에 설치됐는지를 확인하고, 설치되지 않았다면 apt-get 도구를 사용해 apache2를 설치한다.

  ○ **apache2 서비스를 실행**: 앤서블 모듈 service(name=apache2, state=started, enabled=yes라는 3개의 파라미터로 호출함)는 유닉스 서비스 apache2가 실행됐는지를 확인하고, 실행되지 않았다면 service 명령으로 실행한다.

각 태스크는 콘솔로 출력될 때 사람들이 쉽게 이해할 수 있는 이름을 갖는다. 즉 apt나 service는 앤서블 모듈이고, name=apache2와 state=latest 그리고 state=started는 모듈 인수라는 것을 알 수 있다. 앞에서 이미 애드혹 명령을 사용할 때 앤서블 모듈과 인수를 봤을 것이다. 앞의 플레이북에서는 플레이를 한 개만 정의했지만 여러 개의 플레이를 정의할 수도 있고 각각 다른 호스트 그룹과 연결할 수도 있다.

예를 들어 인벤토리에 database와 webservers라는 두 개의 서버 그룹을 정의한다. 그리고 플레이북에서 어떤 태스크는 데이터베이스를 호스팅하는 기기에서만, 나머지 태스크는 모두 웹 서버에서만 실행되도록 지정할 수 있다. 즉 한 개의 명령으로 전체 환경을 설정할 수 있다.

플레이북 실행하기

playbook.yml이 정의되면 ansible-playbook 명령으로 실행한다.

```
$ ansible-playbook playbook.yml

PLAY [web1] ************************************************************

TASK [setup] **********************************************************
ok: [web1]

TASK [ensure apache is at the latest version] ****************************
changed: [web1]

TASK [ensure apache is running] ****************************************

ok: [web1]

PLAY RECAP ************************************************************
web1: ok=3 changed=1 unreachable=0 failed=0
```

플레이북 구성이 실행되면 apache2 도구가 설치되고 시작된다. 태스크가 서버에서 변경 작업을 하면 changed라고 표시되고, 반대로 아무런 변경이 없다면 ok로 표시된다.

플레이북의 멱등성

다음과 같이 명령을 다시 한 번 실행해 보자.

```
$ ansible-playbook playbook.yml

PLAY [web1] *********************************************************

TASK [setup] *******************************************************
ok: [web1]

TASK [ensure apache is at the latest version] *********************
changed: [web1]

TASK [ensure apache is running] ***********************************
ok: [web1]

PLAY RECAP *********************************************************
web1: ok=3 changed=0 unreachable=0 failed=0
```

결과가 약간 다른 것에 주목하자. 두 번째 명령은 서버에서 아무것도 변경하지 않았다. 이는 각 앤서블 모듈이 멱등성idempotency을 지키도록 설계됐기 때문이다. 즉 같은 모듈에 대해 연속적으로 아무리 많은 명령을 실행해도 결과는 한 번 실행한 것과 동일하다는 사실이다.

멱등성을 유지하는 가장 단순한 방법은 태스크가 실행됐는지를 확인하고, 실행되지 않은 경우에만 실행하는 것이다. 멱등성은 강력한 기능이다. 그러므로 앤서블 태스크는 항상 이런 방식으로 작성해야 한다.

모든 태스크가 멱등성을 갖는다면 사용자가 원하는 상태가 될 때까지 여러 번 실행할 수 있을 것이다. 즉 원격 기기가 어떤 상태가 되길 바라는지를 플레이북에 정의한다. 그리고 ansible-playbook 명령으로 기기 (또는 기기 그룹)을 원하는 상태로 만드는 것이다.

핸들러

작업 중에는 다른 태스크에서 변경이 생긴 경우에만 실행해야 하는 것들이 있다. 예를 들어 구성 파일을 원격 기기에 복사한 후 구성 파일이 변경된 경우에만 아파치 서버를 재시작하고 싶다고 가정하자. 이런 경우에는 어떻게 해야 할까?

앤서블은 변경이 발생하면 알려주는 이벤트 방식의 메커니즘을 제공한다. 이를 사용하려면 두 가지 키워드를 알아야 한다.

- handler: 알림을 받으면 실행할 태스크를 지정한다.

- notify: 실행할 핸들러를 지정한다.

다음 예제 코드는 구성을 서버에 복사하고 구성이 변경된 경우에만 아파치를 재시작하는 방법이다.

```
tasks:
- name: copy configuration
  copy:
    src: foo.conf
    dest: /etc/foo.conf
  notify:
  - restart apache
handlers:
- name: restart apache
  service:
    name: apache2
    state: restarted
```

이제 foo.conf 파일을 만들고 ansible-playbook 명령을 실행한다.

```
$ touch foo.conf
$ ansible-playbook playbook.yml
...
TASK [copy configuration] ********************************************
changed: [web1]

RUNNING HANDLER [restart apache] ************************************
changed: [web1]

PLAY RECAP **********************************************************
web1: ok=5 changed=2 unreachable=0 failed=0
```

INFO

핸들러는 항상 플레이가 끝날 때 실행되며, 실행된 태스크의 수와 관계없이 한 번만 실행된다.

앤서블은 파일을 복사하고 아파치 서버를 재시작한다. 그리고 명령을 다시 실행하더라도 아무 일도 일어나지 않는다는 사실을 이해하는 것이 중요하다. 그러나 foo.conf 파일의 내용을 수정하고 ansible-playbook 명령을 실행하면 파일이 다시 복사되며 아파치도 재시작된다.

```
$ echo "something" > foo.conf
$ ansible-playbook playbook.yml

...

TASK [copy configuration] ********************************************
changed: [web1]

RUNNING HANDLER [restart apache] ************************************
changed: [web1]

PLAY RECAP **********************************************************
web1: ok=5 changed=2 unreachable=0 failed=0
```

여기서는 파일의 변경 여부를 지능적으로 감지해 주는 copy 모듈을 사용했다. 그런 다음 서버에서 변경 작업을 했다.

변수

앤서블 자동화를 이용하면 여러 호스트를 대상으로 동일한 작업을 반복해서 할 수 있다. 그러나 서버마다 약간씩 차이를 둬야 하는 경우도 있기 마련이다. 예를 들어 애플리케이션의 포트 번호를 생각해 보자. 이는 기기마다 다를 수 있다. 다행히도 앤서블은 변수를 지원하는데 이 기능을 이용해 서버 간의 차이를 다룰 수 있다. 새로운 플레이북을 만들고, 변수를 정의해 보자.

```
---
- hosts: web1
  vars:
    http_port: 8080
```

앞의 구성에서는 `http_port` 변수에 `8080`값을 정의한다. 이는 `Jinja2` 구문으로는 다음과 같이 쓸 수 있다.

```
tasks:
- name: print port number
  debug:
    msg: "Port number: {{ http_port }}"
```

`debug` 모듈은 실행 도중에 메시지를 출력한다. `ansible-playbook` 명령을 실행하면 변수의 용법을 볼 수 있다.

```
$ ansible-playbook playbook.yml

....

TASK [print port number] ************************************************
ok: [web1] => {
    "msg": "Port number: 8080"
}
```

사용자 정의 변수 외에 미리 정의된 자동 변수도 있다. 예를 들어 hostvars 변수는 인벤토리의 모든 호스트와 관련된 정보 맵을 저장한다. Jinja2 구문을 쓰면 인벤토리에 있는 모든 호스트의 IP 주소를 반복 출력할 수 있다.

```
---
- hosts: web1
  tasks:
  - name: print IP address
    debug:
      msg: "{% for host in groups['all'] %} {{
             hostvars[host]['ansible_host'] }} {% endfor %}"
```

그런 다음 ansible-playbook 명령을 실행한다.

```
$ ansible-playbook playbook.yml

...

TASK [print IP address] ************************************************
ok: [web1] => {
    "msg": " 192.168.0.241  192.168.0.242 "
}
```

참고로 Jinja2 언어를 사용하면 앤서블 플레이북 내에서 흐름 제어 명령을 사용할 수 있다.

롤

앤서블 플레이북을 사용하면 원격 서버에 어떤 도구든 설치할 수 있다. 즉 MySQL이 설치된 서버가 필요할 경우 apache2 패키지에서처럼 쉽게 직접 플레이북을 만들 수 있다.

그러나 생각해 보면 MySQL이 설치된 서버는 꽤 빈번히 사용되니 누군가 이미 플레이
북을 만들었을 것이고, 이를 재사용하면 작업이 훨씬 간단할 것이다. 바로 이럴 때 사용
할 수 있는 것이 바로 앤서블 롤Roles과 앤서블 갤럭시Galaxy다.

롤 이해하기

앤서블 롤은 다른 플레이북에 삽입해 재사용할 수 있도록 구조화한 플레이북을 말하는
데 롤은 항상 다음과 같은 디렉터리 구조를 갖는 독립된 모듈이다.

```
templates/
tasks/
handlers/
vars/
defaults/
meta/
```

INFO

> 롤의 역할과 각 디렉터리의 의미는 다음 앤서블 공식 페이지를 참고한다.
>
> http://docs.ansible.com/ansible/latest/user_guide/playbooks_reuse_roles.html

각 디렉터리에서는 `main.yml`을 정의할 수 있다. 이 파일에는 `playbook.yml` 파일에 들어가는
플레이북의 일부가 포함된다. MySQL용 롤 정의는 https://github.com/geerlingguy/
ansible-role-mysql 주소에 있다. 이 리포지터리에는 플레이북에서 사용할 수 있는 태
스크 템플릿이 포함돼 있다. 그러면 우분투/데비안에서 `mysql` 패키지를 설치하는 `tasks/`
`setup-Debian.yml` 파일의 일부를 살펴보자.

```
- name: Ensure MySQL Python libraries are installed.
  apt:
    name: "{{ mysql_python_package_debian }}"
    state: present

- name: Ensure MySQL packages are installed.
  apt:
    name: "{{ mysql_packages }}"
```

```
    state: present
  register: deb_mysql_install_packages
```

이 부분은 `tasks/main.yml` 파일 내에 정의된 많은 태스크 중 하나일 뿐이다. 그 외 다른 태스크들은 기타 운영체제에 MySQL을 설치하는 일을 담당한다.

이 롤을 사용한다면 MySQL을 서버에 설치할 때 다음 `playbook.yml`을 생성하는 것으로 충분하다.

```
---
- hosts: all
  become: yes
  become_method: sudo
  roles:
  - role: geerlingguy.mysql
```

이 구성은 `geerlingguy.mysql`이라는 롤을 사용해 MySQL 데이터베이스를 모든 서버에 설치한다.

앤서블 갤럭시

도커에는 도커 허브가 있듯이 앤서블에는 앤서블 갤럭시가 있어서 공통적으로 사용할 수 있는 롤 요소를 저장하고, 다른 사람과도 공유할 수 있다. 사용할 수 있는 롤의 목록은 다음 주소의 앤서블 갤럭시 페이지에서 확인할 수 있다.

https://galaxy.ansible.com/

앤서블 갤럭시에서 롤을 설치하려면 `ansible-galaxy` 명령을 사용한다.

```
$ ansible-galaxy install <사용자이름.롤_이름>
```

앞의 명령을 실행하면 롤을 자동으로 다운로드한다. MySQL 예제에서는 다음과 같이 명령한다.

```
$ ansible-galaxy install geerlingguy.mysql
```

앞의 명령을 실행하면 `mysql` 롤을 다운로드하며, 이는 나중에 플레이북 파일에서 사용할 수 있다. 만약 앞의 코드를 `playbook.yml`에 정의했다면 다음 명령으로 모든 서버에 MySQL을 설치할 수 있다.

```
$ ansible-playbook playbook.yml
```

이상으로 앤서블의 기본 사항을 알아봤다. 지금부터는 이를 사용해 애플리케이션을 배포하는 방법을 알아보자.

앤서블을 이용한 배포

지금부터는 앞에서 배운 도커와 쿠버네티스는 잠시 잊고, 앤서블만을 이용해 전체 배포 단계를 구성해 보자. 목표는 첫 번째 서버에서는 계산기 서비스를 실행하고, 두 번째 서버에서는 Hazelcast 서비스를 운영하도록 구성하는 것이다.

Hazelcast 설치하기

새로운 플레이북에서 플레이를 작성하도록 하자. 우선 다음 내용으로 `playbook.yml` 파일을 생성한다.

```
---
- hosts: web1
  become: yes
  become_method: sudo
  tasks:
  - name: ensure Java Runtime Environment is installed
    apt:
      name: default-jre
      state: present
      update_cache: yes
  - name: create Hazelcast directory
    file:
      path: /var/hazelcast
      state: directory
```

```
  - name: download Hazelcast
    get_url:
      url:
https://repo1.maven.org/maven2/com/hazelcast/hazelcast/5.0.2/hazelcast-5.0.2.jar
      dest: /var/hazelcast/hazelcast.jar
      mode: a+r
  - name: copy Hazelcast starting script
    copy:
      src: hazelcast.sh
      dest: /var/hazelcast/hazelcast.sh
      mode: a+x
  - name: configure Hazelcast as a service
    file:
      path: /etc/init.d/hazelcast
      state: link
      force: yes
      src: /var/hazelcast/hazelcast.sh
  - name: start Hazelcast
    service:
      name: hazelcast
      enabled: yes
      state: started
```

앞의 내용을 보면 구성 파일은 web1 서버에서 실행되며, 루트 권한을 필요로 한다. 또한 몇 단계만 수행하면 완전한 Hazelcast 서버를 설치하게 된다. 그러면 이제 앞에서 정의한 내용을 하나씩 살펴보자.

1. **환경 준비**: 이 태스크에서는 자바 실행 환경이 설치됐는지를 확인한다. 기본적으로 Hazelcast 실행에 필요한 모든 의존성 모듈이 제공되도록 서버 환경을 구성한다. 좀 더 복잡한 애플리케이션의 경우 의존성 도구와 라이브러리의 목록이 더 길어질 것이다.

2. **Hazelcast 도구 다운로드**: Hazelcast는 JAR 형식으로 제공되며, 인터넷에서 다운로드할 수 있다. 본 예제에서는 버전을 명시했지만 실제 프로젝트에서 사용할 때는 변수에서 값을 추출하는 것이 좋다.

3. **애플리케이션을 서비스로 구성**: 운영체제의 표준 서비스로 관리될 수 있도록 Hazelcast 를 유닉스 서비스 방식으로 구성한다. 본 예제에서는 서비스 스크립트를 복사해 /etc/init.d/ 디렉터리에 링크하면 된다.

4. **Hazelcast 서비스 시작**: Hazelcast가 유닉스 서비스로 구성되면 표준 방식으로 시 작할 수 있다.

다음 hazelcast.sh는 Hazelcast를 유닉스 서비스로 실행하는 스크립트다.

```
#!/bin/bash

### BEGIN INIT INFO
# Provides: hazelcast
# Required-Start: $remote_fs $syslog
# Required-Stop: $remote_fs $syslog
# Default-Start: 2 3 4 5
# Default-Stop: 0 1 6
# Short-Description: Hazelcast server
### END INIT INFO

java -cp /var/hazelcast/hazelcast.jar  com.hazelcast.core.
server.HazelcastMemberStarter  &
```

이 단계 이후부터는 플레이북을 실행하고 Hazelcast를 web1 서버에서 시작할 수 있다. 그러나 우선 계산기 서비스를 실행하는 두 번째 플레이를 생성하고 그후 한꺼번에 실행 하도록 하자.

웹 서비스 배포하기

계산기 웹 서비스는 다음 두 단계로 진행한다.

1. Hazelcast 호스트 주소 변경하기

2. 플레이북에 계산기 배포 추가하기

Hazelcast 호스트 주소 변경하기

앞에서 Hazelcast 호스트의 주소를 hazelcast라는 값으로 하드코딩했는데 이제 이 값을 192.160.0.241(인벤토리의 web1과 동일한 IP 주소)로 바꿔야 한다. 해당 파일은 src/main/java/com/leszko/calculator/CalculatorApplication.java다.

> **TIP**
>
> 실제 프로젝트에서는 파일의 형태로 애플리케이션의 속성을 관리하는 것이 일반적이다. 예를 들어 스프링 부트 프레임워크는 application.properties나 application.yml 파일을 사용한다. 그러므로 나중에 이 파일을 앤서블용으로 변경하는 식으로 유연하게 적용할 수 있다.

플레이북에 계산기 배포 추가하기

마지막으로 playbook.yml 파일에 새로운 플레이로 배포 구성을 추가한다.

```
- hosts: web2
  become: yes
  become_method: sudo
  tasks:
  - name: ensure Java Runtime Environment is installed
    apt:
      name: default-jre
      state: present
      update_cache: yes
  - name: create directory for Calculator
    file:
      path: /var/calculator
      state: directory
  - name: copy Calculator starting script
    copy:
      src: calculator.sh
      dest: /var/calculator/calculator.sh
      mode: a+x
  - name: configure Calculator as a service
    file:
      path: /etc/init.d/calculator
      state: link
      force: yes
      src: /var/calculator/calculator.sh
```

```
- name: copy Calculator
  copy:
    src: build/libs/calculator-0.0.1-SNAPSHOT.jar
    dest: /var/calculator/calculator.jar
    mode: a+x
  notify:
  - restart Calculator
handlers:
- name: restart Calculator
  service:
    name: calculator
    enabled: yes
    state: restarted
```

이 구성은 Hazelcast용으로 생성했던 것과 매우 유사하다. 차이가 있다면 이번에는 인터넷에서 JAR를 다운로드하는 것이 아니라 파일 시스템에서 복사한다는 것이다. 또 다른 차이점은 앤서블 핸들러를 사용해 서비스를 재시작한다는 것이다. 이는 새로운 버전이 복사될 때마다 계산기를 재시작하려고 하기 때문이다.

전체를 하나로 합치기 전에 먼저 calculator.sh를 정의해야 한다.

```
#!/bin/bash

### BEGIN INIT INFO
# Provides: calculator
# Required-Start: $remote_fs $syslog
# Required-Stop: $remote_fs $syslog
# Default-Start: 2 3 4 5
# Default-Stop: 0 1 6
# Short-Description: Calculator application
### END INIT INFO

java -jar /var/calculator/calculator.jar &
```

이제 모든 준비가 끝났으므로 이 구성을 사용해 전체 시스템을 시작한다.

배포 실행하기

플레이북을 실행할 때는 항상 ansible-playbook 명령을 사용한다. 그러나 그 전에 먼저 그래들로 계산기 프로젝트를 빌드하자.

```
$ ./gradlew build
$ ansible-playbook playbook.yml
```

배포가 성공하면 이제 서비스를 사용할 수 있다. 인벤토리의 web2와 동일한 IP 주소인 http://192.168.0.242:8080/sum?a=1&b=2에 접속하면 서비스가 동작하는지 확인할 수 있는데 결괏값으로 3이 나와야 한다.

명령어 한 개를 실행함으로써 전체 환경을 구성했다는 것에 주목하자. 게다가 서비스를 확장해야 하는 경우에도 인벤토리에 서버를 추가하고 간단히 ansible-playbook 명령을 재실행하면 된다. 또한 이것을 앤서블 롤로 패키징해 깃허브에 업로드하면 다른 사람들도 누구나 동일한 우분투 서버에서 이를 실행할 수 있다. 이것이 바로 앤서블의 뛰어난 기능이다.

이제까지 앤서블을 이용한 환경 구성과 애플리케이션 배포 방법을 다뤘다. 지금부터는 도커와 함께 사용하는 방법을 알아본다.

⠿ 도커 및 쿠버네티스와 앤서블

이미 눈치챈 독자도 있겠지만 앤서블과 도커 (및 쿠버네티스)는 다음과 같은 유사한 소프트웨어 배포 문제를 다룬다.

- **환경 구성**: 앤서블과 도커는 모두 환경 구성 방법을 제공한다. 그러나 제공 방식은 다르다. 앤서블은 (앤서블 모듈 내에 캡슐화를 하는) 스크립트를 사용하는 반면 도커는 전체 환경을 컨테이너에 캡슐화한다.

- **의존성**: 앤서블은 여러 서비스들을 같은 또는 다른 호스트로 배포하는 방법을 제공한다. 그리고 이들을 함께 배포한다. 쿠버네티스도 유사한 기능을 갖고 있는데 다수의 컨테이너를 동시에 실행할 수 있다.

- **확장성**: 앤서블은 인벤토리와 호스트 그룹을 통해 서비스를 확장할 수 있다. 쿠버네티스에서는 실행 중인 컨테이너의 수를 늘리거나 줄이는 방식으로 이뤄진다.

- **구성 파일을 사용한 자동화**: 앤서블은 전체 구성 환경과 서비스 의존성을 (소스 관리 리포지터리에 보관되는) `playbook.yml` 파일에 저장한다. 도커와 쿠버네티스의 경우 환경 정보는 도커파일에, 의존성 및 확장 정보는 `deployment.yml`에 저장한다.

- **단순성**: 두 도구 모두 사용이 매우 간단하고, 한 개의 구성 파일과 한 개의 명령으로 전체 실행 환경을 설정하는 방법을 제공한다.

만약 도구들을 비교한다면 격리화, 이식성, 보안 측면에서 도커가 좀 더 낫다고 할 수 있다. 또한 다른 구성 관리 도구 없이 도커/쿠버네티스만으로도 충분할 것이다. 그렇다면 왜 앤서블이 필요한 것일까?

앤서블의 장점

앤서블을 사용하는 것이 낭비라고 생각할 수도 있겠지만 다음과 같은 이점이 있다.

- **도커 환경**: 도커/쿠버네티스를 운영하는 호스트 머신도 설정과 관리가 필요하다. 모든 컨테이너는 리눅스 기기에서 실행되므로 커널 패치나 도커 엔진 업데이트, 네트워크 구성 등의 작업이 필요하다. 게다가 다른 종류의 리눅스 배포판이 탑재된 서버가 존재할 수도 있는데 앤서블은 이 모든 환경을 다룰 수 있다.

- **도커화되지 않는 애플리케이션**: 모든 것이 컨테이너 내부에서 실행되는 것은 아니다. 만약 인프라 중 일부는 컨테이너로 구성되고, 일부는 표준 방식이나 클라우드로 배포됐더라도 앤서블에서는 이런 환경을 모두 플레이북 구성으로 관리할 수 있다. 실제 프로젝트에서는 애플리케이션을 컨테이너로 실행할 수 없는 많은 이유들(예: 성능, 보안, 특정 하드웨어 요구 사항, 레거시와의 연동 등)이 생긴다.

- **인벤토리**: 앤서블은 모든 서버에 대한 정보를 저장하는 인벤토리를 사용해 물리적 인프라를 관리하는 매우 친숙한 방식을 제공한다. 또한 물리적 인프라를 프로덕션, 테스트, 개발 등으로 구분할 수도 있다.

- **클라우드 프로비저닝**: 앤서블은 쿠버네티스 클러스터의 프로비저닝이나 클라우드에 쿠버네티스 설치 등의 작업을 할 수 있다. 예를 들어 클라우드에서 서비스되는 애플리케이션을 대상으로 통합 테스트를 한다고 가정해 보자. 그러면 통합 테스트를 위한 첫 단계가 구글 클라우드 플랫폼GCP에 쿠버네티스 클러스터를 생성하는 것일 수 있다. 그런 다음에야 클라우드에다 테스트할 전체 애플리케이션을 배포할 수 있기 때문이다.

- **GUI**: 앤서블은 인프라 관리 방식을 개선한 GUI 매니저(유료 앤서블 타워 및 오픈 소스 AWX)를 제공한다.

- **테스트 프로세스의 개선**: 앤서블은 테스트 스크립트로 캡슐화할 수 있으며 통합 및 인수 테스트를 지원한다.

도커와 쿠버네티스는 환경 구성과 클러스터링을 관리하는 도구인 반면 앤서블은 인프라를 관리하는 도구라고 할 수 있다. 이에 대한 개요는 다음 그림과 같다.

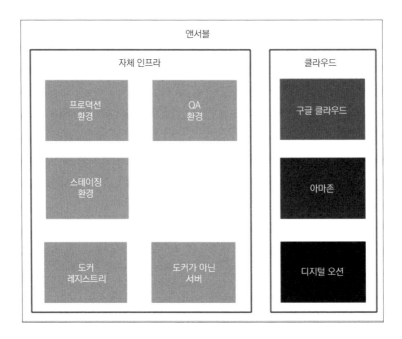

앤서블은 **쿠버네티스 클러스터**나 **도커 서버, 도커 레지스트리, 도커가 아닌 서버, 클라우드 공급자** 등 모든 인프라를 관리한다. 또한 서버의 물리적 위치도 관리한다. 인벤토리 호스트 그룹을 사용하면 지리적으로 가까운 데이터베이스와 웹 서비스를 묶을 수도 있다.

그러면 앤서블을 사용해 서버에 도커를 설치하고, 그곳에 예제 애플리케이션을 배포하는 방법을 알아보자.

앤서블 도커 플레이북

앤서블은 도커 전용 모듈을 제공해 도커와 원활하게 통합된다. 도커 기반 배포용으로 앤서블 플레이북을 만드는 경우 첫 번째 작업은 모든 기기에 도커 엔진이 설치됐는지를 확인하는 것이다. 그런 다음 도커로 컨테이너를 실행한다.

우선 우분투 서버에 도커를 설치한다.

도커 설치하기

앤서블 플레이북에서 다음 태스크를 사용해 도커 엔진을 설치할 수 있다.

```
- hosts: web1
  become: yes
  become_method: sudo
  tasks:
  - name: Install required packages
    apt:
      name: "{{ item }}"
      state: latest
      update_cache: yes
    loop:
    - apt-transport-https
    - ca-certificates
    - curl
    - software-properties-common
    - python3-pip
    - virtualenv
    - python3-setuptools
  - name: Add Docker GPG apt Key
    apt_key:
      url: https://download.docker.com/linux/ubuntu/gpg
      state: present
  - name: Add Docker Repository
    apt_repository:
      repo: deb https://download.docker.com/linux/ubuntu focal stable
      state: present
  - name: Update apt and install docker-ce
    apt:
      name: docker-ce
      state: latest
      update_cache: yes
  - name: Install Docker Module for Python
    pip:
      name: docker
```

INFO

> 플레이북은 각 운영체제마다 조금씩 다르게 보인다. 위의 예제는 우분투 20.04용이다.

이 구성은 도커와 (앤서블이 사용하는) 도커 파이썬 도구를 설치한다. 그리고 플레이북을 좀 더 간결하게 만들고자 새로운 앤서블 구문인 loop를 사용했다.

도커가 설치되면 도커 컨테이너를 실행하는 태스크를 추가할 수 있다.

도커 컨테이너 실행하기

도커 컨테이너는 docker_container 모듈을 사용해 실행할 수 있으며, 코드는 다음과 같다.

```
- hosts: web1
  become: yes
  become_method: sudo
  tasks:
  - name: run Hazelcast container
    community.docker.docker_container:
      name: hazelcast
      image: hazelcast/hazelcast
      state: started
      exposed_ports:
      - 5701
```

> **INFO**
>
> docker_container 모듈의 옵션에 대해서는 다음의 공식 앤서블 페이지에서 찾아볼 수 있다.
>
> https://docs.ansible.com/ansible/latest/collections/community/docker/docker_container_module.html

앞에서 보여준 두 개의 플레이북 예제로 도커를 이용한 Hazelcast 서버를 구성했다. 이는 같은 플레이북을 여러 (우분투) 서버에서 실행할 수 있기 때문에 매우 편리하다.

그러면 이제 쿠버네티스에서 앤서블을 이용하는 방법을 알아보자.

앤서블 쿠버네티스 플레이북

도커와 유사하게 앤서블은 쿠버네티스에서도 사용할 수 있다. 즉 쿠버네티스 클러스터가 준비됐다면 앤서블 k8s 모듈로 쿠버네티스 리소스를 만들 수 있다. 다음은 쿠버네티스 구성을 적용한 앤서블 태스크 예제다.

```
- name: Create namespace
  kubernetes.core.k8s:
    name: my-namespace
    api_version: v1
    kind: Namespace
    state: present
```

이 구성에 따라 my-namespace라는 이름의 네임스페이스가 쿠버네티스 클러스터에 생성 되는지 확인해 보자.

INFO

앤서블의 k8s 모듈에 대한 자세한 설명은 다음 주소를 참고한다.

https://docs.ansible.com/ansible/latest/collections/kubernetes/core/k8s_module.html

지금까지 배포 환경이 베어메탈 서버로 구성된 경우 가장 적합하다고 여겨지는 앤서블 로 구성 관리하는 방법을 다뤘다. 또한 클라우드 서비스와도 앤서블을 사용할 수 있으 며, 그런 용도의 전용 모듈도 많이 있다. 예를 들어 amazon.aws.ec2_instance를 사용하면 AWS EC2 인스턴스를 생성하고 관리할 수 있다. 그러나 7장의 첫 부분에서 언급했듯이 클라우드 환경에서는 더 나은 솔루션이 있는데 바로 코드형 인프라[IaC] 중 대표적인 제품 인 테라폼을 이용하는 것이다. 테라폼에 대해서는 이 책의 향후 버전에서 다룰 예정이다.

⁝ 요약

지금까지 구성 관리 프로세스와 도커 및 쿠버네티스와의 관계를 다뤘다. 지속적 인도 파이프라인에서 어떤 구성 관리 도구를 사용하는지는 용도에 따라 크게 달라진다.

앤서블은 관리해야 할 베어메탈 서버가 여럿일 때 효과적이며, 테라폼은 클라우드를 사 용할 때 가장 잘 동작한다. 그러나 실행 환경이 단일 쿠버네티스 클러스터인 경우에는 파이프라인에서 kubectl을 실행해도 전혀 문제되지 않는다.

7장의 주요 내용은 다음과 같다.

- 구성 관리는 인프라와 애플리케이션의 구성을 만들고 적용하는 프로세스다.

- 앤서블은 가장 많이 사용되는 구성 관리 도구다. 이 도구는 에이전트를 사용하지 않기 때문에 특별한 서버 구성을 필요로 하지 않는다.

- 앤서블은 애드혹 명령으로 사용할 수도 있지만 제대로 된 기능을 사용하려면 앤서블 플레이북을 이용해야 한다.

- 앤서블 플레이북은 환경 구성 방법에 대한 정의라 할 수 있다.

- 앤서블 롤의 목적은 플레이북의 일부를 재사용하는 것이다. 앤서블 갤럭시는 앤서블 롤을 공유할 수 있는 온라인 서비스다.

- 앤서블은 도커와 통합하기 좋으며, 도커(와 쿠버네티스)만 단독으로 사용하는 것에 비해 추가적인 이점이 있다.

8장에서는 지속적 인도 프로세스를 마무리하고, 젠킨스 파이프라인을 완성하도록 한다.

⠿ 연습 문제

7장에서는 앤서블의 기본 사항을 다뤘고, 도커 및 쿠버네티스와 함께 사용하는 방법도 배웠다. 다음의 연습 문제를 풀고 배운 것을 확실히 하자.

1. 서버 인프라를 생성하고, 이를 앤서블로 관리한다.

    1. 실제 기기를 연결하거나 원격 서버를 대신할 버추얼박스를 실행한다.

    2. 원격 기기(SSH 키)에 접속할 수 있도록 SSH를 구성한다.

    3. 원격 기기에 파이썬을 설치한다.

    4. 원격 기기에 앤서블 인벤토리를 생성한다.

5. 앤서블 애드혹 명령(ping 모듈 포함)을 실행해 인프라가 제대로 구성됐는지를 확인한다.

2. 파이썬 기반 hello world 웹 서비스를 생성하고, 앤서블 플레이북으로 이를 원격 기기에 배포한다.

   1. 이 서비스는 7장에서 다룬 예제와 동일하다.

   2. 서비스를 원격 기기에 배포하는 플레이북을 생성한다.

   3. ansible-playbook 명령을 실행하고, 서비스가 배포됐는지를 확인한다.

⁝⁝ 질문

7장의 복습을 위해 다음 질문에 답해보자.

1. 구성 관리란 무엇인가?

2. 구성 관리 도구에 에이전트가 없다는 것은 무슨 의미인가?

3. 가장 많이 사용되는 세 가지 구성 관리 도구는 무엇인가?

4. 앤서블 인벤토리는 무엇인가?

5. 앤서블 애드혹 명령과 플레이북의 차이점은 무엇인가?

6. 앤서블 롤은 무엇인가?

7. 앤서블 갤럭시는 무엇인가?

⠿ 더 읽을거리

앤서블의 구성 관리에 대해서 더 알고 싶다면 다음 자료를 참고한다.

- **Official Ansible Documentation**: https://docs.ansible.com/

- 마이클 나이가드의 『**RELEASE IT**』(위키북스, 2007): https://pragprog.com/book/mnee2/release-it

- 루스 매켄드릭의 **Learn Ansible**: https://www.packtpub.com/virtualization-and-cloud/learn-ansible

08

지속적 인도 파이프라인

8장에서는 파이프라인 프로세스에서 다루지 않았던 환경 및 인프라, 애플리케이션 버전 관리, 비기능 테스트를 알아본다.

8장에서 다룰 내용은 다음과 같다.

- 환경 및 인프라

- 비기능 테스트

- 애플리케이션 버전 관리

- 지속적 인도 파이프라인 완성하기

⁝⁝ 기술 요구 사항

8장을 진행하려면 다음과 같은 환경이 필요하다.

- 젠킨스 인스턴스(젠킨스 에이전트에 자바 8+와 도커, kubectl이 설치돼야 함)

- 도커 레지스트리(예: 도커 허브 계정)

- 두 개의 쿠버네티스 클러스터

8장의 예제 코드는 다음 깃허브 주소에서 다운로드할 수 있다.

https://github.com/AcornPublishing/docker-jenkins

⋮⋮ 환경 및 인프라

지금까지는 애플리케이션을 도커 호스트나 쿠버네티스 클러스터 또는 (앤서블을 통해) 우분투 서버에 직접 배포했다. 그러나 **지속적 인도 프로세스** (또는 일반적인 소프트웨어 인도 프로세스)를 고려한다면 사용할 리소스를 논리적으로 그룹화하는 것이 좋다. 이것이 중요한 이유는 두 가지다.

- 기기의 물리적 위치가 갖는 중요성
- 프로덕션 기기에서 테스트를 할 수 없는 상황

지금부터는 이런 사실을 염두에 두고 다양한 유형의 환경과 지속적 배포 프로세스의 역할, 인프라의 보안 측면 등을 알아본다.

환경 유형

환경에는 **프로덕션, 스테이징, 테스트**[QA], **개발**이라는 네 가지의 일반적인 유형이 있다. 각 유형을 하나씩 살펴보자.

프로덕션 환경

프로덕션 환경은 최종 사용자가 사용하는 환경이다. 모든 회사가 보유하고 있으며, 가장 중요한 환경이기도 하다.

다음 그림은 대부분의 프로덕션 환경이 갖는 구성을 보여준다.

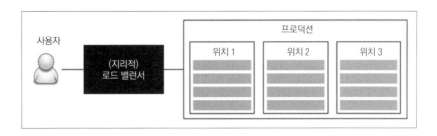

사용자는 로드 밸런서가 선택한 서버에서 제공하는 서비스로 접속한다. 만약 애플리케이션이 여러 곳의 물리적 위치에 릴리스된 경우 (첫 번째) 서버는 일반적으로 DNS 기반의 지리적 로드 밸런서다. 각 위치에는 서버 클러스터가 있다. 도커와 쿠버네티스를 사용한다면 각 위치에 한 개 이상의 쿠버네티스 클러스터가 있다는 것을 뜻한다.

요청-응답 시간은 서버 간의 거리에 따라 차이가 크기 때문에 서버의 물리적 위치는 매우 중요하다. 게다가 데이터베이스 및 의존성이 있는 서비스들도 릴리스된 서비스와 가까운 시스템에 있어야 한다. 더 중요한 것은 데이터베이스의 경우 다른 위치에서 발생하는 복제 오버헤드를 최소화하는 방식으로 분할돼야 한다는 것이다. 그렇지 않으면 데이터베이스는 물리적으로 멀리 떨어진 인스턴스들 간에 합의가 이뤄질 때까지 한참을 대기해야 할 수도 있다.

물리적 위치에 대한 자세한 논의는 이 책의 범위를 벗어나므로 자세히 다루지 않지만 도커와 쿠버네티스가 자동으로 이런 문제를 해결하는 것이 아니라는 점을 알아두는 것이 중요하다.

INFO

> 컨테이너화와 가상화를 통해 서버 자원을 무한정 확장할 수 있을 것이라 오해할 수 있다. 그러나 서버 위치와 같은 일부 물리적 제한은 여전히 존재한다.

스테이징 환경

스테이징 환경은 실제 서비스를 하기 전에 최종 테스트를 수행할 목적으로 최신 릴리스 후보를 배포하는 환경이다. 가장 이상적인 스테이징 환경은 프로덕션을 그대로 복제한 환경이다. 인도 프로세스의 측면에서 이 환경의 구성은 다음 그림과 같다.

스테이징 환경은 정확하게 프로덕션 환경의 복제본이라는 사실을 주목하자. 만약 애플리케이션이 여러 위치에 배포된다면 스테이징도 동일하게 여러 곳에 배포돼야 한다.

지속적 인도 프로세스에서는 모든 기능/비기능 인수 테스트가 이 환경을 대상으로 수행된다. 대부분의 기능 테스트는 프로덕션과 동일한 인프라를 요구하지는 않으나 비기능(특히 성능) 테스트의 경우에는 동일한 환경 구성이 필수다.

비용 절감을 위해 스테이징과 프로덕션의 인프라가 다른 경우도 많다. 일반적으로 스테이징은 더 적은 수의 인프라로 구성된다. 그러나 이런 방식은 프로덕션에서 큰 문제를 일으킬 수 있다. 마이클 나이가드는 그의 저서에서 프로덕션 환경 대비 스테이징에서 더 적은 수의 기기를 사용했던 한 기업의 실제 사례를 들었다.

해당 기업에서는 코드를 일부 변경한 후 이에 대한 모든 부하 테스트를 수행했고 시스템도 안정적이었으나 프로덕션 환경에서는 매우 느려지는 문제가 발생했다. 왜 이런 상황이 벌어졌을까? 그 이유는 프로덕션 환경에는 각 서버들이 서로 통신을 하는 동기화 작업이 있었기 때문이다. 스테이징의 경우 서버가 한 대밖에 없었기 때문에 동기화에 따른 지연 요인이 없었다. 그러나 프로덕션에는 많은 서버가 있었기 때문에 동기화 작업을 위해 서로 대기하는 현상이 발생한 것이다. 이 사례는 빙산의 일각에 불과하며 프로덕션과 스테이징의 환경이 다른 경우 인수 테스트로 검증하지 못하는 문제가 많이 발생할 수 있다.

테스트 환경

테스트 환경 (또는 QA 환경)은 QA 팀이 탐색적 테스트를 수행하고, 외부 애플리케이션

(서비스에 따라 다름)이 통합 테스트를 수행하도록 설계된 환경이다. 테스트 환경의 구성은 다음 그림과 같다.

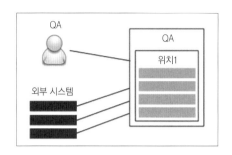

리포지터리에 코드가 커밋될 때마다 변경이 발생하는 것을 고려하면 스테이징 환경이 반드시 안정적일 필요는 없지만 테스트 환경은 확실한 안정성을 제공하고 프로덕션과 동일한 API (또는 하위 호환성)을 제공해야 한다. 스테이징과 달리 테스트 환경의 인프라는 프로덕션과 다를 수도 있다. 이는 테스트 환경은 릴리스 후보의 동작을 확인하는 것이 목표가 아니기 때문이다.

일반적으로 테스트 환경에는 더 적은 수의 서버를 할당한다.

INFO

> 테스트 환경으로 배포하는 것은 보통 별도의 파이프라인으로 수행되며, 릴리스 프로세스 자동화와는 무관하다. 테스트 환경은 프로덕션과 다른 수명 주기를 갖기 때문에 이런 접근 방식이 편리하다. 예를 들어 QA 팀은 트렁크에서 분기된 실험적인 기능에 대한 성능 테스트를 수행해야 할 수도 있다.

개발 환경

개발 환경은 모든 개발자가 이용하는 공유 서버로 구성할 수도 있고, 개발자마다 별도의 실행 환경을 가질 수도 있다. 개발 환경의 구성은 다음과 같이 간단하다.

개발 환경은 항상 최신 버전의 코드를 갖고 있다. 이를 사용해서 개발들의 코드를 통합하며 테스트 환경과 같은 방식으로 운영되지만 테스터가 아니라 개발자가 사용하는 환경이다.

지금까지 네 가지 유형의 환경을 모두 살펴봤다. 지금부터는 이들을 어떻게 지속적 인도 프로세스에 적용할 것인지를 살펴보자.

지속적 인도 환경

지속적 인도 프로세스에서 스테이징 환경은 필수 요소다. 비록 성능의 중요도가 낮고 종속성도 많지 않은 프로젝트의 경우 로컬 도커 호스트에서 인수 테스트를 수행하기도 하지만 이는 아주 예외적인 경우다. 실무에서라면 이런 경우 프로덕션 환경에 문제가 발생할 위험을 감수해야 할 수도 있다.

일반적으로 그 외 환경들은 지속적 인도와 관련해 중요하지 않다. 만약 모든 커밋마다 테스트^{QA}나 실행 환경에 배포하려는 경우라면 (메인 릴리스 파이프라인에 영향을 주지 않도록 주의하면서) 해당 목적에 맞는 별도의 파이프라인을 만들 수도 있다. 대부분의 테스트 환경은 프로덕션과 수명 주기가 다르기 때문에 배포도 수동으로 이뤄진다.

보안 환경

보안은 모든 환경에서 중요하게 다뤄져야 한다는 점은 두말할 필요가 없다. 그중에서도 가장 중요하고 안전하게 유지돼야 하는 곳은 프로덕션 환경이다. 이는 프로덕션 환경은 비즈니스와 직접 관련되며, 특히 보안 문제가 생겼을 때 손해가 가장 크기 때문이다.

> **INFO**
>
> 보안은 광범위한 주제다. 이 섹션에서는 지속적 인도 프로세스와 관련된 주제에만 초점을 맞춘다. 그러나 서버 인프라를 제대로 설정하려면 보안에 대한 더 많은 학습이 필요하다.

지속적 인도 프로세스에서는 젠킨스 에이전트가 서버에 접속할 수 있어야 애플리케이션을 배포할 수 있다. 에이전트에게 서버의 자격 증명을 제공하는 방법은 다음과 같이 다양하다.

- **SSH 키를 에이전트에 입력하기**: 동적 도커 슬레이브 프로비저닝을 사용하지 않는다면 SSH 개인 키를 갖는 젠킨스 에이전트 머신을 구성한다.
- **SSH 키를 에이전트 이미지에 입력하기**: 동적 도커 슬레이브 프로비저닝을 사용한다면 SSH 개인 키를 도커 에이전트 이미지에 추가한다. 그러나 이 방법은 이미지에 접속할 수 있는 사람은 누구나 프로덕션 서버에 접속할 수 있다는 보안 취약점이 있다.
- **젠킨스 크리덴셜**(자격 증명) **사용하기**: 젠킨스가 자격 증명을 저장하고 파이프라인에서 사용하도록 구성한다.
- **슬레이브 젠킨스 플러그인에 복사하기**: 젠킨스 빌드를 시작하는 동안 SSH 키를 슬레이브에 동적으로 복사한다.

각 솔루션은 장점과 단점을 모두 갖고 있다. 에이전트가 프로덕션 접속 권한을 갖고 있는 경우 에이전트 침입자가 프로덕션에도 침입할 수 있기 때문에 어떤 방식을 사용하더라도 보안에 특히 주의해야 한다.

앞의 방식 중에 가장 위험한 것은 SSH 개인 키를 젠킨스 에이전트 이미지에 입력하는 것이다. 이 방식에서는 이미지가 저장된 모든 위치(도커 레지스트리나 젠킨스가 있는 도커 호스트)의 보안에 유의해야 한다.

이상으로 인프라에 대한 부분을 알아봤다. 지금부터는 이 책의 어디서도 다루지 않았던 비기능 테스트에 대해 알아보자.

⠿ 비기능 테스트

이전 장에서는 기능 요구 사항과 자동 인수 테스트에 대해서 많은 내용을 배웠다. 그러나 그 외 비기능 요구 사항은 어떻게 다뤄야 할까? 아예 비기능 항목에 대해서는 요구 사항조차 존재하지 않는다면 어떻게 해야 할까? 그렇다면 지속적 인도 프로세스에서 비기능 항목을 완전히 생략해야 할까? 지금부터 이에 대한 답을 알아보려고 한다.

소프트웨어의 비기능 요소는 시스템 운영에 심각한 위험을 초래할 수 있기 때문에 항상 중요하다.

예를 들어 갑자기 사용자가 증가하는 경우 많은 애플리케이션들이 폭증하는 트래픽 부하를 견디지 못하고 멈춰 버린다. 제이콥 닐슨은 그의 책에서 서비스 사용자가 집중해서 사고의 흐름을 유지하는 시간은 불과 1초밖에 안된다고 언급했다. 사용자 시스템에 부하가 커지며 한계를 초과하기 시작했다고 가정해 보자. 그러면 사용자는 느려지는 속도 때문에 더 이상 서비스를 사용하지 않을 수도 있다. 이런 점을 고려한다면 기능 테스트만큼 비기능 테스트도 중요하다고 할 수 있다.

정리하면 비기능 테스트를 하려면 다음 단계를 항상 수행해야 한다.

1. 사업을 하는 데 있어 핵심적인 비기능 요소가 무엇인지 정한다.

2. 각각에 대해 다음을 수행한다.

   ◦ 인수 테스트에서와 같은 방식으로 테스트를 작성한다.

   ◦ 파이프라인에 (인수 테스트에 바로 이어서) 비기능 테스트 스테이지를 추가한다.

3. 비기능 테스트를 통과한 애플리케이션만 릴리스 스테이지로 보낸다.

비기능 테스트의 기본 개념은 유형과 관계없이 동일하다. 그러나 방법은 약간 다를 수 있다. 그러면 다양한 테스트 유형과 문제점에 대해서 살펴보자.

비기능 테스트의 유형

기능 테스트는 시스템의 동작을 검증하는 데 집중한다. 반면 비기능 테스트는 완전히 다른 측면을 다룬다. 지금부터는 가장 일반적인 시스템 속성과 이를 어떻게 지속적 인도 프로세스 내에서 테스트할 수 있는지 알아본다.

성능 테스트

성능 테스트는 가장 널리 사용되는 비기능 테스트다. 이 테스트는 시스템의 반응성과 안정성을 측정한다. 가장 단순한 형태의 테스트는 웹 서비스에 요청을 보내고, 응답을 받을 때까지의 **왕복 시간**[RTT]을 측정하는 것이다.

성능 테스트는 다양하게 정의할 수 있다. 테스트 종류로는 부하 테스트와 스트레스 테스트, 확장성 테스트 등이 있다. 때로는 화이트 박스 테스트라고 부르기도 한다. 이 책의 성능 테스트는 시스템의 지연 시간을 측정하는 방식으로 가장 간단한 형태의 블랙박스 테스트다.

성능 테스트를 위해 전용 프레임워크(자바용으로 가장 유명한 JMeter)를 사용하거나 인수 테스트에서 사용했던 것과 동일한 도구를 사용한다. 단순한 성능 테스트는 보통 파이프라인 스테이지에서 인수 테스트 바로 뒤에 추가된다. 이 테스트는 RTT가 기준 시간을 초과하거나 서비스 지연을 일으키는 버그가 있을 경우 실패하도록 구성된다.

> **INFO**
>
> 젠킨스용 JMeter 플러그인은 시간에 따른 성능 변화를 보여준다.

부하 테스트

부하 테스트는 다량의 동시 요청이 발생한 경우 시스템의 동작을 확인하는 데 사용된다. 시스템이 한 개의 요청을 매우 빠르게 처리한다는 것이 천 개의 동시 요청도 빠르게 처리한다는 것은 아니다. 부하 테스트 중에는 보통 다수의 기기에서 생성한 많은 동시 요청에 따른 평균 요청-응답 시간을 측정한다. 부하 테스트는 릴리스 주기에서 매우 일반적인 QA 단계다. 이를 자동화하려면 간단한 성능 테스트와 같은 도구를 사용한다. 그러나 더 큰 시스템의 경우 대량의 동시 요청을 수행하는 별도의 클라이언트 환경이 필요할 수도 있다.

스트레스 테스트

스트레스 테스트는 **용량 테스트**나 **처리량 테스트**라고도 불리며, 해당 서비스에 얼마나 많은 동시 사용자가 접속할 수 있는지를 결정하는 테스트다. 얼핏 부하 테스트와 같다고 생각될 수도 있지만 부하 테스트의 경우는 동시 사용자 수(처리량)를 정해 놓고 응답 시간(대기 시간)을 측정해 한계를 넘어가면 실패한다. 그러나 스트레스 테스트는 시스템이 여전히 동작이 가능한 상태에서 대기 시간을 일정하게 유지하고 처리량을 늘려 최대 동시 호출 수를 알아낸다. 따라서 스트레스 테스트의 결과로 우리 시스템은 만 명의 동시 사용자를 처리할 수 있다는 것을 알게 되므로 사용량이 가장 높은 시간대에 대한 대비를 할 수 있도록 해준다.

스트레스 테스트는 동시 요청 수를 늘려가며 오랫동안 테스트해야 하기 때문에 지속적인 도 프로세스에는 적합하지 않다. 그러므로 코드 수정이 성능에 영향을 끼칠 수 있다는 사실을 알고 있는 경우 요청에 따라 수행할 수 있도록 별도의 젠킨스 파이프라인의 스크립트로 준비돼야 한다.

확장성 테스트

확장성 테스트는 서버나 서비스를 추가할 때 대기 시간과 처리량이 어떻게 변하는지를 점검한다. 이 테스트의 이상적인 형태는 선형이다. 예를 들어 한 개의 서버가 있고 100명의 동시 사용자에 대한 평균 요청-응답 시간이 500ms라고 가정하면 한 개의 서버가 추가되면 응답 시간은 동일하면서 추가로 100명의 동시 사용자를 받을 수 있다는 의미다. 그러나 현실에서는 서버 간의 데이터 일관성을 유지해야 하기 때문에 이를 달성하기가 쉽지 않다.

확장성 테스트는 자동화돼야 하며, 기기의 수와 동시 사용자 수의 관계를 보여주는 그래프도 제공해야 한다. 이런 데이터는 시스템의 한계를 정하고, 더 많은 기기를 추가해도 도움이 되지 않는 지점을 알아내는 데 도움이 된다.

확장성 테스트는 스트레스 테스트와 유사해 지속적 인도 파이프라인에 포함시키기가 어렵기 때문에 별도로 운영한다.

내구성 테스트

내구성 테스트는 **수명 테스트**라고도 불리며, 시스템을 장시간 실행하면서 시간이 지남에 따라 성능이 저하되는지를 확인한다. 즉 메모리 누수와 안정성 문제를 점검한다. 시스템을 꽤 오랜 시간 실행해야 하므로 지속적 인도 파이프라인에 넣기에는 매우 부적절한 테스트다.

보안 테스트

보안 테스트는 보안 메커니즘이나 데이터 보호와 관련된 다양한 측면을 다룬다. 일부 보안 분야는 인증, 권한 부여, 역할 할당과 같은 기능 요구 사항에 해당한다. 이들 분야는 인수 테스트 중에 다른 기능 요구 사항과 동일한 방식으로 점검돼야 한다. 그 외 분야는 비기능 분야다. 예를 들어 시스템은 SQL 인젝션 공격으로부터 안전해야 한다. 아마 어떤 고객도 그런 요구를 명시적으로는 하지 않지만 암시적으로는 했다고 할 수 있다.

보안 테스트는 지속적 인도 프로세스 내의 파이프라인 스테이지로 포함돼야 한다. 이 테스트는 인수 테스트와 같은 프레임워크로 작성되거나 전용 보안 테스트 프레임워크 (예: 행동-기반 개발 보안)로 작성될 수 있다.

INFO

> 보안 테스트는 항상 탐색적 테스트 프로세스에 포함시켜야 한다. 그래야 테스터와 보안 전문가가 보안 취약점을 감지하고, 새로운 테스트 시나리오를 추가할 수 있다.

유지보수 테스트

유지보수 테스트는 시스템의 유지보수가 얼마나 간단한지를 점검한다. 즉 코드 품질을 판단한다. 앞에서는 이미 커밋 단계에서 테스트 커버리지를 확인하고 정적 코드 분석을 수행하는 스테이지를 설명했다. 또한 소나큐브 같은 도구는 코드 품질 및 기술 부채에 대한 개요를 제공할 수 있다.

복구 테스트

복구 테스트는 소프트웨어 또는 하드웨어 오류로 시스템에 충돌 문제가 발생한 후 얼마나 빨리 복구될 수 있는지를 확인하는 기술이다. 가장 좋은 경우는 서비스의 일부가 중단되더라도 시스템이 전혀 문제가 되지 않는 것이다. 일부 기업에서는 서비스가 장애에서도 살아남을 수 있는지 확인하려고 일부러 프로덕션 오류를 발생시키기도 한다. 가장 잘 알려진 예로는 넷플릭스사의 Chaos Monkey 도구로 프로덕션 환경에서 임의의 인스턴스를 무작위로 중단시킨다. 이런 테스트 방법을 통해 개발자는 시스템에 장애가 발생하더라도 중단되지 않는 코드를 작성해야 한다.

복구 테스트는 지속적 인도 프로세스의 일부가 아니라는 것이 확실하지만 전반적인 상태를 점검하려면 정기적으로 수행해야 하는 업무다.

> **TIP**
>
> Chaos Monkey에 대한 자세한 내용은 다음 링크에서 찾을 수 있다.
>
> https://github.com/Netflix/chaosmonkey

그 외에 코드 및 지속적 인도 프로세스와 좀 더 밀접하거나 거리가 있는 다양한 비기능 테스트 유형이 있다. 그들 중 일부는 컴플라이언스 테스트처럼 법률과 관련이 있으며, 일부는 문서화나 국제화 관련 내용이다. 또한 사용성 테스트와 볼륨 테스트(시스템이 대용량의 데이터를 잘 처리하는지를 점검)도 있다. 그러나 이들 테스트 대부분은 지속적 인도 프로세스에 포함되지 않는다.

비기능 테스트의 어려운 점

비기능적 측면은 소프트웨어 개발과 인도에 있어 새로운 도전을 제기한다. 그것들 중 일부를 살펴보자.

- **장시간의 테스트**: 테스트를 실행하는 데 오랜 시간이 걸리고, 별도의 실행 환경이 필요할 수도 있다.
- **증분 특성**: (SLA가 잘 정의되지 않은 경우) 테스트가 실패하는 지점, 즉 허용값을 정하기가 어렵다. 심지어 처음에 정확한 허용값을 설정했다고 해도 애플리케이션은 시간이 지나면서 점차 허용값에 도달하게 된다. 그리고 실제로도 테스트가 실패하는 이유가 코드 때문이 아닐 때도 많다.

- **모호한 요구 사항**: 사용자는 보통 비기능 테스트에 대해서는 잘 모른다. 사용자가 요청-응답 시간이나 사용자 수에 관한 지침을 제공할 수는 있다. 그러나 유지보수 정책이나 보안, 확장성에 대해서 정확한 요구 사항을 내기 힘들다.
- **다양한 테스트 종류**: 꽤 많은 종류의 비기능 테스트가 있으며, 그중 어떤 것을 선택할지는 절충이 필요하다.

비기능적 측면을 해결하는 최선의 방법은 다음 단계를 따르는 것이다.

1. 비기능 테스트 유형을 목록으로 만든다.

2. 시스템에 필요하지 않은 테스트에 대해서는 명시적으로 제거한다. 해당 테스트가 필요하지 않은 다양한 이유들이 있을 것이다. 예를 들어

    ○ 매우 작은 서비스라 간단한 성능 시험만으로도 충분하다.

    ○ 시스템은 내부 전용이며 특별히 읽기만 가능하기 때문에 보안 점검은 필요하지 않다.

    ○ 이 시스템은 한 대의 기기를 위해 설계됐으며 확장이 필요하지 않다.

    ○ 특정 테스트 작성 비용이 너무 높다.

3. 테스트를 두 개의 그룹으로 분리한다.

    ○ **지속적 인도**: 파이프라인에 추가할 수 있다.

    ○ **분석**: 실행 시간, 속성, 추가 비용 등의 이유로 파이프라인에 추가할 수 없다.

4. 지속적 인도 그룹에 속한 테스트의 경우 이와 관련된 파이프라인 스테이지를 구현한다.

5. 분식 그룹에 속한 테스트의 경우

    ○ 자동 테스트를 생성한다.

    ○ 테스트를 실행할 일정 계획을 수립한다.

○ 테스트 결과를 논의하고 조치를 취할 회의 계획을 수립한다.

앞에서 봤듯이 여러 유형의 비기능 테스트가 존재하며, 인도 프로세스에 적용하기 어려운 문제들도 있다. 그럼에도 불구하고 시스템의 안정성을 높이려면 이들 테스트를 생략해서는 안 된다. 기술적 구현은 테스트 유형에 따라 다르지만 대부분의 경우는 기능 인수 테스트와 유사한 방식으로 구현이 가능하며 스테이징 환경에서 실행돼야 한다.

이상으로 비기능 테스트에 대해 알아봤다. 지금부터는 아직 완전히 다루지 않은 주제 중 하나인 애플리케이션 버전 관리에 대해 살펴보자.

⣿ 애플리케이션 버전 관리

지금까지는 모든 젠킨스 빌드에서 새로운 도커 이미지를 생성하고 이를 도커 레지스트리에 푸시하고 프로세스 전체에서 최신 버전을 사용했다. 그러나 이런 방식은 세 가지 단점이 있다.

- 젠킨스 빌드에서 인수 테스트 후에 누군가 새 버전의 이미지를 푸시하면 테스트를 거치지 않은 버전이 릴리스될 수 있다.
- 항상 같은 방식으로 이름을 붙인 이미지를 푸시한다. 그 결과 도커 레지스트리의 파일을 덮어 쓰게 된다.

- 버전 없이 해시 방식의 ID로 이미지를 관리하는 것은 굉장히 어렵다.

지속적 인도 프로세스에서 도커 이미지 버전을 관리하는 효과적인 방법은 무엇일까? 지금부터는 여러 버전 관리 전략을 살펴보고, 젠킨스 파이프라인에서 버전을 만드는 다양한 방법을 알아본다.

버전 관리 전략

애플리케이션에 버전을 붙이는 방법은 다양하다. 그중에서 (커밋이 될 때마다 새 버전을 생성하는 방식인) 지속적 인도 프로세스에 적용이 가능한 솔루션 중 가장 인기 있는 방법을 알아보자.

- **시맨틱 버전 관리**: 가장 널리 사용되는 방식은 시퀀스-기반 식별자(일반적으로 x.y.z 형식)를 사용하는 것이다. 이 방식은 일반적으로 빌드 파일에 저장되는 현재 버전 번호를 증가시키려면 젠킨스가 수행하는 리포지터리로 커밋을 해야 하는데 메이븐이나 그레들, 그 외 빌드 도구에서 잘 지원된다. 식별자는 3개의 숫자로 구성되는 것이 일반적이다.
  - x: 메이저 버전을 의미한다. 이 버전이 올라가면 소프트웨어는 하위(이전) 버전과 호환되지 않아도 된다.
  - y: 마이너 버전을 의미한다. 이 버전이 올라가도 소프트웨어는 하위 버전과 호환돼야 한다.
  - z: 빌드 번호 (또는 **패치 버전**)을 의미한다. 이 번호는 때때로 하위 및 상위 호환성에 영향을 주기도 한다.
- **타임스탬프**: 빌드 날짜와 시간을 애플리케이션 버전으로 사용하면 순차적인 번호를 사용하는 것보다 단순해지지만 젠킨스가 리포지터리로 다시 커밋을 하지 않아도 되므로 지속적 인도 프로세스의 경우 매우 편리하다.

- **해시**: 임의로 생성된 해시 버전 방식은 날짜-시간 방식의 장점을 가지며, 가장 간단한 방식이다. 단점은 두 가지 버전 중 어느 것이 최신 버전인지 알 수 없다는 것이다.

- **혼합형**: 앞에서 언급한 방식을 섞는 방식이다. 예를 들어 메이저 및 마이너 버전과 날짜-시간을 결합하는 식이다.

앞에서 언급한 모든 방식은 지속적 인도 프로세스와 함께 사용할 수 있다. 그러나 시맨틱 버전 관리의 경우 소스 코드 리포지터리에서 버전이 증가하도록 빌드 실행 시 리포지터리로 다시 커밋을 해야 한다.

> **INFO**
>
> 메이븐 (및 기타 빌드 도구)는 릴리스되지 않은 개발용 버전에 SNAPSHOT이라는 접미사를 추가하는 식의 버전 스냅샷을 사용한다. 그러나 지속적 인도 프로세스에서는 모든 변경 사항을 릴리스하기 때문에 스냅샷이 없다.

이제는 젠킨스 파이프라인에서 버전 관리를 어떻게 적용할 수 있는지를 살펴보자.

젠킨스 파이프라인에서의 버전 관리

앞에서 설명했듯이 소프트웨어 버전 관리에는 여러 가지 방법이 있으며 이들은 모두 젠킨스에서 사용할 수 있다.

예를 들어 날짜-시간 방식을 적용해 보자.

> **INFO**
>
> 젠킨스에서 타임스탬프 정보를 사용하려면 Build Timestamp 플러그인을 설치하고, 젠킨스 구성에서 타임스탬프 형식(예: yyyyMMdd-HHmm)을 설정해야 한다.

도커 이미지를 사용하는 경우에는 `${BUILD_TIMESTAMP}` 태그 접미사를 추가해야 한다.

예를 들어 `Docker build` 스테이지에서는 다음과 같이 사용한다.

```
sh "docker build -t leszko/calculator:${BUILD_TIMESTAMP} ."
```

변경 후 젠킨스 빌드를 실행하면 도커 레지스트리에 타임스탬프 버전으로 태그된 이미지가 만들어진다.

버전 관리가 완료되면 드디어 지속적 인도 파이프라인을 완성할 준비가 된 것이다.

지속적 인도 파이프라인 완성하기

이제까지 앤서블과 환경, 비기능 테스트와 버전 관리에 대해서 모두 살펴봤기 때문에 젠킨스 파이프라인을 확장해 단순하지만 완전한 지속적 인도 파이프라인을 완성할 준비가 됐다.

다음과 같은 순서로 진행하자.

1. 스테이징과 프로덕션 환경의 인벤토리를 생성한다.

2. 쿠버네티스 배포 버전에 버전 관리를 적용한다.

3. 스테이징 환경으로 원격 쿠버네티스 클러스터를 사용한다.

4. 스테이징 쿠버네티스 클러스터를 사용하도록 인수 테스트를 업데이트한다.

5. 애플리케이션을 프로덕션 환경에 릴리스한다.

6. 애플리케이션이 성공적으로 릴리스됐는지를 확인하는 스모크 테스트를 추가한다.

그러면 이제 인벤토리 생성부터 시작해 보자.

인벤토리

앞에서 앤서블을 설명하며 인벤토리 파일을 다뤘다. 일반적으로 인벤토리는 환경의 목록과 접속 방법을 기술한 것이라 할 수 있다. 이번 예제에서는 쿠버네티스를 직접 사용하므로 .kube/config에 저장되는 쿠버네티스 구성 파일이 인벤토리로 사용된다.

staging과 production이라는 두 개의 쿠버네티스 클러스터를 구성하자. 여기서 사용할 .kube/config 파일은 다음과 같다.

```yaml
apiVersion: v1
clusters:
- cluster:
    certificate-authority-data: LS0tLS1CR...
    server: https://35.238.191.252
  name: staging
- cluster:
    certificate-authority-data: LS0tLS1CR...
    server: https://35.232.61.210
  name: production
contexts:
- context:
    cluster: staging
    user: staging
  name: staging
- context:
    cluster: production
    user: production
  name: production
users:
- name: staging
  user:
    token: eyJhbGciOiJSUzI1NiIsImtpZCI6I...
- name: production
  user:
    token: eyJ0eXAiOiJKV1QiLCJhbGciOiJSU...
```

쿠버네티스 구성은 각 클러스터에 대해 다음 정보를 저장한다.

- cluster: 클러스터의 주소(쿠버네티스 마스터의 엔드포인트)와 CA 인증서

- context: 클러스터와 사용자 바인딩

- user: 쿠버네티스 클러스터에 접속할 권한 데이터

> 두 개의 쿠버네티스 클러스터를 만드는 가장 간단한 방법으로는 구글 쿠버네티스 엔진(GKE)을 사용하는
> 것이다. 그리고, gcloud container clusters get-credentials를 사용해 kubectl을 구성하고 kubectl
> config rename-context 〈원래 컨텍스트 이름〉 staging으로 클러스터 컨텍스트 이름을 변경한다. 그리
> 고 GCP 방화벽 규칙을 생성해서 트래픽이 쿠버네티스 노드로 전달될 수 있도록 한다.

또한 쿠버네티스 구성이 젠킨스 에이전트 노드에서 사용이 가능한지를 확인하고 앞에
서 언급했듯이 접근 권한이 없는 사용자가 젠킨스 에이전트를 통해 환경에 접속할 수
없도록 보안을 신중히 고려해야 한다.

이렇게 인벤토리를 정의하게 되면 애플리케이션 버전 관리를 할 수 있는 쿠버네티스 배
포 구성이 마련된 것이다.

버전 관리

쿠버네티스 YAML 파일은 7장에서 정의한 것과 동일하다. 유일한 차이점은 애플리케이
션 버전 관리용으로 템플릿 변수를 사용해야 한다는 것이다. deployment.yaml 파일에서
다음과 같이 한 줄을 변경한다.

```
image: leszko/calculator:{{VERSION}}
```

그런 다음 Jenkinsfile에 버전을 입력한다.

```
stage("Update version") {
  steps {
    sh "sed -i 's/{{VERSION}}/${BUILD_TIMESTAMP}/g' deployment.yaml"
  }
}
```

이렇게 정의하면 원격 스테이징 환경을 사용하도록 인수 테스트를 변경할 수 있다.

원격 스테이징 환경

필요에 따라 애플리케이션을 (앞에서 수행했듯이) 로컬 도커 호스트에서 실행해 테스트 할 수도 있고, 원격 (및 클러스터) 스테이징 환경에서도 할 수 있다. 전자의 방식이 프로덕션 환경과 좀 더 유사하기 때문에 더 나은 방법이라 할 수 있다.

이를 위해 명령을 docker에서 kubectl으로 변경해야 한다. Jenkinsfile에서 관련 부분을 수정해 보자.

```
stage("Deploy to staging") {
  steps {
    sh "kubectl config use-context staging"
    sh "kubectl apply -f hazelcast.yaml"
    sh "kubectl apply -f deployment.yaml"
    sh "kubectl apply -f service.yaml"
  }
}
```

먼저 kubectl을 staging 컨텍스트를 사용하도록 바꿨다. 그런 다음 Hazelcast 서버를 배포하고 마지막으로 Calculator를 쿠버네티스 서버로 배포했다. 드디어 모든 기능을 갖춘 애플리케이션이 스테이징 환경에 갖춰졌다. 이제 어떻게 인수 테스트 스테이지를 수정해야 하는지 살펴보자.

인수 테스트 환경

Acceptance test 스테이지는 7장과 동일하다. 유일하게 변경할 것은 서비스의 IP와 포트를 원격 쿠버네티스 클러스터로 바꾸는 것이다. '6장, 쿠버네티스로 하는 클러스터링'에서 설명했듯이 이는 쿠버네티스 서비스 유형에 따라 다르다. 우리는 NodePort를 사용했으므로 Jenkinsfile에서 다음과 같이 변경한다.

```
stage("Acceptance test") {
  steps {
    sleep 60
    sh "chmod +x acceptance-test.sh && ./acceptance-test.sh"
  }
}
```

acceptance-test.sh 스크립트는 다음과 같다.

```
#!/bin/bash
set -x

NODE_IP=$(kubectl get nodes -o jsonpath='{ $.items[0].status.addresses[?
          (@.type=="ExternalIP")].address }')
NODE_PORT=$(kubectl get svc calculator-
service -o=jsonpath='{.
spec.ports[0].nodePort}')
./gradlew acceptanceTest -Dcalculator.url=http://${NODE_IP}:${NODE_PORT}
```

먼저 애플리케이션이 배포될 때까지 대기하는 데 sleep 명령을 사용한다. 그런 다음 kubectl을 사용해 서비스의 IP 주소(NODE_IP)와 포트(NODE_PORT)를 가져온다. 마지막으로 인수 테스트를 실행한다.

TIP

> 만약 쿠버네티스 클러스터용 Minishift를 사용한다면 minishift ip로 NODE_IP를 가져올 수 있다. 그리고 데스크톱용 도커를 사용하고 있다면 IP는 localhost다.

테스트가 모두 완료됐다면 애플리케이션을 릴리스할 때가 된 것이다.

릴리스

프로덕션 환경은 가능하면 스테이징 환경과 유사해야 한다. 릴리스용 젠킨스 스테이지도 가급적 Deploy to staging 스테이지와 유사해야 한다.

가장 간단한 시나리오에서 유일한 차이점은 쿠버네티스 구성 컨텍스트와 애플리케이션 구성이다(예: 스프링 부트 애플리케이션의 경우 다른 스프링 프로파일을 설정할 수 있으며 이는 다른 application.properties 파일을 사용). 이번 예제의 경우 애플리케이션 속성이 없으므로 유일한 차이점은 **kubectl** 컨텍스트다.

```
stage("Release") {
  steps {
    sh "kubectl config use-context production"
    sh "kubectl apply -f hazelcast.yaml"
    sh "kubectl apply -f deployment.yaml"
    sh "kubectl apply -f service.yaml"
  }
}
```

이상으로 릴리스를 완료했다. 그러나 누락된 마지막 스테이지가 있으니 바로 스모크 테스트다.

스모크 테스트

스모크 테스트는 인수 테스트의 한 종류로 릴리스 프로세스가 제대로 완료됐는지를 확인하는 것이 목적이다. 스모크 테스트를 생략하면 애플리케이션은 전혀 문제가 없어도 릴리스 프로세스 문제로 프로덕션 환경이 제대로 동작하지 않는 상황을 경험할 수도 있다.

스모크 테스트는 보통 인수 테스트와 같은 방식으로 정의한다. 그러므로 파이프라인의 Smoke test 스테이지는 다음과 같다.

```
stage("Smoke test") {
  steps {
    sleep 60
    sh "chmod +x smoke-test.sh && ./smoke-test.sh"
  }
}
```

설정이 끝나면 지속적 인도 빌드가 자동으로 실행되고 애플리케이션이 프로덕션 환경으로 릴리스돼야 한다. 이상의 과정을 통해 지속적 인도 파이프라인에 대한 분석을 가장 단순하지만 생산적인 형태로 완료했다.

젠킨스파일 완성하기

지금까지 몇 장에 걸쳐 많은 프로젝트에서 활용할 수 있는 완전한 형태의 지속적 인도 파이프라인을 작성했다.

Calculator 프로젝트의 최종 `Jenkinsfile`은 다음과 같다.

```
pipeline {
    agent any
    triggers {
        pollSCM('* * * * *')
    }
    stages {
        stage("Compile") {
            steps {
                sh "./gradlew compileJava"
            }
        }
        stage("Unit test") {
            steps {
                sh "./gradlew test"
            }
        }
        stage("Code coverage") {
            steps {
                sh "./gradlew jacocoTestReport"
                sh "./gradlew jacocoTestCoverageVerification"
            }
        }
        stage("Static code analysis") {
            steps {
                sh "./gradlew checkstyleMain"
            }
        }
        stage("Package") {
```

```
        steps {
            sh "./gradlew build"
        }
    }

    stage("Docker build") {
        steps {
            sh "docker build -t leszko/calculator:${BUILD_TIMESTAMP} ."
        }
    }

    stage("Docker push") {
        steps {
            sh "docker push leszko/calculator:${BUILD_TIMESTAMP}"
        }
    }

    stage("Update version") {
        steps {
            sh "sed  -i 's/{{VERSION}}/${BUILD_TIMESTAMP}/g'
deployment.yaml"
        }
    }

    stage("Deploy to staging") {
        steps {
            sh "kubectl config use-context staging"
            sh "kubectl apply -f hazelcast.yaml"
            sh "kubectl apply -f deployment.yaml"
            sh "kubectl apply -f service.yaml"
        }
    }

    stage("Acceptance test") {
        steps {
            sleep 60
            sh "chmod +x acceptance-test.sh && ./acceptance-test.sh"
        }
    }

    stage("Release") {
        steps {
            sh "kubectl config use-context production"
            sh "kubectl apply -f hazelcast.yaml"
```

```
                sh "kubectl apply -f deployment.yaml"
                sh "kubectl apply -f service.yaml"
            }
        }
        stage("Smoke test") {
            steps {
                sleep 60
                sh "chmod +x smoke-test.sh && ./smoke-test.sh"
            }
        }
    }
}
```

앞의 코드는 지속적 인도 전체 프로세스로 코드를 체크아웃하는 것부터 프로덕션에 릴리스하는 것까지 포함돼 있다.

이상으로 이 책에서 다루고자 목표한 지속적 인도 파이프라인 코드를 완성했다.

⋮⟫ 요약

8장에서는 지속적 인도 파이프라인을 완성했으며, 애플리케이션을 최종적으로 릴리스했다. 다음은 8장의 주요 내용이다.

- 지속적 인도를 위해서는 스테이징 환경과 프로덕션 환경이라는 두 개의 환경이 필수다.

- 비기능 테스트는 지속적 인도 프로세스의 필수 부분이며, 항상 파이프라인 스테이지의 하나로 간주해야 한다.

- 지속적 인도 프로세스에 맞지 않는 비기능 테스트는 전반적인 성능 추이 확인을 위해 정기적으로 수행돼야 한다.

- 애플리케이션은 항상 버전 관리가 돼야 한다. 그러나 버전 관리 전략은 애플리케이션 유형에 따라 달라진다.

- 최소의 지속적 인도 파이프라인은 릴리스와 스모크 테스트라는 두 단계로 끝나는 스크립트로 구현될 수 있다.

- 스모크 테스트로 릴리스가 성공적인지를 점검하려면 지속적 인도 파이프라인의 마지막 단계에 추가돼야 한다.

9장에서는 지금까지 지속적 인도 파이프라인에서 다루지 못했던 주제를 알아본다.

⠿ 연습 문제

8장에서는 지속적 인도 파이프라인의 여러 가지 측면을 살펴봤다. 다음의 연습 문제를 풀고 배운 것을 확실히 하자.

1. hello world 서비스를 테스트하는 성능 테스트를 추가한다.

    1. hellow world 서비스를 7장에서 가져온다.

    2. 100번의 호출을 수행하는 performance-test.sh 스크립트를 작성하고, 평균 요청–응답 시간이 1초 이하인지를 점검한다.

    3. 스크립트는 큐컴버나 curl 명령을 사용할 수 있다.

2. 버전이 붙은 도커 이미지로 hello world 웹 서비스를 빌드하고, 성능 테스트를 수행하는 젠킨스 파이프라인을 생성한다.

    1. Docker build(와 Docker push) 스테이지를 생성해 hello world 서비스로 도커 이미지를 빌드하고, 타임스탬프를 버전 태그로 추가한다.

    2. 7장의 쿠버네티스 배포를 사용해 애플리케이션을 배포한다.

    3. 이미지를 원격 기기에 배포하는 Deploy to staging을 추가한다.

    4. performance-test.sh를 실행하는 Performance testing 스테이지를 추가한다.

    5. 파이프라인을 실행하고, 결과를 확인한다.

⟫ 질문

8장의 복습을 위해 다음 질문에 답해보자.

1. 최소한 세 가지 유형의 소프트웨어 환경을 말해보자.

2. 스테이징과 테스트 환경 간의 차이점은 무엇인가?

3. 최소한 5개 이상의 비기능 테스트를 말해보자.

4. 모든 비기능 테스트가 지속적 인도 파이프라인의 일부여야 하는가?

5. 최소한 두 개 이상의 애플리케이션 버전 관리 전략을 말해보자.

6. 스모크 테스트란 무엇인가?

⟫ 더 읽을거리

지속적 인도 파이프라인에 대해서 더 알고 싶다면 다음 자료를 참고한다.

- 사미어 파라드카의 Mastering Non-Functional Requirements: https://www.packtpub.com/application-development/mastering-non-functional-requirements

- 샌더 로셀의 Continuous Integration, Delivery, and Deployment: https://www.packtpub.com/application-development/continuous-integration-delivery-and-deployment

09

지속적 인도 - 고급편

8장까지의 과정을 통해 지속적 인도 파이프라인을 기초 수준부터 완성 단계까지 알아 봤다. 지금부터는 지속적 인도 프로세스에서 매우 중요하지만 다루지 않았던 부분을 살 펴보려고 한다.

9장에서 다룰 내용은 다음과 같다.

- 데이터베이스 변경 관리
- 파이프라인 패턴
- 릴리스 패턴
- 레거시 시스템의 연동

⁝⁝⁝ 기술 요구 사항

9장을 진행하려면 다음과 같은 환경이 필요하다.

- 자바 8+

- 젠킨스 인스턴스

9장의 예제 코드는 다음 깃허브 주소에서 다운로드할 수 있다.

https://github.com/AcornPublishing/docker-jenkins

⠿ 데이터베이스 변경 관리

지금까지 다룬 지속적 인도 프로세스는 웹 서비스에 중점을 뒀다. 이는 웹 서비스가 스테이트리스^{stateless} 방식이라 비교적 단순했기 때문이다. 즉 웹 서비스는 쉽게 업데이트나 재시작을 할 수 있고, 여러 인스턴스를 복제하거나 소스 코드에서 재생성할 수 있다는 것을 의미한다. 그러나 웹 서비스는 일반적으로 스테이트풀 방식의 데이터베이스와 연동되므로 이는 인도 프로세스에 문제를 일으킬 수 있다. 이런 문제점들을 나열하면 다음과 같다.

- **호환성**: 데이터베이스 스키마와 데이터는 항상 웹 서비스와 호환돼야 한다.

- **무중단 배포**: 무중단 배포를 위해서는 롤링 업데이트를 사용하게 된다. 즉 데이터베이스는 동시에 두 개의 다른 웹 서비스와 호환돼야 한다.

- **롤백**: 데이터가 포함된 열을 제거하는 상황처럼 데이터베이스의 모든 작업이 원상복구되는 것은 아니기 때문에 데이터베이스의 롤백은 어렵고 제한적이며 때로는 불가능하다.

- **테스트 데이터**: 프로덕션 환경에 준하는 테스트 데이터가 필요하기 때문에 데이터베이스 관련 변경 사항을 테스트하기가 어렵다.

그러면 지금부터 가능한 한 지속적 인도 프로세스를 안전하게 유지하면서 동시에 어떻게 이런 문제를 해결할지에 대해 알아보자.

스키마 업데이트의 이해

인도 프로세스에 대해 생각해 보면 애플리케이션을 배포할 때는 보통 데이터를 변경할 일이 없기 때문에 사실 데이터 자체가 문제되는 경우는 없다. 즉 데이터는 프로덕션에서 시스템이 운영되는 동안 생성되는 것이며, 배포 작업은 데이터를 저장하고 해석하는 방식만을 변경할 뿐이다. 그러므로 지속적 인도 프로세스의 맥락에서 보면 데이터베이스의 내용이 아니라 구조에 관심을 가져야 한다. 이런 이유로 이번 섹션에서는 구조 정의가 없는 NoSQL 유형의 데이터베이스보다는 관계형 데이터베이스(와 스키마)를 주로 다룰 것이다.

이 설명을 더 잘 이해하려면 앞에서 다뤘던 Hazelcast를 생각해 보자. Hazelcast 솔루션은 캐시된 데이터를 저장하므로 사실상 데이터베이스라고 할 수 있다. 그러나 이 데이터베이스는 어떤 데이터 구조도 갖고 있지 않았기 때문에 지속적 인도 프로세스에 아무런 영향도 끼치지 않는다. 여기에 저장된 모든 데이터는 키-밸류 속성으로 시간이 지나도 변하지 않기 때문이다.

INFO

> NoSQL 데이터베이스는 일반적으로 스키마 제한이 없다. 즉 어떤 추가적인 스키마 업데이트를 필요로 하지 않기 때문에 지속적 인도 프로세스를 단순하게 만든다. 이는 큰 장점이라 할 수 있다. 그러나 대신 소스 코드에서 데이터를 검증하는 데 훨씬 큰 노력을 기울여야 하기 때문에 NoSQL 데이터베이스로 애플리케이션을 작성하는 것이 더 간단하다고 할 수는 없다.

관계형 데이터베이스에는 정적스키마가 있다. 테이블에 새 열을 추가하는 것처럼 스키마를 변경하려면 SQL **데이터 정의 언어**^{DDL}로 스크립트를 작성하고 실행해야 한다. 변경할 때마다 매번 이런 수작업을 하게 되면 작업량도 많고 오류 가능성도 높다. 또한 운영팀은 코드와 데이터베이스의 구조를 계속 동기화해야 한다. 이보다 개선된 방식은 증분 방식으로 스키마를 업데이트하는 것이다. 이런 솔루션을 **데이터베이스 마이그레이션**이라 부른다.

데이터베이스 마이그레이션 소개

데이터베이스 스키마 마이그레이션은 관계형 데이터베이스의 구조에 증분 방식의 변경을 적용하는 과정이다. 이해를 위해 다음 그림을 보자.

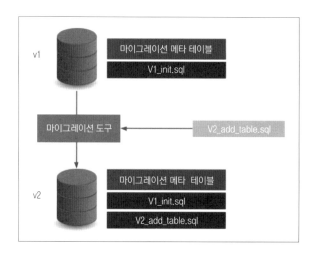

데이터베이스 v1 버전에는 V1_init.sql 파일에 스키마가 정의돼 있다. 또한 현재 스키마 버전이나 마이그레이션 변경 로그와 같은 마이그레이션 절차와 관련된 메타데이터도 저장돼 있다. 만약 우리가 스키마를 업데이트하고 싶다면 V2_add_table.sql처럼 SQL 파일의 형태로 변경 정보를 제공해야 한다. 그런 다음 SQL 파일을 데이터베이스에서 수행하고 메타 테이블을 업데이트하는 마이그레이션 도구를 실행해야 한다. 실제로 데이터베이스 스키마는 모두 SQL 마이그레이션 스크립트의 실행 결과들이다. 그러면 마이그레이션의 사례를 살펴보자.

INFO

마이그레이션 스크립트는 버전 관리 시스템에 저장돼야 하며, 일반적으로 소스 코드와 같은 리포지터리를 사용한다.

마이그레이션 도구와 이들이 사용하는 전략은 두 가지 범주로 나눈다.

- **업그레이드와 다운그레이드**: 예를 들어 루비온레일즈 프레임워크에서 사용하는 이 방법은 v1에서 v2로 상향 마이그레이션을 하거나 v2에서 v1으로 하향 마이그레

이션을 하는 것이다. 이는 데이터베이스 스키마를 롤백할 수 있는 기능을 제공하지만, 가끔 (마이그레이션이 논리적으로 복구 불가인 경우에는) 데이터가 손실될 수도 있다.

- **업그레이드 단독**: 이 방식(예: Flyway 도구에서 사용)은 v1에서 v2로의 상향 마이그레이션만 허용한다. 데이터베이스에서 테이블을 삭제하는 경우처럼 대부분의 경우 데이터베이스 업데이트는 되돌릴 수 없다. 이런 변경은 롤백이 불가능한데 이는 테이블을 다시 생성하더라도 이미 모든 데이터가 손실됐기 때문이다.

시중에는 데이터베이스 마이그레이션 도구가 많이 존재하며, 그중 가장 많이 사용하는 도구는 플라이웨이, 리퀴베이스, 레일 마이그레이션^{루비온레일즈 프레임워크} 기반이다. 이들 도구의 동작 방식을 Flyway 도구의 사례로 알아보자.

> **INFO**
>
> 특정 데이터베이스를 위한 상용 솔루션도 있다. 예를 들어 Redgate(SQL 서버용)나 Optim Database Administrator(DB2용)가 있다.

Flyway 사용

Flyway를 사용해 계산기 웹 서비스용 데이터베이스 스키마를 작성해 보자. 데이터베이스는 서비스에서 실행된 모든 작업 내역(첫째 및 둘째 파라미터, 결괏값)을 저장한다.

SQL 데이터베이스와 Flyway 사용법을 세 단계로 보여준다.

1. 그래들과 함께 동작하도록 Flyway 도구를 구성한다.
2. 계산 내역 테이블을 생성하는 SQL 마이그레이션 스크립트를 정의한다.
3. 스프링 부트 애플리케이션 코드에서 SQL 데이터베이스를 사용한다.

Flyway 구성

Flyway를 그래들에서 사용하려면 `build.gradle` 파일에 다음 내용을 추가해야 한다.

```
buildscript {
  dependencies {
    classpath('com.h2database:h2:1.4.200')
  }
}
...
plugins {
    id "org.flywaydb.flyway" version "8.5.0"
}
...
flyway {
    url = 'jdbc:h2:file:/tmp/calculator'
    user = 'sa'
}
```

이 구성을 간단히 설명하면 다음과 같다.

- 데이터베이스로 인메모리 (그리고 파일 기반) 데이터베이스인 H2를 사용한다.

- 데이터베이스는 /tmp/calculator 파일에 저장한다.

- 기본 데이터베이스 사용자는 sa(시스템 관리자)로 한다.

TIP

> 다른 SQL 데이터베이스(예: MySQL)를 사용하더라도 구성은 거의 동일하다. 유일한 차이점은 그래들 의존성과 JDBC 연결 부분이다.

이 구성이 적용되면 다음 명령을 실행해 Flyway 도구를 실행할 수 있다.

```
$ ./gradlew flywayMigrate -i
```

이 명령은 /tmp/calculator.mv.db 파일에 데이터베이스를 작성한다. 또한 아직은 어떤 정의도 하지 않았기 때문에 스키마도 없는 상태다.

TIP

> Flyway는 자바 API를 통해 명령행 도구로 사용할 수 있고, 유명한 빌드 도구인 그래들이나 메이븐, 앤 트용 플러그인으로도 사용할 수 있다.

SQL 마이그레이션 스크립트 정의

다음 단계에서는 계산 테이블을 데이터베이스 스키마에 추가하는 SQL 파일을 정의한다. src/main/resources/db/migration/V1__Create_calculation_table.sql 파일을 생성하고, 다음 내용을 입력한다.

```
create table CALCULATION (
    ID      int not null auto_increment,
    A       varchar(100),
    B       varchar(100),
    RESULT  varchar(100),
    primary key (ID)
);
```

마이그레이션 파일 이름의 명명 규칙은 〈버전〉_〈변경_내용〉.sql임을 기억하자. SQL 파일은 ID, A, B, RESULT라는 4개의 열로 구성된 테이블을 생성한다. ID열은 자동으로 증가되는 기본 키다. 그러면 이제 마이그레이션 적용을 위해 flyway 명령을 실행한다.

```
$ ./gradlew flywayMigrate -i
...
Migrating schema "PUBLIC" to version "1 - Create calculation table"
Successfully applied 1 migration to schema "PUBLIC", now at
version v1  (execution time 00:00.018s).
```

이 명령은 마이그레이션 파일을 자동으로 감지하고, 데이터베이스에서 파일을 실행한다.

INFO

> 마이그레이션 파일은 소스 코드를 저장하는 버전 관리 시스템에 항상 저장해야 한다.

데이터베이스 접속

첫 번째 마이그레이션을 실행하면 데이터베이스가 생성된다. 예제를 완성하려면 데이터베이스에 접속할 수 있도록 프로젝트를 일부 변경해야 한다.

먼저 스프링 부트 프로젝트에서 h2database를 사용하는 그래들 의존성을 구성한다.

1. `build.gradle` 파일에 다음 줄을 추가해 이 작업을 수행한다.

```
dependencies {
    implementation 'org.springframework.boot:spring-boot-starter-data-jpa'
    implementation 'com.h2database:h2:1.4.200'
}
```

2. 다음 단계는 `src/main/resources/application.properties` 파일에다 데이터베이스 위치와 초기 동작 값을 설정하는 것이다.

```
spring.datasource.url=jdbc:h2:file:/tmp/calculator;DB_CLOSE_ON_EXIT=FALSE
spring.jpa.hibernate.ddl-auto=validate
spring.datasource.username=sa
```

두 번째 줄은 스프링 부트가 소스 코드 모델에서 데이터베이스 스키마를 자동으로 생성하지 않는다는 의미다. 즉 데이터베이스 스키마가 자바 모델과 일치하는지의 여부에 대해서만 검증을 진행한다.

3. 이제 새로운 `src/main/java/com/leszko/calculator/Calculation.java` 파일에서 계산기용 자바 ORM 엔티티 모델을 작성해 보자.

```
package com.leszko.calculator;
import javax.persistence.Entity;
import javax.persistence.GeneratedValue;
import javax.persistence.GenerationType;
import javax.persistence.Id;

@Entity
public class Calculation {
    @Id
    @GeneratedValue(strategy= GenerationType.IDENTITY)
    private Integer id;
    private String a;
    private String b;
    private String result;

    protected Calculation() {}

    public Calculation(String a, String b, String result) {
        this.a = a;
```

```
        this.b = b;
        this.result = result;
    }
}
```

Entity 클래스는 자바 코드에서 데이터베이스 매핑을 나타낸다. 테이블은 클래스로 표시되며 각 열은 필드로 사용된다. 다음 단계는 Calculation 엔티티를 저장하고 로드하는 리포지터리를 생성하는 것이다.

4. 이제 src/main/java/com/leszko/calculator/CalculationRepository.java를 생성해보자.

```
package com.leszko.calculator;
import org.springframework.data.repository.CrudRepository;

public interface CalculationRepository extends
CrudRepository<Calculation, Integer> {}
```

5. 마지막으로 Calculation 및 CalculationRepository 클래스를 사용해 계산 내역을 저장할 수 있다. src/main/java/com/leszko/calculator/CalculatorController.java 파일에 다음 코드를 저장한다.

```
...
class CalculatorController {
    ...
    @Autowired
    private CalculationRepository calculationRepository;

    @RequestMapping("/sum")
    String sum(@RequestParam("a") Integer a,
@RequestParam("b") Integer b) {
        String result = String.valueOf(calculator.sum(a, b));
        calculationRepository.save(new Calculation(a.toString(),
b.toString(), result));
        return result;
    }
}
```

6. 이제 다음 명령으로 서비스를 시작한다.

```
$ ./gradlew bootRun
```

서비스를 시작하면 /sum으로 요청을 보낸다. 그러면 합산 작업이 데이터베이스에 기록된다.

이상으로 데이터베이스 스키마의 마이그레이션이 어떻게 동작하는지와 이를 그래들로 빌드한 스프링 부트 프로젝트의 내부에서 사용하는 방법을 설명했다. 이제 지속적 인도 프로세스 내에서 어떻게 통합이 되는지를 알아보자.

지속적 인도에서 데이터베이스 변경

지속적 인도 파이프라인에서 데이터베이스 업데이트를 사용하는 첫 번째 방법은 마이그레이션 명령 실행 내에 스테이지를 추가하는 것이다. 이 방법은 간단할 뿐만 아니라 대부분의 경우 문제 없이 동작한다. 그러나 두 가지 중요한 문제점이 있다.

- **롤백**: 앞에서 언급했듯이 데이터베이스 변경을 롤백하는 것이 항상 가능한 것은 아니다(Flyway는 다운그레이드를 전혀 지원하지 않는다). 그래서 서비스만 롤백되는 경우 데이터베이스와는 호환되지 않는다.
- **다운타임**: 서비스 업데이트와 데이터베이스 업데이트가 정확히 동시에 실행되지 않아 다운타임(서비스 중단)이 발생한다.

이 때문에 두 가지 제약을 해결해야 한다.

- 데이터베이스 버전과 서비스 버전은 항상 호환돼야 한다.
- 데이터베이스 스키마 마이그레이션은 되돌릴 수 없다.

336

지금부터는 하위 버전과의 호환 여부에 따른 두 가지 경우에 대해 제약을 해결하는 방법을 알아본다.

하위 버전과 호환이 가능하게 변경한 경우

하위 버전으로의 변경은 간단하다. 다음 그림을 보고 동작 방식을 알아보자.

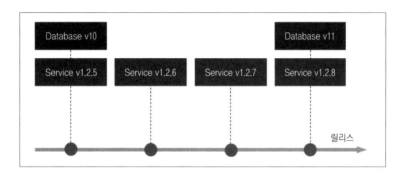

스키마 마이그레이션 **Database v10**이 하위 호환이 가능하다고 가정해 보자. **Service v1.2.8** 릴리스를 롤백할 필요가 있다면 **Service v1.2.7**을 배포하면 되고 데이터베이스는 아무 작업도 할 필요가 없다(데이터베이스 마이그레이션을 되돌릴 수는 없으므로 v11을 유지해야 한다). 이는 스키마 업데이트는 하위 버전과 호환되므로 **Service v1.2.7**이 **Database v11**에서 완벽하게 동작하기 때문이다. 이는 **Service 1.2.6** 등으로 롤백해야 하는 경우에도 동일하게 적용된다. 이제 **Database v10**과 다른 마이그레이션이 하위 호환된다고 가정하면 어떤 버전의 서비스로도 롤백할 수 있고, 모든 것이 제대로 동작할 것이다.

다운타임 문제도 발생하지 않는다. 데이터베이스 마이그레이션이 다운타임이 없는 경우라면 우선 데이터베이스를 먼저 실행하고, 서비스는 롤링 업데이트를 사용한다.

하위 호환이 되는 변경의 예를 살펴보자. 계산 테이블에 `CREATED_AT`열을 추가하는 스키마 업데이트를 만든다. 마이그레이션 파일 `src/main/resources/db/migration/V2__Add_created_at_column.sql`은 다음과 같다.

```
alter table CALCULATION
add CREATED_AT timestamp;
```

마이그레이션 스크립트 외에도 계산기 서비스에는 Calculation 클래스 내에 새로운 필드가 필요하다.

```
...
private Timestamp createdAt;
...
```

또한 생성자를 변경하고 CalculatorController 클래스 내의 사용 방법도 변경한다.

```
calculationRepository.save(new Calculation(a.toString(), b.toString(),
result, Timestamp.from(Instant.now())));
```

서비스를 실행한 후 계산 기록은 CREATED_AT열에 저장된다. 변경 사항이 하위 호환되기 때문에 자바 코드를 되돌리고 데이터베이스 내에 CREATED_AT열이 남아 있더라도 모든 것이 문제 없이 동작할 것이다(되돌린 코드가 새로운 열에 전혀 영향을 주지 않는다).

하위 버전과 호환이 불가능하게 변경한 경우

하위 버전과 호환되지 않는 변경은 더 어렵다. 이전의 그림을 보면 변경된 **Database v11**은 하위 호환되지 않으므로 서비스를 **1.2.7**로 되돌리는 것이 불가능하다. 이 경우 롤백과 무중단 서비스를 유지하면서 하위 호환되지 않은 데이터의 마이그레이션을 어떻게 해야 할까?

간단히 답변하면 하위 호환되지 않는 변경 사항을 특정 기간 동안만 하위 호환되도록 변경함으로써 문제를 해결할 수 있다. 즉 스키마 마이그레이션을 두 부분으로 분리하는 작업을 추가로 해야 한다.

- 하위 호환되는 업데이트를 실행한다. 이는 중복 데이터를 유지한다는 것을 의미한다.

- 하위 호환되지 않는 업데이트는 코드를 되돌리는 데 얼마나 걸리는지를 정한 롤백 기간이 지난 후에 실행한다.

이해를 위해 다음 그림을 보자.

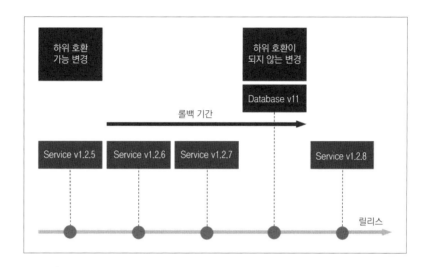

테이블의 열을 삭제하는 예를 살펴보자. 제안 방법에는 두 단계가 있다.

1. 소스 코드에서 열 사용을 중단한다(v1.2.5, 하위 호환 업데이트, 우선 실행).

2. 데이터베이스에서 열을 삭제한다(v11, 하위 호환되지 않는 업데이트, 롤백 기간 후에 실행).

Database v11까지의 모든 서비스 버전은 어떤 이전 버전으로도 되돌릴 수 있고, 버전 **Service v1.2.8**부터 시작하는 서비스는 롤백 기간 내에서만 되돌릴 수 있다. 이런 방식은 데이터베이스에서 열 제거를 늦추는 것 외에는 작업이 없기 때문에 얼핏 사소해 보일 수도 있다. 그러나 이 방식은 롤백 문제와 다운타임 없는 배포 문제를 모두 해결한다. 결과적으로 릴리스와 관련된 위험을 낮춘다. 롤백 기간을 적절히 조정하면(예: 하루에 여러 번 릴리스를 하던 경우에는 2주로 설정하는 식) 위험은 무시할 수 있을 정도로 낮아진다. 일반적으로 여러 버전을 롤백하지는 않는다.

열을 삭제하는 앞의 예제는 매우 단순한 사례다. 그러므로 좀 더 어려운 시나리오로써 계산기 서비스에서 RESULT열의 이름을 변경하는 예를 살펴보자. 이는 다음과 같은 단계로 진행한다.

1. 새로운 열을 데이터베이스에 추가한다.

2. 두 열을 모두 사용하도록 코드를 변경한다.

3. 두 열의 데이터를 병합한다.

4. 코드에서 기존 열을 제거한다.

5. 데이터베이스에서 기존 열을 삭제한다.

데이터베이스에 새로운 열 추가

RESULT열의 이름을 SUM으로 바꿔야 한다고 가정해 보자. 첫 번째 단계는 중복된 새로운 열을 추가하는 것이다. 이를 위해 다음 내용으로 src/main/resources/db/migration/V3__Add_sum_column.sql 마이그레이션 파일을 만든다.

```
alter table CALCULATION
add SUM varchar(100);
```

이 마이그레이션을 실행하면 RESULT와 SUM이라는 두 개의 열을 갖게 된다.

두 열을 모두 사용하도록 코드 변경

다음 단계는 소스 코드 모델에서 열 이름을 바꾸고 set과 get 작업에 두 데이터베이스 열을 모두 사용하는 것이다. Calculation 클래스에서 이를 변경할 수 있다.

```
public class Calculation {
    ...
    private String sum;
    ...
    public Calculation(String a, String b, String sum, Timestamp createdAt)
{
        this.a = a;
        this.b = b;
        this.sum = sum;
        this.result = sum;
        this.createdAt = createdAt;
    }
```

```
    public String getSum() {
        return sum != null ? sum : result;
    }
}
```

지금부터는 데이터베이스에 행을 추가할 때마다 RESULT와 SUM열 모두에 같은 값이 기록
된다. SUM을 읽는 동안 우선 새로운 열이 있는지 확인하고, 새로운 열이 없다면 기존 열
에서 데이터를 읽는다.

지금까지의 모든 변경 사항은 이전 버전과 호환되므로 원하는 시간에, 원하는 버전으로
서비스를 되돌릴 수 있다.

두 열의 데이터 병합

이 단계는 일반적으로 릴리스가 안정됐을 때 수행한다. 데이터를 기존의 RESULT열에
서 새로운 SUM열로 복사하는 것이다. 다음과 같이 V4__Copy_result_into_sum_column.sql
파일에 마이그레이션 파일을 만든다.

```
update CALCULATION
set CALCULATION.sum = CALCULATION.result
where CALCULATION.sum is null;
```

여전히 롤백에는 제한이 없다. 그러나 2단계의 변경 전에 버전을 배포해야 한다면 이 데
이터베이스 마이그레이션을 반복해야 한다.

코드에서 기존 열 제거

이제 새로운 열에 모든 데이터가 있으므로 데이터 모델에서 기존 열 없이 사용할 수 있다. 이를 위해 Calculation 클래스의 RESULT와 관련된 모든 코드를 제거해 다음과 같이 표시해야 한다.

```
public class Calculation {
    ...
    private String sum;
    ...
    public Calculation(String a, String b, String sum, Timestamp createdAt)
{
        this.a = a;
        this.b = b;
        this.sum = sum;
        this..createdAt = createdAt;
    }
    public String getSum() {
        return sum;
    }
}
```

이 작업 후에는 코드에서 더 이상 RESULT열을 사용하지 않는다. 이 작업은 2단계까지만 하위 호환된다. 1단계로 롤백해야 하는 경우 2단계 후에 저장된 데이터가 손실될 수 있다.

데이터베이스에서 기존 열 삭제

마지막 단계는 데이터베이스에서 기존 열을 삭제하는 것이다. 이 마이그레이션은 롤백 기간 후에 수행해야 하며, 4단계 전에 롤백할 필요가 없는 경우에 해당한다.

INFO

> 더 이상은 이 열을 데이터베이스에서 사용하지 않기 때문에 롤백 기간이 길어질 수 있다. 이 작업은 정리 작업에 해당하므로 하위 호환되지 않아도 문제가 발생하지 않는다.

마지막 마이그레이션인 V5__Drop_result_column.sql 파일을 추가한다.

```
alter table CALCULATION
  drop column RESULT;
```

이 단계를 끝으로 열 이름을 변경하는 모든 과정을 완료했다. 이를 통해 하위 호환되지 않은 데이터베이스 변경에 따른 위험도를 낮추고, 다운타임 없이 배포할 수 있다.

코드 변경 사항에서 데이터베이스 업데이트 분리

지금까지는 모든 그림에서 데이터베이스 마이그레이션은 서비스 릴리스와 같이 실행되는 것으로 표현했다. 즉 각 커밋(그림에서는 각 릴리스에 해당)은 데이터베이스 변경과 코드 변경을 모두 수행했다. 그러나 권장되는 방법은 데이터베이스 업데이트와 코드 변경을 명확히 분리해 리포지터리에 커밋하는 것이다. 이 방식은 다음 그림과 같다.

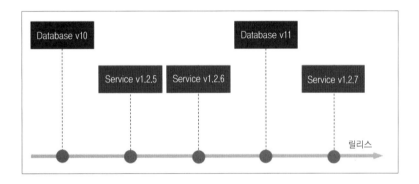

데이터베이스와 서비스의 변경 작업을 분리할 때의 이점은 추가 노력없이 하위 호환성 점검을 할 수 있다는 것이다. 만약 **Database v11**과 **Service v1.2.7**이 데이터베이스에 새 열을 추가하는 논리적으로는 하나의 변경 사항이라고 가정하자. 그러면 우선 **Database v11**을 커밋하면 지속적 인도 파이프라인의 테스트에서 **Database v11**이 **Service v1.2.6**에서 정상 동작하는지를 점검한다. 즉 업데이트된 **Database v11**이 하위 호환되는지를 점검하게 된다. 그런 다음 변경된 **v1.2.7**을 커밋하면 파이프라인이 **Database v11**이 **Service 1.2.7**에서 제대로 동작하는지를 점검한다.

INFO

데이터베이스 코드를 분리한다는 것이 젠킨스 파이프라인도 두 개로 분리해야 한다는 의미는 아니다. 파이프라인은 항상 둘 다 실행할 수 있지만 커밋의 경우 데이터베이스 업데이트와 코드 변경으로 분리하는 것이 좋다는 의미다.

요약하면 데이터베이스 스키마의 변경은 수동으로 수행하면 안 된다. 대신 지속적 인도 파이프라인의 일부로 실행되는 마이그레이션 도구를 사용해 항상 자동화해야 한다. 또한 하위 버전과 호환되지 않는 데이터베이스 업데이트를 피하고, 데이터베이스와 코드 변경 사항을 분리해 별도로 리포지터리에 커밋하는 것이 가장 좋다.

공유 데이터베이스 분리

많은 시스템을 다뤄 보면 데이터베이스가 여러 서비스들이 공유하는 핵심 요소라는 것을 알게 된다. 이런 경우 데이터베이스의 업데이트가 발생하면 모든 서비스 간의 조정이 필요하기 때문에 작업이 훨씬 어렵다.

예를 들어 온라인 상점을 개발 중이고 Customers 테이블에 6개의 열(first name, last name, username, password, email, discount)이 있다고 가정해 보자. 고객 데이터를 필요로 하는 서비스에는 세 가지가 있다.

- **프로파일 매니저**: 사용자의 데이터를 편집한다.

- **체크아웃 프로세서**: (username과 email을 읽고) 체크아웃 과정을 처리한다.

- **디스카운트 매니저**: 고객의 주문을 분석하고, 주문에 따라 가격 할인을 적용한다.

이를 정리하면 다음 그림과 같다.

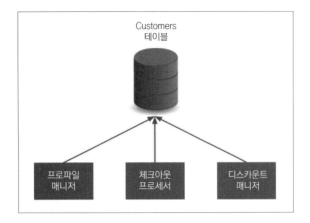

이들은 동일한 데이터베이스 스키마에 의존한다. 이런 방식에는 두 가지 이상의 문제가 있다.

- 스키마를 업데이트하려면 세 서비스 모두와 호환돼야 한다. 모든 서비스와 하위 호환이 되는 변경이라면 괜찮지만 하나라도 하위 호환이 안 되는 업데이트라면 문제가 되고, 심지어는 불가능할 수도 있다.

- 각 서비스는 별도의 인도 주기와 별도의 지속적 통합 파이프라인이 있다. 그렇다면 어떤 파이프라인을 사용해 데이터베이스 스키마 마이그레이션을 해야 할까? 안타깝게도 이 질문에 대한 답은 없다.

이런 이유로 각 서비스는 자체 데이터베이스가 있어야 하고 API를 통해 통신해야 한다. 이에 따라 다음과 같이 리팩토링을 할 수 있다.

- 체크아웃 프로세서는 프로파일 매니저의 API를 통해 고객 데이터를 가져온다.

- discount 열은 별도의 데이터베이스 (또는 스키마)로 추출돼야 하며, 소유권은 디스카운트 매니저가 갖도록 한다.

리팩토링된 버전은 다음 그림과 같다.

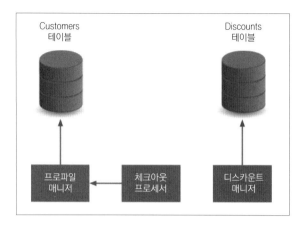

이런 방식은 마이크로서비스 아키텍처의 원칙과도 일치하며, 항상 적용돼야 한다. API를 통한 통신은 데이터베이스로의 직접 접속보다 훨씬 유연하다.

> **INFO**
>
> 모놀리딕 시스템의 경우 일반적으로 데이터베이스가 통합 지점이다. 이런 방식은 많은 문제를 안고 있으며, 많이 사용되는 패턴이지만 비효율적이거나 비생산적인 안티패턴이라 할 수 있다.

테스트 데이터 준비

앞에서는 이미 부수적 효과를 이용해 환경 간에 데이터베이스 스키마를 일관되게 유지하는 데이터베이스 마이그레이션 방법을 다뤘다. 이는 같은 마이그레이션 스크립트를 개발 서버에서 뿐만 아니라 스테이징 환경과 프로덕션 환경에서 실행하면 항상 동일한 스키마로 결과를 얻을 수 있기 때문이다. 그러나 테이블 내의 데이터 값은 다르다. 테스트 데이터를 어떻게 준비해야 시스템을 효과적으로 테스트할 수 있을까? 지금부터는 이에 대한 내용을 다뤄 보자.

앞의 질문에 대한 대답은 테스트 유형에 따라 다르다는 것으로 단위 테스트냐, 통합/인수 테스트냐, 성능 테스트에 따라 다르다. 그러면 각 사례를 살펴보자.

단위 테스트

단위 테스트의 경우 실제 서비스 중인 데이터베이스를 사용하지는 않는다. 지속성 메커니즘(리포지터리와 데이터 액세스 객체) 수준에서 테스트 데이터를 흉내 내거나 인메모리 데이터베이스(예: H2 데이터베이스)로 실제 데이터베이스를 변조하는 방식을 사용한다. 단위 테스트는 개발자가 작성하며, 필요한 데이터는 개발자가 알아서 만드는 것이 일반적이다.

통합/인수 테스트

통합 및 인수 테스트는 일반적으로 테스트/스테이징 데이터베이스를 사용하며, 이들 데이터베이스는 가능한 한 프로덕션과 유사해야 한다. 많은 회사들이 채택하는 방식 중 하나는 프로덕션 데이터의 스냅샷을 스테이징에서 활용함으로써 정확히 동일하게 만드는 것이다. 그러나 이 방식은 다음과 같은 이유로 안티패턴이라 할 수 있다.

- **테스트 격리**: 각 테스트가 동일한 데이터베이스에서 실행되므로 하나의 테스트 결과가 다른 테스트의 입력에 영향을 줄 수 있다.
- **데이터 보안**: 프로덕션 인스턴스는 보통 민감 정보를 저장하고 있기 때문에 보안에 더 유의해야 한다.
- **재현성**: 스냅샷마다 테스트 데이터가 다르므로 테스트 신뢰도가 떨어질 수 있다.

이런 이유 때문에 실제로 많이 사용하는 방식은 고객이나 비즈니스 분석가와 함께 프로덕션 데이터의 일부를 선택해 수동으로 준비하는 것이다. 프로덕션의 데이터베이스가 커짐에 따라 추가할 만한 데이터가 있는지를 다시 검토하는 과정도 필요하다.

스테이징 데이터베이스에 데이터를 추가하는 가장 좋은 방법은 서비스의 공개 API를 사용하는 것이다. 이 방식은 일반적으로 블랙박스 인수 테스트와 일치한다. 또한 API를 사용해 데이디베이스의 일관성을 유지할 수 있고, 데이터베이스로의 직접 접속을 제한해 데이터베이스 리팩토링을 단순화할 수 있다.

성능 테스트

성능 테스트를 위한 테스트 데이터는 일반적으로 인수 테스트와 유사하다. 한 가지 중요한 차이점은 데이터의 양이다. 성능을 제대로 테스트하려면 프로덕션의 피크타임 기간 동안 발생하는 최대 용량만큼의 입력 데이터를 제공해야 한다. 이를 위해 인수 테스트와 성능 테스트에서 모두 활용할 수 있는 데이터 생성기로 데이터를 만드는 방법도 있다.

지금까지 지속적 통합 프로세스에서 데이터베이스에 대해서 많은 내용을 다뤘다. 지금부터는 완전히 다른 주제로 넘어가서 권장 파이프라인 패턴을 사용해 젠킨스 파이프라인을 개선하는 방법을 알아보자.

⁝⫶ 파이프라인 패턴

지금까지 젠킨스와 도커, 쿠버네티스와 앤서블로 지속적 인도 파이프라인을 구축해 프로젝트를 시작하는 데 필요한 모든 것을 배웠다. 이번에는 권장 패턴을 사용해서 젠킨스 파이프라인을 개선하는 방법을 알아보자.

파이프라인 병렬화

이 책 전체에서 우리는 파이프라인을 항상 스테이지별, 스텝별로 순차적으로 실행했다. 이런 방식은 상태와 빌드 결과를 쉽게 알 수 있다. 즉 현재 첫 번째 인수 테스트 스테이지 상태라면 다음은 릴리스 스테이지일 것이고, 인수 테스트가 성공할 때까지는 릴리스가 되지 않는다는 것도 알 수 있다. 순차 파이프라인은 이해하기가 쉽고, 돌발 상황도 발생하지 않는다. 이런 이유로 어떤 문제를 해결하는 첫 번째 선택은 순차 파이프라인이다.

그러나 때로는 특정 스테이지를 수행하는데 너무 오래 걸리는 경우, 병렬로 실행하는 것이 좋을 때가 있다. 적당한 사례가 바로 성능 테스트다. 성능 테스트는 일반적으로 시간이 오래 걸리고, 독립적으로 격리할 수 있으므로 병렬로 실행하는 것이 좋다. 젠킨스에서는 파이프라인을 두 단계로 병렬화할 수 있다.

- **병렬 스텝**: 하나의 스테이지 내의 동일 에이전트에서 병렬 프로세스를 실행한다. 이 방법은 모든 젠킨스 워크스페이스 관련 파일이 한 개의 실제 기기에 위치하기 때문에 비교적 단순하다. 그러나 언제나 그렇듯이 한 기기에서의 수직 확장은 제한적이다.

- **병렬 스테이지**: 각 스테이지는 자원의 수평 확장이 가능한 분리된 에이전트에서 병렬로 실행된다. 이전 스테이지에서 생성된 파일을 다른 기기가 사용할 수 있으므로 (stash Jenkinsfile 명령을 사용해서) 환경 간의 파일 전송을 처리해야 한다.

그러면 실제 사례를 통해 알아보자. 스텝 두 개를 병렬로 실행한다면 젠킨스파일 스크립트는 다음과 같을 것이다.

```
pipeline {
    agent any
    stages {
        stage('Stage 1') {
            steps {
                parallel (
                        one: { echo "parallel step 1" },
                        two: { echo "parallel step 2" }
                )
            }
        }
        stage('Stage 2') {
            steps {
                echo "run after both parallel steps are completed"
            }
        }
    }
}
```

Stage 1에서는 parallel 키워드를 써서 one과 two라는 두 개의 병렬 스텝을 실행했다. Stage 2는 두 개의 병렬 스텝이 모두 완료된 후에만 실행된다. 이런 이유로 테스트를 병렬로 실행해도 완벽히 안전하다고는 할 수 있다. 모든 병렬 테스트가 완료된 후에야 deployment 스테이지가 실행되리라는 것을 확신할 수 있다.

앞서의 설명은 스텝 수준의 병렬화에 대한 것이다. 또 다른 솔루션 중 하나는 병렬 스테이지를 사용하는 것으로 각 스테이지를 각기 다른 에이전트 머신에서 실행한다. 어떤 유형의 병렬 방식을 사용할지는 다음 두 가지 요소에 달려 있다.

- 에이전트 머신의 성능

- 스테이지에 할당된 시간

일반적으로 추천하는 것은 단위 테스트는 병렬 스텝으로 실행하는 것이 좋지만, 성능 테스트는 일반적으로 별도의 기기에서 실행하는 것이 낫다.

파이프라인 컴포넌트 재사용

Jenkinsfile 스크립트의 크기가 커지고 복잡해지면 유사한 파이프라인의 해당 부분을 재사용할 수 있다.

예를 들어 서로 다른 환경(개발, 테스트, 프로덕션)에 대해 별도의 파이프라인을 원하는 경우나 마이크로서비스에서 각 서비스가 매우 유사한 Jenkinsfile을 갖는 경우다. 그렇다면 Jenkinsfile 스크립트를 어떻게 작성해야 동일 코드 부분을 반복해서 작성하지 않을 수 있을까? 이를 해결하는 두 가지 패턴이 있는데 하나는 파라미터 방식 빌드이고, 다른 하나는 공유 라이브러리다. 이에 대해서 하나씩 살펴보자.

파라미터 방식 빌드

'4장, 지속적 통합 파이프라인'에서 파이프라인은 파라미터 입력을 받을 수 있다고 이미 언급한 적이 있다. 이를 이용하면 동일 파이프라인 코드를 다른 예제에도 적용할 수 있다. 예를 들어 environment 유형을 파라미터로 받는 파이프라인을 만들어 보자.

```
pipeline {
    agent any

    parameters {
        string(name: 'Environment', defaultValue: 'dev', description: 'Which
```

```
                environment (dev, qa, prod)?')
    }

    stages {
        stage('Environment check') {
            steps {
                echo "Current environment: ${params.Environment}"
            }
        }
    }
}
```

이 빌드는 Environment라는 한 개의 입력 파라미터를 받은 후 입력받은 파라미터를 출력한다. 여기에 환경에 따라 각기 다른 코드를 실행하는 조건을 추가할 수 있다.

이 구성을 갖고 빌드를 시작하면 다음 그림처럼 파라미터를 입력하라는 프롬프트가 표시된다.

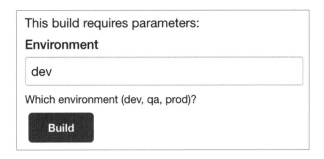

파라미터 방식 빌드는 일부분만 다른 시나리오에서 파이프라인 코드를 재사용하는데 활용할 수 있다. 그러나 너무 많은 조건은 젠킨스파일을 이해하기 어렵게 하므로 이 기능을 과도하게 사용해서는 안 된다.

공유 라이브러리

파이프라인을 재사용하는 또 다른 방법은 해당 부분을 공유 라이브러리로 추출하는 것이다.

공유 라이브러리는 별도의 소스 관리 프로젝트로 저장되는 그루비 코드다. 이 코드는 나중에 많은 Jenkinsfile 스크립트에서 파이프라인 스텝으로 사용될 수 있다. 이해를 돕기 위해 예제로 설명해 보자. 공유 라이브러리 기법은 항상 세 단계를 거친다.

1. 공유 라이브러리 프로젝트를 생성한다.

2. 젠킨스에서 공유 라이브러리를 구성한다.

3. Jenkinsfile에서 공유 라이브러리를 사용한다.

공유 라이브러리 프로젝트 생성

일단 공유 라이브러리 코드를 넣은 새로운 Git 프로젝트를 만들어 보자. 각 젠킨스 스텝은 vars 디렉터리에 위치한 그루비 파일로 표시된다.

name 파라미터를 받아서 간단한 메시지를 출력하는 sayHello 스텝을 만들어 본다. 이 코드는 vars/sayHello.groovy 파일에 저장해야 한다.

```
/**
 * Hello world step.
 */
def call(String name) {
    echo "Hello $name!"
}
```

INFO

> 사람이 이해할 수 있는 공유 라이브러리 스텝 설명은 *.txt 파일에 저장할 수 있다. 이번 예제에서는 스텝 문서와 함께 vars/sayHello.txt 파일에 추가했다.

라이브러리 코드가 완료되면 이를 깃허브 같은 리포지터리로 푸시해야 한다.

젠킨스에서 공유 라이브러리 구성

다음 단계는 젠킨스에서 공유 라이브러리를 등록하는 것이다. Manage Jenkins - Configure System으로 이동해 Global Pipeline Libraries 섹션을 찾아간다. 여기서 다음 그림과 같이 입력해 라이브러리를 추가할 수 있다.

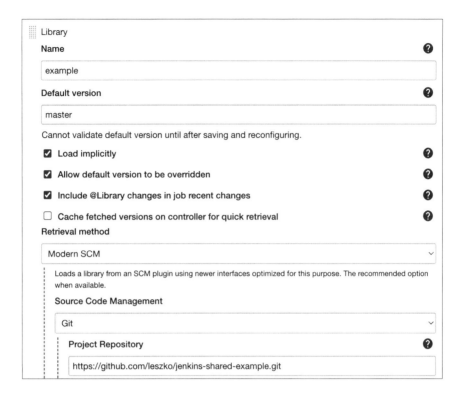

여기서는 라이브러리 리포지터리의 주소와 저장된 라이브러리의 이름을 지정했다. 라이브러리의 최신 버전은 파이프라인 빌드 중에 자동으로 다운로드된다.

INFO

여기서는 Global Shared Library로 그루비 코드를 가져오는 것을 예로 들었지만 다른 해결책을 사용할 수도 있다. 이에 대해서는 다음 링크를 참고한다.

https://www.jenkins.io/doc/book/pipeline/shared-libraries/

젠킨스파일에서 공유 라이브러리 사용

마지막으로 젠킨스파일에서 공유 라이브러리를 사용할 수 있다.

```
pipeline {
    agent any
    stages {
        stage("Hello stage") {
            steps {
             sayHello 'Rafal'
            }
        }
    }
}
```

TIP

> 만약 젠킨스 구성에서 Load implicitly가 체크되지 않은 경우 Jenkinsfile 스크립트의 시작 부분에 @
> Library('example') _를 추가해야 한다.

앞에서 보듯이 그루비 코드를 파이프라인 스텝 sayHello로 사용할 수 있다. 파이프라인
빌드가 완료된 후 콘솔 출력에서 Hello Rafal!이 표시된다.

INFO

> 공유 라이브러리는 한 개의 스텝에만 사용할 수 있는 것은 아니다. 실제로 그루비 언어의 역량을 활용
> 한다면 전체 젠킨스 파이프라인용 템플릿 역할을 할 수도 있다.

배포 롤백

필자가 아는 한 선임 아키텍트가 "많은 QA보다 빠른 롤백이 낫다"는 말을 한 적이 있다.
QA 팀의 중요성에 비해 비록 너무 단순화된 표현이지만 생각해 볼 지점도 있다. 만약
프로덕션 환경에 버그가 발생했는데 첫 번째 사용자가 문제를 발견하고 보고했을 때 바
로 롤백을 했다면 아마 별 문제가 생기지 않을 것이다. 하지만 반대로 드물지만 프로덕
션에 버그가 발생했는데 롤백이 되지 않는다면 디버깅을 하는 기간 동안 개발자도 고생
하고 고객도 불만족스러울 것이다. 따라서 젠킨스 파이프라인을 생성할 때는 미리 롤백
전략을 고려해야 한다.

지속적 인도와 관련해 실패가 발생하는 두 가지 경우가 있다.

- 릴리스 프로세스 중 파이프라인 실행 중에

- 파이프라인 빌드가 완료된 후 프로덕션 중에

첫 번째 시나리오는 매우 간단하고 문제도 발생하지 않는다. 즉 애플리케이션이 이미 프로덕션 환경에 배포된 후 이후 단계에서 실패하는 경우(예: 스모크 테스트)에 해당한다. 실패가 발생할 때 해야 할 일은 프로덕션 서비스를 기존 도커 이미지 버전으로 다운그레이드하는 post 파이프라인 섹션의 스크립트를 실행하는 것이다. 만약 블루-그린 배포(9장 후반부에서 다룸)를 사용한다면 일반적으로 스모크 테스트를 끝낸 후에 마지막 파이프라인 스테이지로써 로드 밸런서 스위치를 실행하기 때문에 다운타임의 위험은 최소화된다.

두 번째 시나리오는 파이프라인이 성공적으로 종료된 이후에 프로덕션에서 버그를 발견했을 때로 더 어렵고 추가 설명도 필요하다. 여기서 규칙은 표준 릴리스와 정확하게 동일한 프로세스를 사용해 항상 롤백 서비스를 릴리스해야 한다는 것이다. 그렇지 않고 더 빠른 방법을 수동으로 시도한다면 문제를 겪게 된다. 반복적이지 않은 작업은 프로덕션이 망가져서 스트레스를 받는 상황에서는 특히 더 위험하다.

INFO

> 참고로 파이프라인이 성공적으로 끝났지만 프로덕션에 버그가 있다면 이는 테스트가 충분하지 않다는 것을 의미한다. 따라서 롤백 후에 첫 번째 할 일은 해당 시나리오를 점검하는 단위/인수 테스트 케이스를 확대하는 것이다.

가장 일반적인 지속적 인도 프로세스는 코드의 체크아웃 시점에서 시작해서 프로덕션 릴리스를 하고 끝날 때까지 완전 자동화된 파이프라인이다.

다음 그림은 동작 방식을 보여준다.

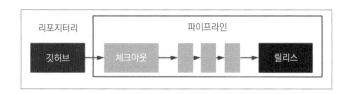

우리는 이미 책 전체를 통해 일반적인 지속적 통합 파이프라인을 제시했다. 롤백이 정확히 같은 프로세스를 사용한다면, 리포지터리에서 최신 코드 변경 사항을 되돌리면 된다. 결과적으로 파이프라인은 알맞은 버전을 자동으로 빌드, 테스트, 릴리스할 것이다.

INFO

> 리포지터리 원상 복구나 긴급 수정 작업이 파이프라인의 테스트 스테이지를 건너뛰어서는 안 된다. 그렇지 않으면 디버깅을 어렵게 만드는 또 다른 문제들로 인해 여전히 제대로 동작하지 않는 릴리스를 만들어 낼 수 있다.

이 솔루션은 상당히 단순하면서도 명확하다. 유일한 단점은 파이프라인 빌드를 완료할 때 다운타임이 있다는 것이다. 이 다운타임은 블루-그린 배포나 카나리아 릴리스를 사용하는 경우 없앨 수 있다. 이 경우 정상 환경 유지를 위해 로드 밸런서 설정만 변경하면 된다.

여러 서비스가 동시에 배포되는 오케스트레이션 릴리스의 경우에는 롤백 작업이 좀 더 복잡해진다. 이는 특히 마이크로서비스 분야에서 오케스트레이션 릴리스가 안티패턴으로 취급되는 이유 중 하나다. 올바른 접근 방식은 항상 (9장의 앞부분에서 데이터베이스에 대해 보여준 것처럼) 일정 기간 동안은 하위 호환을 유지하는 것이다. 그런 다음 각 서비스를 독립적으로 릴리스하는 것이다.

수작업 스텝 추가

일반적으로 지속적 인도 파이프라인은 완전히 자동화돼야 하고 리포지터리에 커밋이 발생할 때 시작하며 릴리스를 함으로써 종료된다. 그러나 때때로 수작업 단계가 생길 수 있다. 가장 일반적인 사례는 릴리스 승인 과정으로써 아무리 모든 프로세스가 전부 자동화됐다고 하더라도 새로운 릴리스를 승인하는 과정은 수작업일 수밖에 없다. 그 외에도 수작업으로 진행하는 테스트가 있다. 테스트 중 일부는 레거시 시스템을 다루기 때문에 수작업으로 진행하게 된다. 이런 경우 이유야 어떻든 수작업 스텝을 추가하는 것 외에는 선택의 여지가 없다.

젠킨스 구문은 수작업 스텝을 위한 input 키워드를 제공한다.

```
stage("Release approval") {
    steps {
        input "Do you approve the release?"
    }
}
```

파이프라인은 input 스텝에서 실행을 중단하고 수작업으로 승인이 될 때까지 기다린다.

수작업 스텝은 인도 프로세스에 있어 병목 지점이 되기 때문에 완전 자동화에 비해 낮은 수준의 해결책이라는 것을 기억하자.

> **TIP**
>
> 입력을 받고자 영원히 기다리는 문제를 없애려면 입력 대기 시간을 설정하는 것이 유용하다. 지정된 시간이 경과하면 전체 파이프라인을 종료한다.

⁘ 릴리스 패턴

지금까지는 빌드 실행 속도를 높이고(병렬 스텝) 코드를 재사용하고(공유 라이브러리) 프로덕션 버그의 위험도를 낮추고(롤백) 수동으로 승인(수작업 스텝)하는 데 사용되는 젠킨스 파이프라인 패턴을 다뤘다. 지금부터는 릴리스 프로세스와 관련된 패턴들을 다룬다. 이 패턴들은 프로덕션을 새로운 소프트웨어 버전으로 업데이트할 때의 위험도를 낮추고자 개발된 것이다.

'6장, 쿠버네티스로 하는 클러스터링'에서 릴리스 패턴 중 하나인 롤링 업데이트를 이미 설명했다. 지금부터는 블루-그린 배포와 카나리아 릴리스에 대해서 추가로 설명하고자 한다.

> **INFO**
>
> 쿠버네티스에서 릴리스 패턴을 사용하는 가장 편리한 방법은 Istio 서비스 메시를 사용하는 것이다. 자세한 내용은 https://istio.io/를 참고한다.

블루-그린 배포

블루-그린 배포는 릴리스 시 다운타임을 줄이는 기법이다. 다음 그림에서 보듯이 이 기법은 블루와 그린이라고 부르는 완전히 동일한 두 개의 프로덕션 환경을 갖는다.

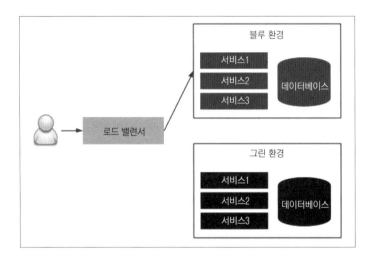

그림에서 현재 접속이 가능한 환경은 블루다. 새로운 릴리스를 한다면 일단 그린 환경에 모두 배포한 후 로드 밸런서를 그린 환경으로 변경한다. 그러면 사용자는 즉시 새 버전을 사용할 수 있게 된다. 다음 릴리스를 할 때는 블루 환경에 배포하고 로드 밸런서를 블루로 변경한다. 릴리스마다 이렇게 환경을 바꾸는 것을 반복한다.

> **INFO**
>
> 이 블루-그린 배포 기법이 동작하려면 릴리스 오케스트레이션이 없는 격리된 환경이라는 조건이 필요하다.

이 솔루션에는 다음과 같은 이점이 있다.

- **무중단**: 사용자 관점에서 볼 때 유일한 다운타임은 로드 밸런스 스위치가 변경되는 순간이다.

- **롤백**: 한 버전을 롤백하려면 로드 밸런스 스위치만 변경하면 된다.

블루-그린 배포에는 다음이 포함돼야 한다.

- **데이터베이스**: 롤백의 경우 스키마 마이그레이션이 쉽지 않으므로 9장 초반부에 제시한 패턴을 사용한다.

- **트랜잭션**: 실행 중인 데이터베이스 트랜잭션은 반드시 새로운 데이터베이스로 전달돼야 한다.

- **중복 인프라/리소스**: 자원은 두 개씩 있어야 한다.

이렇듯 블루-그린 배포의 문제점을 해결하는 기법과 도구가 있기 때문에 블루-그린 패턴은 IT 업계에서 많이 사용되는 권장 패턴이다.

INFO

블루-그린 배포 기법에 대한 유용한 글은 다음 마틴 파울러의 블로그에서 확인할 수 있다.

https://martinfowler.com/bliki/BlueGreenDeployment.html

카나리아 릴리스

카나리아^{Canary} 릴리스(또는 카나리 릴리스)는 새로운 버전의 소프트웨어를 출시할 때 위험도를 낮추는 기법이다. 블루-그린 배포처럼 두 개의 동일한 환경을 사용한다. 다음 그림을 참고하자.

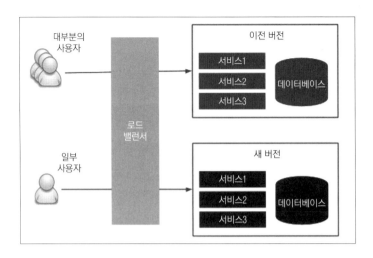

카나리아 릴리스와 블루-그린 배포가 유사한 점은 새로운 버전이 적용되지 않은 환경에 배포가 된다는 점이다. 그러나 카나리아 릴리스의 로드 밸런서는 일부 선택된 사용자만 새 환경을 사용하도록 설정된다. 나머지 사용자는 여전히 이전 버전을 사용한다. 이런 식으로 일부 사용자만 새 버전을 테스트할 수 있으며, 버그가 발생해도 일부 그룹의 사용자만 영향을 받는다. 테스트 기간이 끝나면 모든 사용자가 새 버전으로 전환된다.

이 방식은 다음과 같은 이점이 있다.

- **인수 테스트 및 성능 테스트**: 만약 인수 테스트와 성능 테스트를 스테이징 환경에서 수행하기 힘든 경우 그 영향력을 일부 그룹으로 최소화하면서 프로덕션 환경에서 테스트할 수 있다.

- **단순한 롤백**: 새로운 버전이 실패하면 모든 사용자가 기존 버전을 사용하도록 롤백하면 된다.

- **A/B 테스트**: 새 버전이 UX나 성능 측면에서 더 나은지 확실하지 않은 경우 이를 테스트할 수 있다.

카나리아 릴리스는 블루-그린 배포와 단점이 같다. 즉 동시에 두 개의 프로덕션 시스템을 운영해야 한다는 것이다. 그럼에도 불구하고 카나리아 릴리스는 테스트와 릴리스를 동시에 수행할 목적으로 많은 기업들이 사용하는 훌륭한 기법 중 하나다.

INFO

> 카나리아 릴리스 기법에 대한 유용한 글은 다음 마틴 파울러의 블로그에서 확인할 수 있다.
>
> https://martinfowler.com/bliki/CanaryRelease.html

⠿ 레거시 시스템과의 연동

지금까지 설명한 모든 내용은 신규 프로젝트에 적용이 가능하며, 지속적 인도 파이프라인을 설정하는 것이 비교적 단순하다.

그러나 레거시 시스템은 일반적으로 수동 테스트 및 수동 배포 스텝에 의존하기 때문에 훨씬 어렵다. 지금부터는 레거시 시스템에 지속적 인도를 점진적으로 적용하는 방식의 권장 시나리오에 대해 알아본다.

실제 적용에 앞서 마이클 페더스의 책 『레거시 코드 활용 전략』(에이콘, 2018)을 읽어볼 것을 권한다. 테스트와 리팩토링, 새로운 기능 추가에 대한 그의 설명은 레거시 시스템용 인도 프로세스 자동화와 관련된 대부분의 문제를 해결한다.

INFO

> 많은 개발자들이 레거시 시스템을 리팩토링하기보다는 완전히 재작성하고 싶다는 유혹을 느낀다. 개발자 관점에서는 그런 생각이 꽤 매력적일 수 있지만 이는 사업적 측면에서 볼 때 일반적으로 실패할 가능성이 큰 잘못된 결정이다. 이에 대해서는 넷스케이프 브라우저 재작성의 역사를 다룬 다음의 조엘 스폴스키의 뛰어난 블로그 글인 "Things You Should Never Do"를 참고한다.
>
> https://www.joelonsoftware.com/2000/04/06/things-you-should-never-do-part-i

지속적 인도 프로세스를 적용하는 방법은 현재 프로젝트의 자동화, 사용된 기술, 하드웨어 인프라, 현재의 릴리스 프로세스 등에 따라 다르다. 일반적으로 다음 세 단계로 나눌 수 있다.

1. 빌드 및 배포 자동화

2. 테스트 자동화

3. 리팩토링과 새로운 기능 추가

이에 대해 자세히 살펴보자.

빌드 및 배포 자동화

첫 번째 단계는 배포 프로세스 자동화다. 다행인 것 대부분의 레거시 시스템에는 셸 스크립트 형식으로 일부나마 자동화가 돼 있다는 것이다.

어떤 경우든 배포 자동화에는 다음과 같은 활동들이 포함된다.

1. **빌드 및 패키징**: 일반적으로 일부라도 자동화된 분야가 있다. 예를 들어 Makefile이나 앤트, 메이븐이나 기타 빌드 도구 구성의 형태이거나 사용자 스크립트 등이 있다.

2. **데이터베이스 마이그레이션**: 데이터베이스 스키마를 증분 방식으로 관리해야 한다. 9장에서 이미 설명한 대로 현재의 스키마를 최초 마이그레이션으로 하고, 이후 발생되는 변경은 플라이웨이나 리퀴베이스 같은 도구로 관리해야 한다.

3. **배포**: 배포 프로세스가 완전히 수작업으로 이뤄지는 경우에도 보통은 자동 스크립트로 변환할 수 있는 방법이 적혀있는 텍스트 파일이나 위키 페이지를 찾을 수 있다.

4. **반복이 가능한 구성**: 레거시 시스템에서 구성 파일의 변경은 수작업으로 되는 것이 일반적이다. '7장, 앤서블로 하는 구성 관리'에서 설명한 대로 구성을 추출해 구성 관리 도구를 사용할 수 있도록 한다.

이상의 단계를 끝낸 후에 모든 것을 배포 파이프라인에 넣고 수동 **사용자 인수 테스트**[UAT] 주기를 수행해 이를 자동화 단계로 사용할 수 있다.

프로세스의 관점에서는 더 자주 릴리스하는 것을 시도해 보는 것이 의미가 있다. 예를 들어 릴리스가 연간으로 발행된다면 이를 분기별 또는 월별 발행으로 변경해 보는 것이다. 이렇게 독려하면 나중에 더 빨리 인도 프로세스를 자동화할 수 있다.

테스트 자동화

다음 단계는 훨씬 어려운 단계로 시스템용 테스트를 자동화하는 것이다. 이는 현재 소프트웨어 테스트가 어떻게 수행되는지를 이해해야 하기 때문에 먼저 QA 팀과 소통을 해야 한다. 그래야만 모든 테스트를 자동 인수 테스트로 이전할 수가 있다. 이는 두 단계를 거쳐야 한다.

1. **인수 테스트 및 새너티 테스트**: QA 팀의 회귀 테스트 활동을 대체할 수 있는 자동화 테스트를 추가해야 한다. 시스템에 따라 블랙박스 셀레늄 테스트나 큐컴버 테스트를 제공할 수 있다.

2. **(가상) 테스트 환경**: 이 시점에서 우리는 테스트가 실행되는 환경을 이미 생각하고 있어야 한다. 일반적으로 리소스를 절약하고 필요한 시스템 수를 제한하는 최선의 방법은 베이그런트나 도커를 이용해 테스트 환경을 가상화하는 것이다.

궁극적인 목표는 개발 주기에서의 전체 UAT 단계를 대체하는 자동화된 인수 테스트를 구축하는 것이다. 그러나 우선은 회귀 테스트 관점에서 시스템이 올바로 동작하는지를 점검하는 새너티^{sanity} 테스트부터 시작하는 것이 좋다.

> **INFO**
>
> 테스트 시나리오를 추가할 때는 테스트가 합리적인 시간 내에 실행돼야 한다는 것을 기억하자. 새너티 테스트의 경우는 보통 10분 미만의 실행 시간을 갖는다.

리팩토링과 새로운 기능 추가

(최소한의) 기본 회귀 테스트가 준비됐다면 새로운 기능을 추가하고 기존 코드를 리팩토링 할 준비가 된 것이다. 모든 것을 한번에 리팩토링하면 혼란이 생기고 (어떤 변경과도 명확히 관련되지 않는데도) 프로덕션이 실패할 수 있기 때문에 항상 작은 단위로 쪼개 순차적으로 하는 것이 낫다.

이 단계에서는 다음과 같은 활동들이 포함된다.

- **리팩토링**: 기존 코드를 리팩토링할 때 가장 좋은 시작 위치는 새로운 기능 추가가 예상되는 부분이다. 이렇게 시작하면 새로운 기능 요청에 미리 대비하는 효과도 있다.

- **재작성**: 이전 코드의 일부를 재작성할 계획이라면 테스트가 가장 어려운 부분의 코드부터 시작해야 한다. 이런 방식으로 프로젝트의 코드 커버리지를 계속해서 확대할 수 있다.

- **새로운 기능 추가**: 새로운 기능 구현 중에는 **기능 토글** 패턴을 사용하는 것이 좋다. 그러면 문제가 발생한 경우 재빠르게 기능의 동작을 중단시킬 수 있다. 기능 토글 패턴은 리팩토링을 할 때에도 반드시 활용하도록 한다.

INFO

> 이 단계에 대한 이해를 높이려면 마틴 파울러의 역작 『리팩토링:코드 구조를 체계적으로 개선해 효율적인 리팩토링 구현하기』(한빛미디어, 2020)를 읽는 것을 추천한다.

이전 코드를 수정하는 동안 항상 단위 테스트를 먼저 통과한 후 코드를 수정한다는 규칙을 만들고 따르는 것이 좋다. 이렇게 함으로써 비즈니스 로직을 변경하는 실수를 자동으로 점검할 수 있다.

인간적 요소의 이해

자동화된 인도 프로세스를 레거시 시스템에 도입하는 동안은 다른 어떤 곳에서보다 더 인간적 요소의 중요성을 느끼게 될 것이다. 빌드 프로세스를 자동화하려면 운영 팀과 원활하게 의사소통을 해야 하며, 그들이 기꺼이 지식을 공유해 줘야 한다. 이같은 원칙은 수작업을 하는 QA 팀에도 적용된다. 그러므로 운영 팀과 QA 팀도 그들이 수행하는 작업을 자동화하는 프로젝트에 참여할 필요가 있다. 어떤 면에서는 그 팀들의 회사 내 입지가 줄어들거나 기여도가 낮아질 수도 있다. 많은 회사들이 지속적 인도 프로세스를 도입하는 어려움을 겪는 이유가 바로 운영 팀과 QA 팀이 충분히 협조하지 않기 때문이기도 하다.

지금까지 레거시 시스템에 접근하는 방법과 문제점에 대해 알아봤다. 현재 프로젝트와 조직을 지속적 인도 방식으로 전환하는 중에 있다면 인도 자동화를 적용하는 프로세스에 대한 구조를 보여주는 지속적 인도 성숙도 모델Continuous Delivery Maturity Model을 살펴보는 것도 좋을 것이다.

⠿ 요약

9장에서는 이전 장에서 다루지 않았던 지속적 인도의 다양한 측면을 다뤘다. 9장의 주요 내용은 다음과 같다.

- 데이터베이스는 대부분의 애플리케이션에서 필수이므로 지속적 인도 프로세스에 포함돼야 한다.

- 데이터베이스 스키마의 변경은 버전 관리 시스템에 저장되고 마이그레이션 도구로 관리돼야 한다.

- 데이터베이스 스키마 변경에는 하위 호환이 되는 경우와 불가능한 경우의 두 가지 유형이 있다. 전자의 경우는 간단하지만 후자의 경우에는 추가 작업(시간에 따라 다양한 마이그레이션으로 분리)이 필요하다.

- 데이터베이스가 전체 시스템의 중심이 돼서는 안 된다. 추천하는 방식은 각 서비스가 자체 데이터베이스를 갖는 것이다.

- 인도 프로세스는 항상 롤백 상황을 고려해야 한다.

- 세 가지 릴리스 패턴(롤링 업데이트, 블루-그린 배포, 카나리아 릴리스)을 항상 고려해야 한다.

- 레거시 시스템을 지속적 인도 프로세스로 전환할 때는 단번에 전환하기보다는 작은 단계로 해야 한다.

⠿ 연습 문제

9장에서는 지속적 인도 프로세스의 다양한 측면을 다뤘다. 다음의 연습 문제를 풀고 배운 것을 확실히 하자.

1. Flyway를 사용해 MySQL 데이터베이스에서 하위 호환이 되지 않는 변경 사항을 만든다.

   1. 공식 도커 이미지인 mysql을 사용해 데이터베이스를 시작한다.

   2. 적당한 데이터베이스 주소와 이름, 비밀번호를 설정해 Flyway를 구성한다.

   3. 3개의 열(ID, EMAIL, PASSWORD)을 갖는 USERS 테이블을 생성하는 초기 마이그레이션을 만든다.

   4. 테이블에 샘플 데이터를 추가한다.

   5. PASSWORD열을 해시된 비밀번호를 저장하는 HASHED_PASSWORD로 변경한다.

   6. 9장에서 설명한 대로 하위 호환되지 않는 변경 사항을 3개의 마이그레이션으로 분리한다.

   7. 해시 방식은 MD5나 SHA를 사용한다.

   8. 데이터베이스가 일반 텍스트로 비밀번호를 저장하지 않는지의 여부를 확인한다.

2. 그래들 프로젝트를 빌드 및 단위 테스트하는 스텝이 들어간 젠킨스 공유 라이브러리를 만든다.

   1. 라이브러리용으로 별도의 리포지터리를 생성한다.

   2. 라이브러리에 두 개의 파일(gradleBuild.groovy와 gradleTest.groovy)을 생성한다.

   3. 적절한 call 메서드를 작성한다.

   4. 라이브러리를 젠킨스에 추가한다.

   5. 파이프라인에서 라이브러리의 스텝을 사용한다.

⁑ 질문

9장의 복습을 위해 다음 질문에 답해보자.

1. 데이터베이스 (스키마) 마이그레이션은 무엇인가?

2. 최소한 3개의 데이터베이스 마이그레이션 도구 이름을 말해보자.

3. 데이터베이스 스키마의 주요 두 가지 변경 사항은 무엇인가?

4. 여러 서비스가 한 개의 데이터베이스를 공유하면 안 되는 이유는 무엇인가?

5. 단위 테스트와 통합/인수 테스트에서 테스트 데이터 간의 차이는 무엇인가?

6. 병렬로 스텝을 실행하는 데 사용하는 젠킨스 파이프라인 키워드는 무엇인가?

7. 젠킨스 파이프라인 컴포넌트를 재사용하는 다른 방법은 무엇인가?

8. 수작업 스텝을 수행하는 데 사용하는 젠킨스 파이프라인 키워드는 무엇인가?

9. 9장에서 언급한 릴리스 패턴 세 가지는 무엇인가?

⁑ 더 읽을거리

지속적 인도 프로세스의 고급 주제에 대해서 더 알고 싶다면 다음 자료를 참고한다.

- **Databases as a Challenge for Continuous Delivery**: https://phauer.com/2015/databases-challenge-continuous-delivery/

- **Zero Downtime Deployment with a Database**: https://spring.io/blog/2016/05/31/zero-downtime-deployment-with-a-database

- **Canary Release**: https://martinfowler.com/bliki/CanaryRelease.html

- **Blue Green Deployment**: https://martinfowler.com/bliki/BlueGreenDeployment.html

부록

모범 사례

이 책을 읽어주신 독자께 감사의 말을 전한다. 모쪼록 지속적 인도 방법을 독자의 IT 프로젝트에 도입할 준비가 됐길 바란다. 이 책의 마지막은 지속적 인도의 열 가지 모범 사례를 소개하는 것으로 끝내고자 한다.

사례 1 - 팀이 프로세스 전체를 책임지기

요구 사항 수집에서부터 최종 프로덕션을 모니터링하는 작업에 이르기까지 모든 프로세스를 팀이 소유해야 한다. 이는 "프로그램이 개발자의 컴퓨터에서 돌아가고 있는 동안은 수익을 낼 수 없다."는 사실 때문이다. 따라서 제품을 완전히 소유하고 책임지는 데브옵스 팀이 있는 것이 중요하다. 실제로 데브옵스^{DevOps}란 단어의 의미도 개발^{Dev}과 운영^{Op}의 약자로 제품의 시작부터 끝까지를 의미한다.

- 소프트웨어 빌드 방법, 인수 테스트의 요구 사항, 릴리스 방법 등을 결정하는 지속적 인도 파이프라인의 모든 단계를 소유하자.
- 파이프라인 전문가를 두지 말자. 오히려 모든 팀원이 파이프라인을 만드는 데 참여해야 한다.

- 만약 개발자, QA, 운영자가 각각 있다면 하나의 애자일 팀으로 구성해 함께 작업하도록 한다. 팀 단위로 협업할 경우 아무도 제품에 대한 책임을 지지 않는다.
- 팀에 자율성을 부여하면 직무 만족도와 참여도가 높아진다. 즉 훌륭한 제품을 만들어 내게 된다

사례 2 - 모든 것을 자동화하기

(인수 테스트라는 형식의) 비즈니스 요구 사항부터 배포 프로세스에 이르기까지 모든 것을 자동화한다. 안내문이나 위키 페이지에 기록한 단계별 설명은 금방 뒤처지며 지루하고 불분명한 지식이 돼 버린다. 결과적으로 릴리스 전에 예행 연습이 필요하고, 모든 배포 단계마다 개별 작업을 하게 된다. 절대 이런 방식이 되면 안 된다. 두 번 이상 반복할 작업이라면 무엇이든 자동화하자.

- 모든 수작업 단계를 제거한다. 수작업은 오류의 근원이다. 모든 프로세스는 반복이 가능하고 신뢰할 수 있어야 한다.
- 프로덕션 환경에서 직접 변경하지 않는다. 대신 구성 변경 도구를 사용한다.
- 모든 환경에 정확히 동일한 방식으로 배포한다.
- 릴리스가 성공했는지를 확인하는 자동 스모크 테스트를 항상 포함시킨다.
- 데이터베이스 스키마 마이그레이션을 사용해 데이터베이스 변경 작업을 자동화한다.
- 자동 운영 관리 스크립트를 사용해 백업 및 정리 작업을 한다. 미사용 도커 이미지도 잊지 말고 삭제한다.

사례 3 - 모든 것에 버전을 붙이기

소스 코드, 빌드 스크립트, 자동화 테스트, 구성 관리 파일, 지속적 인도 파이프라인, 모니터링 스크립트, 바이너리, 문서 등 모든 것에 대해 버전을 붙이고 관리한다.

업무를 태스크-기반으로 만들고, 각 태스크가 요구 사항 수집이든, 아키텍처 설계든, 구성이든, 소프트웨어 개발이든 관계없이 결과적으로 모든 것이 리포지터리에 커밋하는 것으로 종료되게 한다. 태스크는 애자일 보드에서 시작해서 리포지터리에서 끝나도록 한다. 이 방식으로 모든 변경 내역을 한군데서 관리할 수 있는 장소를 갖게 된다.

- 버전 관리는 엄격해야 한다. 예외 없이 모든 것에 버전을 붙인다.

- 소스 코드와 구성은 코드 리포지터리, 바이너리는 아티팩트 리포지터리, 태스크는 애자일 이슈 추적 도구에 보관한다.

- 지속적 인도 파이프라인도 코드 방식으로 작업한다.

- 데이터베이스 마이그레이션을 사용하고, 이를 리포지터리에 저장한다.

- 문서는 버전 관리가 가능한 마크다운 파일 형태로 저장한다.

사례 4 – 인수 테스트에는 비즈니스 언어를 사용하기

인수 테스트에는 비즈니스 언어를 사용해 요구 사항을 쉽게 이해하고 의사소통도 원활하게 되도록 한다. 프러덕트 오너와 긴밀하게 협력해서 공통 언어^{ubiquitous language}(에릭 에반이 만든 용어로 개발 부서와 사업 부서 간의 공통된 용어의 집합)를 만든다. 왜냐하면 실패하는 프로젝트의 상당수가 오해에서 비롯되기 때문이다.

- 프로젝트에서 공통 언어를 만들어서 사용한다.

- 큐컴버나 피트니스 같은 인수 테스트 프레임워크를 사용하자. 이를 통해 사업 부서가 이해하고 참여하도록 한다.

- 인수 테스트 내에 비즈니스 가치를 표출하도록 하고 개발 중에도 잊지 않도록 한다. 그렇지 않으면 관련되지도 않은 주제에 시간을 낭비할 수 있다.

- 인수 테스트를 항상 운영하고 개선함으로써 회귀 테스트의 역할을 할 수 있도록 한다.

- 인수 테스트를 통과한다는 것은 소프트웨어 릴리스에 대한 사업 팀의 긍정적인 신호라는 것을 모두가 알게 한다.

사례 5 - 롤백을 준비하기

언제든 롤백할 상황이 발생하므로 준비를 해야 한다. 앞에서 더 많은 QA가 필요한 것이 아니라 더 빠른 롤백이 필요하다고 했던 것을 기억하자. 프로덕션에 문제가 발생하면 가장 먼저 해야 할 작업은 바로 안전하게 이전에 동작하던 버전으로 돌려놓는 것이다.

- 롤백 전략을 마련하고 시스템이 다운됐을 때 수행할 프로세스를 정리한다.
- 하위 호환이 되는 것과 되지 않는 데이터베이스 변경 사항을 분리한다.
- 롤백과 표준 릴리스에는 항상 동일한 인도 프로세스를 사용한다.
- 블루-그린 배포 또는 카나리아 릴리스의 도입을 고려한다.
- 버그를 두려워하지 말자. 조치만 빨리 하면 사용자가 떠나는 일은 없다.

사례 6 - 사람들의 영향력을 과소평가하지 말기

사람들의 영향력을 과소평가하면 안 된다. 사람들이 도구보다 훨씬 중요하다. IT 운영 팀에서 협조하지 않으면 인도 프로세스를 자동화할 수 없다. 현재 프로세스에 대한 지식은 그 팀이 모두 갖고 있기 때문이다. QA나 사업 부서, 그 외 관련된 모든 사람들도 마찬가지다. 그들의 가치를 인정하고 참여시켜야 한다.

- QA 팀과 IT 운영 팀이 데브옵스 팀의 일원이 되도록 한다. 그들의 지식과 기술이 필요하다.
- 현재 수작업을 하는 멤버를 대상으로 교육을 제공해 그 업무를 자동화할 수 있도록 한다.
- 직급이나 명령에 의해서가 아니라 비공식적인 의사소통과 수평적 조직 구조를 제공한다. 선의를 보여주지 않고는 아무것도 할 수가 없다.

사례 7 - 추적성을 확보하기

인도 프로세스와 작업 시스템에 대한 추적성을 확보한다. 로그 메시지가 없는 실패만큼 나쁜 것은 없다. 요청 개수, 지연 시간, 프로덕션 서버의 부하, 지속적 인도 파이프라인의 상태 등과 같이 현재 상태를 분석하는 데 도움이 되는 모든 것을 모니터링해야 한다. 적극적으로 수집하자! 어느 시점이 되면 통계와 로그를 확인해야 한다.

- 파이프라인의 활동을 로깅한다. 문제가 발생하면 팀 전체에게 상황을 전파한다.

- 실행 중인 시스템에 대한 적절한 로깅 및 모니터링을 구현한다.

- Kibana나 Grafana, Logmatic.io 같은 시스템 모니터링 전용 도구들을 활용한다.

- 프로덕션 모니터링을 실행 환경에 통합한다. 팀 공용 공간 내에 큰 화면을 설치해 프로덕션 상태를 보여주는 방식도 고려한다.

사례 8 - 통합을 자주 하기

통합을 자주 해야 한다. 사실 계속해야 한다는 말이 더 적합하다. 앞에서 언급했듯이 지속적이란 생각보다 더 자주 하는 것을 말한다. 코드 병합 충돌 문제를 해결하는 것만큼 좌절감을 주는 것도 없다. 지속적 통합은 도구에 관한 것이라기보다는 팀의 습관에 관한 것이다. 최소한 하루에 여러 번 코드를 베이스라인에 통합하도록 한다. 오랜 시간 끌어온 기능 브랜치나 누적돼 쌓인 로컬 변경이 없도록 한다. 성공을 위해서는 트렁크-기반 개발과 기능 토글이 낫다.

- 기능 브랜치를 사용하기보다는 트렁크-기반 개발과 기능 토글을 사용한다.

- 브랜치나 로컬 변경을 사용한다면 최소한 하루에 한 번씩은 통합해야 한다.

- 항상 트렁크를 온전하게 유지한다. 베이스라인에 통합하기 전에 반드시 테스트를 거친다.

- 피드백 사이클을 촉진하려면 리포지터리에 커밋할 때마다 파이프라인을 실행한다.

사례 9 - 바이너리 빌드는 오직 한 번만 하기

바이너리 빌드는 한 번만 하고 그 바이너리를 각 환경에서 동일하게 사용한다. 도커 이미지나 JAR 패키징을 비롯해서 어떤 것이든 한 번만 빌드하면 다양한 환경에서 발생하는 위험을 제거할 수 있다. 또한 시간과 자원도 아껴준다.

- 빌드는 한 번만 수행하고, 하나의 동일한 바이너리를 모든 환경에 적용한다.

- 아티팩트 리포지터리를 사용해서 바이너리를 저장하고, 버전 관리한다. 여기에 소스 코드 리포지터리를 사용하지 않는다.

- 외부에서 구성을 관리할 수 있도록 구성 관리 도구를 사용하고, 이것으로 각기 다른 환경을 관리한다.

사례 10 - 릴리스를 자주 하기

가급적 자주 리포지터리에 커밋이 될 때마다 릴리스를 하자. 옛말에 "아플수록 더 자주 하라."고 했다. 매일 습관적으로 릴리스를 하면 프로세스를 예측할 수 있고 문제도 줄어든다. 가끔 릴리스하는 습관에 갇히지 않아야 한다. 가끔 하다 보면 상황이 더 나빠지고 1년에 한 번 릴리스하려고 3개월을 준비하는 일이 벌어진다.

- '작업 완료'는 곧 '릴리스'를 의미하는 것으로 단어의 정의를 바꾼다. 프로세스 전체에 대한 책임감을 갖도록 한다.

- 개발 중인 기능의 경우 기능 토글을 사용해서 사용자에게 숨기도록 한다.

- 프로덕션에서 발생하는 버그의 위험을 낮추는 카나리아 릴리스와 빠른 롤백 기능을 사용한다.

- 제로 다운타임 전략을 채택하면 릴리스를 자주 할 수 있다.

1장: 지속적 인도 소개

1. 개발, 품질 보증, 운영

2. 지속적 통합, 자동 인수 테스트, 구성 관리

3. 빠른 제품 인도, 빠른 피드백 주기, 위험도가 낮은 릴리스, 유연한 릴리스

4. 단위 테스트, 통합 테스트, 인수 테스트, 비기능 테스트(성능, 보안, 확장성 등)

5. 단위 테스트. 테스트 작성 및 유지 비용이 저렴하고 빠르게 실행할 수 있기 때문이다.

6. 데브옵스는 개발과 품질 보증, 운영 영역을 하나의 팀 (또는 사람)으로 통합하는 개념이다. 자동화 덕분에 제품 개발의 시작부터 출시까지 책임질 수 있다.

7. 도커, 젠킨스, 앤서블, Git, 자바, 스프링 부트, 그래들, 큐컴버, 쿠버네티스

2장: 도커 소개

1. 컨테이너화는 전체 운영체제를 에뮬레이션하지 않으며 호스트의 운영체제를 사용한다.

2. 도커 이미지로 애플리케이션을 제공하면 다음과 같은 이점이 있다.

    1. **의존성 문제 없음**: 의존성 모듈이 모두 포함된 응용 프로그램을 제공한다.

    2. **격리**: 같은 기기에서 실행되는 애플리케이션들과 격리돼 영향을 받지 않는다.

    3. **이식성**: 실행 환경에 대한 의존성 없이 모든 곳에서 애플리케이션을 실행할 수 있다.

3. 아니다. 도커 데몬은 기본적으로 리눅스 시스템에서만 실행된다. 그러나 윈도우와 맥OS용으로 제공되는 통합 가상 환경을 사용할 수 있다.

4. 도커 이미지는 스테이트리스^{stateless} 방식으로 구성된 파일들과 그것을 실행하는 방법을 한데 묶어놓은 것이다. 도커 컨테이너는 도커 이미지를 실행한 인스턴스다.

5. 도커 이미지는 다른 도커 이미지 위에 작성되는 방식으로 계층 구조를 만든다. 이런 레이어링 방식은 사용자 친화적이면서 동시에 대여폭과 저장 공간을 절약한다.

6. 도커 커밋과 도커파일

7. `docker build`

8. `docker run`

9. 포트를 게시한다는 것은 호스트의 포트가 컨테이너의 포트로 전달된다는 것이다.

10. 도커 볼륨은 컨테이너 내부에 마운트된 도커 호스트의 디렉터리다.

3장: 젠킨스 구성

1. 그렇다. 이미지 이름은 `jenkins/jenkins`다.

2. 젠킨스 마스터는 작업의 순서를 정하고 웹 인터페이스를 제공하는 기본 인스턴스이고, 젠킨스 에이전트(슬레이브)는 작업의 실행만을 전담하는 추가 인스턴스다.

3. 부하가 늘어남에 따라 기기의 개수를 추가하는 것은 수평 확장이고, 기기의 자원을 추가하는 것은 수직 확장이다.

4. SSH와 자바 웹 스타트

5. 영구 에이전트는 가장 단순한 솔루션이며, 모든 실행 환경에서 젠킨스 작업을 실행할 목적으로 이용할 수 있는 정적 서버를 마련하는 방식이다. 반면 영구 도커 에이전트는 좀 더 유연한 방식으로 모든 작업이 도커 컨테이너에서 실행된다.

6. 인터넷에서 다운로드가 가능한 표준 에이전트가 사용자가 필요로 하는 실행 환경을 제공하지 않아 동적으로 프로비저닝된 도커 에이전트를 사용하는 경우다.

7. 회사 내에 다른 팀이 사용할 젠킨스 템플릿이 필요한 경우다.

8. 블루오션은 젠킨스의 웹 인터페이스를 최신형으로 바꿔주는 젠킨스 플러그인이다.

4장: 지속적 통합 파이프라인

1. 파이프라인은 일반적으로 소프트웨어 인도와 품질 점검 같은 부분을 수행하도록 정의한 일련의 자동화된 작업을 말한다.

2. 스텝은 단일 자동화 작업을 말하고, 스테이지는 젠킨스 파이프라인 프로세스를 시각화하고자 여러 개의 스텝을 논리적으로 구분한 것이다.

3. post 섹션은 파이프라인 빌드가 끝날 때 실행될 한 개 이상의 명령을 정의하는 것이다.

4. 체크아웃, 컴파일, 단위 테스트

5. 젠킨스파일은 젠킨스 파이프라인을 정의한 파일이며 일반적으로 리포지터리에 소스 코드와 함께 저장된다.

6. 코드 커버리지 스테이지에서는 단위 테스트가 소스 코드를 얼마나 많이 테스트하는지를 점검한다.

7. 외부 트리거는 외부 리포지터리(예: 깃허브)에서 젠킨스 마스터로 호출하나 폴링 SCM

은 젠킨스 마스터가 외부 리포지터리를 주기적으로 호출한다.

8. 이메일, 그룹 채팅, 정보 방열판, 문자 메시지, RSS 피드

9. 트렁크-기반 워크플로우, 브랜치 워크플로우, 포크 워크플로우

10. 기능 토글은 어떤 기능을 사용자에게는 비활성화하고, 테스트하는 개발자에게만 활성화하는 기술이다. 기본적으로 기능 토글은 조건문에 사용하는 변수의 형태다.

5장: 자동 인수 테스트

1. 도커 레지스트리는 도커 이미지를 저장하는 스테이트리스 방식의 애플리케이션 서버를 말한다.

2. 도커 허브는 가장 유명한 공개 도커 레지스트리다.

3. 도커 이미지 명명 규칙은 〈레지스트리_주소〉/〈이미지_이름〉:〈태그〉 형식이다.

4. 스테이징 환경은 통합 테스트와 인수 테스트를 진행하는 용도의 사전 프로덕션 환경을 말한다.

5. docker build, docker login, docker push

6. 사업 담당자와 개발자가 협업 작업을 할 수 있도록 사람이 이해할 수 있는 형식으로 테스트 케이스를 작성할 수 있게 한다.

7. 인수 기준(기능 시나리오 사양) 생성, 스텝 정의, 테스트 러너 실행

8. 인수 테스트-주도 개발은 TDD를 확장한 개발 방법론으로 항상 (실패하는) 인수 테스트로부터 개발을 시작하는 방법이다.

6장: 쿠버네티스로 하는 클러스터링

1. 서버 클러스터는 공동 작업을 위해 여러 대의 컴퓨터를 연결했으나 마치 하나의 시스템처럼 사용할 수 있는 시스템이다.

2. 쿠버네티스 노드는 작업자의 역할을 하며 컨테이너를 실행하는 도커 호스트다. 쿠

버네티스 컨트롤 플레인은 쿠버네티스 API, 포드 오케스트레이션 등 그 외 모든 작업을 수행한다.

3. 마이크로소프트 애저, 구글 클라우드 플랫폼, 아마존 웹 서비스

4. deployment는 포드의 생성, 종료 등의 작업을 하는 포드 오케스트레이션을 담당하는 쿠버네티스 자원이다. service는 포드를 노출하는 방법을 제공하는 (내부) 로드 밸런서다.

5. `kubectl scale`

6. 동적 슬레이브 프로비저닝, 젠킨스 스웜

7. 도커 스웜, 아파치 Mesos

7장: 앤서블로 하는 구성 관리

1. 구성 관리는 시간이 흘러도 시스템의 완전성을 유지할 수 있도록 구성 변경 사항을 통제하는 절차를 말한다.

2. 서버를 관리할 때 각 서버마다 별도의 관리용 소프트웨어(에이전트나 데몬)를 설치할 필요가 없다는 의미다.

3. 앤서블, 셰프, 퍼핏

4. 앤서블 인벤토리는 앤서블에서 관리하는 서버 목록이 들어간 파일이다.

5. 애드혹 명령은 서버에서 실행되는 단일 명령이고, 플레이북은 서버의 설정 방법(스크립트들의 모음)을 기술한 구성 파일이다.

6. 앤서블 롤은 다른 플레이북에 삽입해 재사용할 수 있도록 구조화한 플레이북이다.

7. 앤서블 갤럭시는 앤서블 롤 요소를 저장 및 공유할 수 있는 리포지터리다.

8장: 지속적 인도 파이프라인

1. 프로덕션, 스테이징, QA(테스트), 개발

2. 스테이징 환경은 릴리스 전에 소프트웨어를 테스트하는 데 사용되는 사전 프로덕션 환경이다. 테스트 환경은 별도로 분리된 환경으로 QA 팀 및 의존성을 갖는 애플리케이션을 사용한다.

3. 성능, 부하, 스트레스, 확장성, 내구성, 보안, 유지보수, 복구

4. 아니다. 그러나 채택한 테스트와 제외한 테스트를 명시적으로 알려야 한다.

5. 시맨틱 버전 관리, 타임스탬프 방식, 해시 방식

6. 스모크 테스트는 릴리스 프로세스가 제대로 완료됐는지를 확인하는 테스트로 인수 테스트의 일부다.

9장: 지속적 인도 - 고급편

1. 데이터베이스 스키마 마이그레이션은 관계형 데이터베이스의 구조를 증분 방식으로 변경하는 과정이다.

2. 플라이웨이^{Flyway}, 리퀴베이스, 레일 마이그레이션^{루비온레일즈 프레임워크 기반}, Redgate, Optim Database Administrator

3. 하위 호환이 되는 변경, 하위 호환이 되지 않는 변경

4. 한 개의 데이터베이스를 여러 서비스가 공유하는 경우 데이터베이스가 변경될 때마다 모든 서비스와 호환돼야 하므로 데이터베이스의 변경이 힘들기 때문이다.

5. 단위 테스트는 별도의 데이터를 준비할 필요가 없으며, 필요한 데이터는 개발자가 알아서 준비한다. 그러나 통합/인수 테스트는 프로덕션에 준하는 별도의 데이터를 준비해야 한다.

6. parallel

7. 파라미터 방식 빌드, 공유 라이브러리

8. input

9. 롤링 업데이트, 블루-그린 배포, 카나리아 릴리스

찾아보기

도커와 젠킨스, 쿠버네티스로 만드는

배포 자동화와 지속적 인도

발 행 | 2022년 8월 31일

지은이 | 라파엘 레쉬코
옮긴이 | 이 정 표

펴낸이 | 옥 경 석
편집장 | 황 영 주
편 집 | 김 진 아
　　　　임 지 원
　　　　김 은 비
디자인 | 윤 서 빈

에이콘출판주식회사
서울특별시 양천구 국회대로 287 (목동)
전화 02-2653-7600, 팩스 02-2653-0433
www.acornpub.co.kr / editor@acornpub.co.kr

한국어판 © 에이콘출판주식회사, 2022, Printed in Korea.
ISBN 979-11-6175-627-1
http://www.acornpub.co.kr/book/docker-jenkins

책값은 뒤표지에 있습니다.